谨以此书向奋战在脱贫攻坚一线的"老村长"们致敬!

# 乡村扶贫人

## 与70位"老村长"面对面

陈海保◎主编

·北京·

### 图书在版编目（CIP）数据

乡村扶贫人：与70位"老村长"面对面／陈海保主编．－－北京：中国经济出版社，2019.12

ISBN 978-7-5136-5955-0

Ⅰ．①乡… Ⅱ．①陈… Ⅲ．①农村—扶贫—工作—中国 Ⅳ．① F323.8

中国版本图书馆 CIP 数据核字（2019）第 214181 号

责任编辑　郭国玺
责任印制　巢新强
封面设计　任燕飞工作室

| | |
|---|---|
| 出版发行 | 中国经济出版社 |
| 印　刷　者 | 北京力信诚印刷有限公司 |
| 经　销　者 | 各地新华书店 |
| 开　　本 | 710mm×1000mm　1/16 |
| 印　　张 | 26 |
| 字　　数 | 370 千字 |
| 版　　次 | 2019 年 12 月第 1 版 |
| 印　　次 | 2019 年 12 月第 1 次 |
| 定　　价 | 98.00 元 |

广告经营许可证　京西工商广字第 8179 号

中国经济出版社 网址 www.economyph.com 社址 北京市东城区安定门外大街 58 号 邮编 100011
本版图书如存在印装质量问题，请与本社发行中心联系调换（联系电话：010-57512564）

**版权所有　盗版必究**（举报电话：010-57512600）
国家版权局反盗版举报中心（举报电话：12390）　　服务热线：010-57512564

# 目 录

## 序 言

序言一 点亮脱贫胜利之光 / 王家华
序言二 "老村长"书写扶贫史诗 / 贺寅宇
序言三 扶贫之桥 / 陈海保

## 宁 陕 篇

**起于土地,归于尘埃** | 宁陕县扶贫日志 ① / 2
  康忠山:留守"村长" / 3
  刘建新:对贫下"药" / 8
  贺奎兴:秦岭"愚公" / 14
  孙文财:产业兴村 / 20

**深山里的"倔强"** | 宁陕县扶贫日志 ② / 24
  刘大华:与"蜂"共舞 / 25
  邵华:基建"能人" / 31
  陈绪林:乡村旅游"推手" / 37
  周文兴:板栗熟了 / 43

**总有一种力量散发着光芒** | 宁陕县扶贫日志 ③ / 48
  陈勇:甜蜜扶贫 / 49

柯艺：扶志"秀才" / 53

## 蓝 田 篇

**生当如蒲苇** | 蓝田县扶贫日志 ① / 58

屈喜会：女汉子的耐心 / 59
曹彦娃："复活"百年老街 / 64
屈恩放：光荣的"白鹿" / 69

**在黄土高原上"造血"** | 蓝田县扶贫日志 ② / 74

孙娟娟：让孩子走出去 / 75
钱高宁：树木兴村 / 80

## 耀 州 篇

**深山里的大棚菜** | 耀州区扶贫日志 ① / 86

刘周宏：种菜高手 / 87
马连祥："老布鞋"的担当 / 92
刘碧林：山桃花开 / 96

**千沟万壑里的生命之花** | 耀州区扶贫日志 ② / 102

葛振杰：以药兴农 / 103
卢满银：修路十年 / 109
李树林：香菇专家 / 115

## 兴 国 篇

**跨越88年的力量** | 兴国县扶贫日志 ① / 122

邱日忠：水稻"攻坚" / 123
许正生：骆驼汉子 / 128
康世芸：竹挑重担 / 133

**"将军县"响起脱贫冲锋号** | 兴国县扶贫日志 ② / 138

曾三月："游子"归巢 / 139

　　黄丕福：脐橙里的酸甜人生　/ 144
　　张练功：传"稻"能手　/ 149

## 舒 城 篇

**穿越峡谷的生命力** ｜ **舒城县扶贫日志** / 156
　　杜红旗：一把钥匙开一把锁　/ 157
　　王金城：宣传"步"长　/ 162
　　潘忠余：知恩图报　/ 167
　　蒋明艳：田螺姑娘　/ 172

## 虞 城 篇

**不屈的黄金槐** ｜ **虞城扶贫日志** / 178
　　周敬坤：苗木力量　/ 179
　　薛永亮：老树新果　/ 184
　　徐中银：芦笋技师　/ 190
　　牛玉平：林下鹅倌　/ 195

## 新 河 篇

**在烈日和暴雨下坚守** ｜ **新河扶贫日志** / 202
　　焦志良："车间"主任　/ 203
　　孙书寿：荆庄"挖井人"　/ 208
　　王虎坡：三十年的坚守　/ 214
　　邢金岭："黄韭"带头人　/ 219

## 平 山 篇

**拼搏在革命圣地** ｜ **平山县扶贫日志** / 226
　　闫廷锁：核桃砸出幸福花　/ 227
　　郝东风："拯救"故乡　/ 232

曹建花：村里的"铁娘子" / 237

杨二会：不负似水年华 / 243

## 📍 田 东 篇

**突破群山"包围圈" | 田东扶贫日志 / 250**

周言将：养猪合伙人 / 251

吕有文：石山"开路" / 256

岑日升：苦尽甘来 / 261

阮世伯：让幸福来敲门 / 266

张寿荣：人生的"三座桥" / 270

## 📍 滦 平 篇

**养好燕山下每一分地 | 滦平扶贫日志 / 276**

陈永：归乡"创业" / 277

马发：修最好的路 / 282

王斌：兴村三部曲 / 288

刘强：守村人 / 294

## 📍 崇 礼 篇

**守护草原天路 | 崇礼扶贫日志 / 300**

孟祥银：炮兵"种菜" / 301

李龙：我为大棚狂 / 307

刘凤军：护航"美丽乡村" / 313

武军：永不服输 / 318

## 📍 平 江 篇

**汨罗江边的守望 | 平江扶贫日志 / 324**

曾相军：利他主义者 / 325

童艳辉：雁过留声 / 329

钟南生：学习的力量 / 334

管师：竹筏漂流众筹记 / 338

## 英 德 篇

**建设美丽新农村** | **英德扶贫日志** / 344

吴祖西：守护乡村生态 / 345

陆志坚：十年一剑 / 349

许志辉：重生村落 / 354

陆奕标：扶贫就是创业 / 359

廖志其："瓜王"返乡 / 364

李亚灶：农家乐扶贫 / 369

## 东 乡 篇

**黄土坡点燃绿色希望** | **东乡扶贫日志** / 376

祁光祖：祁杨村的"新椒农" / 377

林庆华：林家遗址的守望者 / 382

马进良：坡根村的"阳光存折" / 387

马虎良：坪庄头羊 / 391

# 序言一

## 点亮脱贫胜利之光

圣人不利己,忧济在元元。

2012年12月29日,习近平总书记冒着零下十几度的严寒,从北京出发,赶赴地处集中连片特困地区的河北省阜平县。他踏着皑皑白雪,走进龙泉关镇骆驼湾村、顾家台村这两个特困村。在村民家中,他盘腿坐在炕上,同乡亲们手拉手,嘘寒问暖,了解他们日子过得怎么样。

党的十八大以来,习近平总书记的扶贫足迹遍布全国,对坚决打赢脱贫攻坚战作出重要战略部署。总书记指出,全面建成小康社会最艰巨、最繁重的任务在农村,没有农村的小康,特别是没有贫困地区的小康,就没有全面建成小康社会。

过去的六年中,党中央把脱贫攻坚摆到治国理政的突出位置,打响了一场脱贫攻坚战,并取得了非凡的脱贫成就。把脱贫攻坚作为全面建成小康社会的突出短板和底线目标,以前所未有的力度推进。中央明确提出:到2020年,确保我国现行标准下农村贫困人口实现脱贫,贫困县全部摘帽,解决区域性整体贫困。

根据国务院扶贫办发布的数据,截至2018年底,我国农村贫困人口从2012年底的9899万人减少到1660万人,累计减少贫困人口8239万人，贫困发生率从10.2%下降到1.7%，减少了将近9个百分点。建档立卡贫困村从12.8万个减少到2.6万个，10万个贫困村已经脱贫。

这是一个历史性的跨越和巨变。联合国开发计划署前署长海伦·克拉克由衷地赞叹：中国对全球的减贫贡献率超过70%，创造了人类有史以来规模最大、持续时间最长、惠及人口最多的减贫奇迹。

脱贫攻坚非凡成就的取得，离不开党中央高瞻远瞩的战略部署，也离不开社会各界的积极参与。这其中，房地产企业成为一支重要的扶贫力量。这些具有较强社会责任感的房企，紧跟中央步伐，在全国范围内开展了一场轰轰烈烈的"精准扶贫"行动。诸如碧桂园、恒大、万科、保利等一批品牌房企，纷纷推出了相应的扶贫计划和措施，取得了令人瞩目的扶贫成绩。

在扶贫行动中，这些企业不仅投入了大量人力物力，更是充分发挥自身优势，摸索出多种创新的扶贫模式。尤其值得一提的是碧桂园扶贫"老村长"的创新举措。碧桂园从贫困地区当地寻找的这些"老村长"，不仅搭起了一座"扶贫之桥"，更是给贫困乡村灌注了精神力量。

在这些乡村扶贫的"老村长"身上，我深深感受到了他们扎根深山的"倔强"和生当如蒲苇的坚韧，更感受到他们在烈日和暴雨下坚守的意志。在他们身上，我也看到了乡村扶贫人养好每一分土地的勤奋和突破群山（贫困）包围圈的拼搏精神。正是这群奋战在扶贫一线的"老村长"，点亮了脱贫攻坚的胜利之光。

2020年是脱贫攻坚的决胜之年。"奔小康，党的责任重，人民的期望深。"只有咬定目标加油干，才能力争在2020年交出一份成绩优异、人民满意的"脱贫答卷"。作为中国扶贫事业中的一份子，我衷心希望涌现出更多的优秀责任企业，在脱贫攻坚的决胜时刻贡献力量，推动我国全面实现小康，以优异成绩向新中国七十华诞献礼！

王家华

中国扶贫志愿服务促进会副会长

2019年11月

# 序言二

## "老村长"书写扶贫史诗

"绿遍山原白满川,子规声里雨如烟。"在古人的诗词中,乡村美景如画,令人陶醉。但是,随着中国城市化进程的加速,乡村一度变成了"落后"与"贫穷"的代名词。一项统计数据显示,2007—2017年的十年间,中国有近90万个村落消失,从2000年的360万个村落减少至200万个左右,每天都有几百个村落悄然消逝。

农村问题向来是中国的头等大事。虽然从社会发展的角度来看,部分村庄的衰落和消逝,是城市化进程的必然结果之一,也是社会"进步"的标志,但是,农村从来没有被遗忘。基于对中国农村发展现状的深刻了解,党和国家领导人高瞻远瞩地提出了精准扶贫和乡村振兴的伟大战略。

精准扶贫实施六年来,我国已经取得了前所未有的成就。六年来,我国农村已累计减贫8239万人,年均减贫1373万人,累计减贫幅度达到83.2%,农村贫困发生率也从2012年末的10.2%下降到2018年末的1.7%,中华民族千百年来的绝对贫困问题有望得到历史性解决。

精准扶贫为乡村振兴打下了坚实基础。乡村振兴战略实施两年来,硕果累累。农业更绿、人丁更旺、改革更活,广大农村地区展现出比以往更大的发展活力,农民的生活方式更加文明,一大批"美丽乡村"涌现出来。

精准扶贫和乡村振兴巨大成就的取得，离不开国家战略的顶层设计，更离不开各级党委、政府的高效执行和机关企事业单位、责任企业、扶贫干部前仆后继的人力与财力投入，更离不开无数个奋战在扶贫一线的基层扶贫人的共同努力。

乐居财经在调研地产行业的扶贫代表企业——碧桂园的扶贫模式时发现，在碧桂园结对帮扶的九省十四县，活跃着一百多位特殊的乡村扶贫人，他们或是德高望重的老族人，或是一心为乡亲办实事的村干部，或是产业致富的带头人，虽然经历不同、身份各异，但他们有一个共同的身份——扶贫"老村长"。

这一百多位扶贫"老村长"将碧桂园的扶贫资金、产业帮扶、脱贫意志带到每家每户，架起了扶贫企业与贫困户之间沟通的桥梁。在担任村干部期间，他们帮助村里修桥铺路、通水通电，如今，在碧桂园的帮扶下，建立养殖或种植合作社，带头发展产业，成为脱贫攻坚、建设美丽乡村的"领路人"。

为了深入挖掘"老村长"乡村扶贫的感人故事，弘扬公益理念，并向奋斗在脱贫攻坚一线的扶贫人致敬，乐居财经经过多次讨论和严谨规划，于2019年5月推出《乡村扶贫人——与70位"老村长"面对面》大型系列访谈。乐居财经调集内容部门的20余位精干，组成中国"老村长"项目团队，历经115天，走访了66个村子，从一百多位"老村长"中遴选出的70位代表，与他们深入对话，最终完成了这一庞大的访谈计划。

这些"老村长"大多亲历了乡村扶贫的艰辛之路，见证者了贫困乡村的巨大变迁。平凡的他们经历着不平凡的人生和传奇的故事。可以说，在每一位老村长心中，都装着一部脱贫攻坚和乡村振兴的史诗。

通过70位"老村长"的扶贫故事，我们希望读者能管窥到这场史无前例、轰轰烈烈的脱贫攻坚战与一幅建设美丽乡村的时代画卷。因为，这一切正在中国大地上发生。因为，这一切也正是中国民族复兴的重要组成部分。

贺寅宇<br>
乐居控股CEO<br>
2019年11月于北京

# 序言三

## 扶贫之桥

2019年9月12日下午,我特意建了一个微信群——"中国'老村长'全体采编人员",发了一个大红包。39人包括了乐居在编的和外聘的所有摄影、摄像及撰稿人。

那一刻,林振兴身在千里之外的甘肃东乡自治县。她正在给坪庄乡坪庄村"老村长"马虎良选照片、编写转发语。一年前,她去过东乡采访;一年后,她要去看看那里的变化。

这是乐居财经专访"老村长"的最后一站。从2019年5月20日开始,历时115天,我们的采编人员先后深入中国9省14县66个村,翻山越岭,访谈了70位乡村扶贫人,记录了上百万字的素材和视频材料。

王川眼里闪着泪花,"我们居然做到了!"这位老村长项目统筹人,对接每一次专访联络和安排,工作繁忙而细碎。

至于挑选哪个日子打首站,我们是有"蓄谋"的。在那个充满"爱"的日子里,乐居财经派出7位小伙伴奔赴陕西宁陕县,让他们去记录扶贫的历史。

这是一个藏在秦岭大山深处的贫困县,也是乐居财经"老村长"系列策划的源头。

做扶贫传播，是乐居财经原创内容的主航道之一，所以，我们不惜人力和物力投入。

2018年11月中旬，历经五天四夜，我们冒着大雪到甘肃东乡碧桂园精准扶贫点挖掘扶贫带头人的故事；2019年4月，我们走入黔东南州华侨城精准扶贫点，一位78岁老奶奶佝偻身子背柴禾的图片，冲击着我们的内心。此前，我们也曾通过扶贫地理海报，把房企扶贫故事进行系列化传播。

但是，这些传播依然是散点式的、碎片化的。在扶贫传播领域，乐居财经想打一场"内容战"。从决战扶贫到决胜扶贫，仅剩一年多时间，我们要留下点什么呢？

深挖致富带头人的扶贫故事，是比较常规的报道手法，但最大的困难在于，如何发掘出真正的典型故事，能打动人。如何在扶贫领域寻找新的突破口，这是摆在乐居财经面前的一个难题。

于是，我们决定放下手头的工作，亲赴贫困县找选题。我与乐居财经两位主编——潘宇凌和王敬宾，同一天兵分三路：陕西宁陕县、湖南平江县和江西兴国县。

出发之前，我们做足了功课，当地的特产是什么、扶贫带头人是谁，都得门儿清。每到一个村，我们都会简单而直接问同一个问题："谁的扶贫故事最感人？"

托尔斯泰的名著《安娜·卡列尼娜》开篇写道："幸福的家庭都是相似的，不幸的家庭各有各的不幸。"但很多贫穷与励志的故事，却大同小异，因病残致困居多，如果写成流水账文章，既感动不了自己，也感动不了别人。

显然，这不是我们想要传播的内容。

那几天，恰好又碰上宁陕县下起了绵绵细雨，很似江南的天气，心情氤氲。两天过去了，工作丝毫没有进展，大家有些气馁。潘宇凌临时做了一个决定，先做几位扶贫带头人的专访，至少没有白来一趟，想着"还是要带点素材回去"。

吃完一碗面，已是晚上8点多钟，碧桂园宁陕扶贫办帮我们约了最后一个人——朱家嘴村"老村长"柯艺。因为，第二天，我要返京了。

尽管我一遍遍地刨根问底，但柯艺讲述的故事中并没有我们想要的人物故事。

当时，我确实有些绝望，感觉就要无功而返了。突然，脑海里一闪，柯艺是"老村长"，而"老村长"既是乡村扶贫人，也是企业与贫困户的沟通桥梁；甚至，他们本身就是脱贫者、致富带头人。

"老村长"这个特殊的群体，不正是我们要传播的对象吗？换了一个视角，打开了另一扇窗。

在扶贫道路上，碧桂园已经聘任了9省14县109位"老村长"。很快，对话70位"老村长"的策划成形，我们决定，逐一走入14县，挖掘"老村长"们的扶贫故事，然后集结成册、拍成纪录片。

但同时，访谈的难度也是显而易见的。贫困村大多数交通不便，尤其在南方，夏季正是频发洪水的季节，且天气炎热。记得去江西兴国的一次访谈中，由于连日多雨，车子的后轮险些随松软的路基滑下深谷，回想起来有些后怕。

来自乐居沈阳的主编张娜，大中午顶着炎炎烈日，与一位陕西蓝田"老村长"对话，两个多小时，她的手臂褪了一层皮。一片空旷的稻田里，两把凳子、一部摄像机，这个场景至今时常浮现在我的眼前。

结束后，她在微信朋友圈发了一则随想："难忘的72小时！太阳炙烤下汗透衣背的伙伴，毫无修饰原生态的采访场地，纯朴真诚的基层工作者……不要忽略任何看似微弱的光，就是这群奋战在扶贫第一线的平凡人，用自己的一生坚守着这片土地。"

年轻的摄像师刘西常，1988年出生的男生，是此次访谈的"钉子户"，他走入了12个县，不仅没有一句怨言，还主动承担起每场的后勤工作。回到北京，剪辑片子连轴转，也多亏了他体力充沛。

"老村长"是一群可爱可敬的人，他们很多人没有走出大山，依然奋战在扶贫一线。当我们驱车四个小时抵达兴国县郑枫村时，57岁的许正生顶着烈日，正在田里侍弄着白莲，稀泥沾满黝黑的皮肤。为了在镜头里留下一个好印象，他手脚麻利地换了一件干净的衣裳。而现年75岁的康世芸，依然挑起"老村长"的担子，为贫困户谋福祉。

70位"老村长"，是发现中国脱贫攻坚一线故事的70扇小窗口。我们能在115天里成功跨越9省14县，感谢每一位参与此次访谈的撰稿人、摄影和摄像师，感谢70位"老村长"，感谢他们为中国扶贫事业的默默付出。我们还要特别感谢碧桂园集团、碧桂园品牌管理部和国强公益基金会，为此次顺利访谈倾注了大量的心血。

《诗经》曰："民亦劳止，汔可小康。惠此中国，以绥四方。"到2020年，中国将全面建成小康社会，让贫穷永远成为历史。乐居财经谨以此书，向奋战在中国脱贫攻坚战一线的乡村扶贫人致敬。

陈海保
2019年11月于北京

# 宁陕篇

宁陕位于秦岭中段南麓,是陕西省省会西安南枕的绿色屏障、安康的北大门,总面积3678平方公里,人口7.4万,气候温和,夏无酷暑,冬无严寒,是镶嵌在秦岭的一颗绿色宝石。宁陕生态旅游资源丰富,有野生动物250余种,是天然的野生动物园,是国家一类保护动物大熊猫、金丝猴、羚羊、朱鹮汇聚之地。

宁陕县有十大特产:香菇、猪苓 大板栗、秦岭长春酒、娃娃鱼、四亩地黑木耳和土蜂蜜、豆腐干、核桃、羊肉泡。

# 起于土地，归于尘埃

## 宁陕县扶贫日志 ①

文 / 林振兴　王敬宾　王泽红

　　五月的宁陕天气微凉。山野夹道，穿镇过村，乐居财经一行七人在仅有约8米宽的山路上颠簸数小时，透过车窗望去，右边是看不到底的河沟，左边是陡峭的大山。手机信号时有时无，与此相随的还有塌方残留的巨石。

　　有惊无险的一天里，报道组走访素有"九山、半水、半分田"之称的宁陕县。这个地方在得到自然眷顾的同时，也因山高水远而掣肘了经济的发展，可耕土地仅4%。这里，与能力型贫困、资源型贫困不同，失志型贫困是块难啃的"硬骨头"。

　　然而，这里却有一群可爱可敬的"老村长"，不顾重重阻碍，毅然扛起宁陕扶贫的重担，敢于啃"硬骨头"。他们在黄土地上关于梦想的冲动，起于土地，归于尘埃。

　　城关镇狮子坝村康忠山放弃在城市休养，拖着病躯出任"老村长"；皇冠镇双河村贺奎兴带领村民修路建房，40公里山路通了，他的手却因开山被炸掉两个指头；新场镇新场村刘建新在大雪封山之时，不畏艰险出门指导养蜂……这是一个又一个农村干部与住了半辈子的村子进行的一场时代互动。

　　于他们而言，"扶贫梦"并不是天方夜谭，他们拿出所有勇气，做轰轰烈烈的事情。5月20—23日，乐居财经走进碧桂园扶贫第一线，感受"老村长"扶贫的初心与决心。

时间：2019年5月21日上午10:00
地点：宁陕县城关镇狮子坝村

# 康忠山：留守"村长"

文/王敬宾　图/史　策

　　5月的秦岭，还不是最热的季节。但是，在地里锄草的康忠山，早已汗流浃背，一件旧上衣湿透了一大半。他要趁着一天中阳光炙烤的几个小时把草锄掉，这样杂草才容易晒干，不会复活。

　　今年，康忠山种了四亩甜玉米，长势还不错。尽管已经累得直不起腰，但望着绿汪汪、茁壮生长的庄稼苗，康忠山黝黑的脸上流露出幸福的满足感。

　　如果时光倒流30年，他用半天就能把这点锄草的活儿干完。如今，他需要干两三天。一方面，年龄大了，患上了腰椎间盘突出，腿会不时地痛；更重要的是，他身体里的旧伤，已经不支持他从事繁重的体力劳动了。

　　20多年前的一场意外，几乎夺走了康忠山的生命。那年，他刚刚结束广东的务工生涯，回到家乡宁陕，寻到了一份高压线施工的工作。孰料，没干多久就出事了。那天，他和伙伴们正在10米高的高压线塔上作业，一阵大风袭来，高压线绞在一起，被高压电击中的康忠山，直接摔到了地面，"颈椎第一椎骨和第二椎骨粉碎性骨折"。

他被送到了西安医院的ICU。昏迷了一阵子之后,康忠山醒了过来。在妻子的陪伴和精心照顾下,经过半年多的住院治疗,他捡回了一条命。但同时,家里也因此欠下了37万元的外债。

回到家里,康忠山心灰意冷。三个孩子两个在上学,每年的开支也不少,这个家不能只靠妻子一个人扛着。而且,欠的外债有一大部分是借亲戚的,他们的家里也不富裕,钱必须尽快还上。生性倔强的他,开始了积极的康复锻炼。慢慢地,他可以下地干点活了。

康忠山没有被高额的外债吓倒。他凭着半残之躯和勤劳,慢慢地让生活回到了正轨。如今,家里三个孩子,两个从西安的大学毕业后安了家,一个在广州打拼,日子越来越好。康忠山的妻子也去了西安接送照顾外孙,家里就剩下他一个留守老人。

2018年,碧桂园与宁陕县结对帮扶,想在狮子坝村寻找一位协助扶贫的"老村长",找到康忠山,他很痛快地答应了,"我觉得我能干得了这个事儿"。其实,远在西安的妻子、女儿并不放心他这个留守老人。每次回老家,女儿都会劝他去西安生活,安享晚年,他都拒绝了:"我可住不惯城里的房子。"

嘴上这么说,但实际上,他的心里还是割舍不下那些仍未脱贫的乡亲

康忠山选择做留守老人,因为他割舍不下这座大山和仍未脱贫的乡亲们。

们。因为曾身背外债37万元的康忠山知道，贫困户的日子有多难。

狮子坝村地处秦岭深处，交通不便，没有工业，村里人的收入就靠着几亩山田，养点鸡和猪，种的庄稼几乎就是自己吃和养猪。能出去打工赚钱的都出去了。

康忠山觉得碧桂园来扶贫是帮助贫困户的一次很好的机会。所以，他毫不犹豫地留了下来要做这个"老村长"。

但是，在扶贫中，一开始有些村民不太相信扶贫项目，碧桂园扶贫办推荐的甜玉米和黑豆等经济作物的种植，也没多少人响应。

通过跟碧桂园扶贫办的人学习和交流，康忠山意识到，"扶贫先扶志"有多重要。因为他的亲身经历告诉他，人不能丧失对生活的希望和追求，否则在困难面前一定会败、会输。

康忠山不善言辞，也不会劝人。但他有一股子冲劲儿，说不通，咱做好总行吧？！有了领头羊，不怕羊群不跟上来。

康忠山把自家的耕地，全部种上了碧桂园扶贫办推荐的甜玉米和黑豆。自家耕地不够了，就把兄弟家的耕地也种上。虽然从未做过一天村干部，但他觉得，他是"老村长"，应该起到带头作用，让贫困户们相信种植经济农作物是可以增收的。村民一看庄稼长势不错，经济账也算得过来，就全都跟着加入了种植户的行列。

现在，康忠山一个人种了五六亩地。虽然身体越来越不好，种这么多地也有点力不从心，但他内心是快乐的，因为他觉得，捡回来的这条命，还能为乡亲们做点事，活得很值。

**乐居财经与康忠山对话精选**

**乐居财经**：您现在的情况，可以不用种地去西安享福，为啥还是留下来了？

**康忠山**：当时心里头觉得自己可以干这件事（当"老村长"）的。

**乐居财经**：碧桂园扶贫组刚到村子时，在和村民的沟通中可能会有一些障碍？

**康忠山**：有的时候我会帮着他们说一下。碧桂园扶贫队员也很有耐心，有些事情贫困户不懂，他们就慢慢给贫困户说。不愉快的事情还没有发生过。

**乐居财经**：有没有遇到过难以沟通的事情？当时您是怎么说服他们的？

**康忠山**：去年，扶贫组推荐我们种黑豆，他们说碧乡会帮助销售，可是贫困户就是不想种。一开始我也没有种过，我自己心里也没有底。刚开始，我就种了一亩地。我当时就对他们说："你不要怕，肯定是有人收，多少种一点儿。"去年的时候，我就扩种到两亩，到今年上半年已经种了两亩半了。因为碧桂园会来村上收嘛，所以到今年种的人就多了。贫困户一开始担心碧桂园不回收，自己又找不到销路，比如说种了四五百斤，就是几千块钱，放在家里没人要，变不了钱。现在拿到钱了，他们就看到种那个黑豆很好，贫困户基本上每家每户都种了。

**乐居财经**：您觉得这个"老村长"的工作好做吗？

**康忠山**：挺好的。你干什么事情都要去尝试嘛，因为你没有干，你就不知道你这件事做得好与不好。

**乐居财经**：那您觉得最难干的事情是什么？

**康忠山**：比如说贫困户，你跟他说干个啥，他就给你出难题。他就让

你先干，因为他不信任你。比方说种黑豆，他们看我种成功的时候，就觉得这个事还是可以做的。

**乐居财经**：在种黑豆这件事情上，他们需要看到一个榜样，那在其他事情上，你也会做榜样吗？

**康忠山**：还有种甜玉米这件事情上，他们也都不干，然后我就说："你们不干我干。"我先种上四亩地，让你们看看能不能干。现在基本上我们那块儿全都种的是甜玉米，公路两边都是甜玉米地。

时间：2019年5月21日上午11:00
地点：宁陕县新场镇新场村

# 刘建新：对贫下"药"

文/ 林振兴　图/孟雪祥

正月里，秦岭腹地的新场村，家家户户檐下挂着大红的灯笼，门上贴着火红的对联，到处弥漫着节日的喜庆氛围。刘建新家中却格外冷清、大门紧闭，他又走村入户去了。

山里连续大雪，作为新场村"老村长"，腿脚不便的他不放心村里的贫困户，骑着摩托车到12公里之外的储邦福家查看蜂箱的受灾情况。阴冷刺骨的寒风不断吹来，从村民家出来时，刘建新的衣服和汗水搅和在一起，后背一阵阵地发凉。

时隔四年，刘建新又回到了熟悉的岗位。2018年底，碧桂园"返聘"他担任新场镇新场村"老村长"。"党中央精准扶贫政策来了，我想，我干了这么多年村支书，'愧'对老百姓，所以就想在碧桂园的支持下继续服务贫困群众。"

初中毕业后，他在镇上担任农技员，每月30元的工资需要养活四口人，苞谷稀饭成了每餐的标配，家中两个孩子甚至连白糖都吃不起。

1982年，他兼职村副支部书记，却只拿一份工资。彼时，支部书记的工资要靠到老百姓家去收缴"五费"，但往往都没"着落"。每当看见贫困户为了种庄稼买肥料、籽种而家中所剩无几时，他都不忍心强制征收土地使用费，"老百姓没钱，确实太穷了。"

回忆起刚当村干部时的情景，刘建新坦言，自己初来乍到，首先想到的是如何"融入"。心里没有答案的他，到任的第一天就走进村民家中，问问还缺啥短啥。有时候，去探访住在水电站旁边的村民，木桥被上涨的河水冲垮，他只能蹚水过河；有时候，要给刚刚划到他管辖范围的群众做思想工作，他连续三天三夜都不能回家。

1986年8月，老书记力荐刘建新担任新场村新一任书记，而他本人竞选书记的原因也颇为简单朴实，仅有八个字——"带动村民、改善村貌"。全票通过后，他肩上的担子更重了。

履新之后，村里没有任何办公经费，买笔和笔记本都需要自己贴钱。更让人头疼的是，因为新场村地处高寒边远山区，没有开通公路，他往返县城开趟会，需要走三天两夜坑坑洼洼的土路，背上好几天的口粮，困了只能寄宿在路边的农户家中。

交通闭塞，不仅是他一个人需要面对的难题，全村上下六百位男女老少也迫切需要一条宽阔的水泥路。作为五届县人大代表，刘建新年年跟上级政府建言修路。

而今，村级公路总里程共计25公里。顺河而上，车行驶在新铺成的宽阔水泥路上，再也没有往日的颠簸，村民坐车去县城的时间缩短至一个半小时，公里数也由100多公里缩短了三分之二。悬在刘建新心里的一块石头终于落地了。

除了"行"方面，老百姓在"住"上也得到翻天覆地的变化。一排排白墙黑瓦的两层小洋楼拔地而起，山墙装点成了"诚、孝、俭、勤、和"新民风宣传文化墙，各家各户门侧立着家规家训牌匾，地面尚存红色的鞭炮屑。

此前，境内山大人稀、沟壑纵深，自然条件恶劣，村民大多数都居住在山腰等交通不便的地方。有一些困难户不仅没水没电，还时常遭受泥石流的威胁，一到雨天就提心吊胆。

在刘建新多次劝说下,久住山上的村民搬到了新建的宽敞房子中。截至目前,新场村安置房共计150套,春节前又有多户村民搬进了新居,安置点的入住率达到95%以上。

他和群众无话不说,对全村的基本情况了如指掌。新场村全村总户数185户、总人数508人,其中建档立卡贫困户108户。今年计划脱贫32户、68人,这正是刘建新平日里工作的重点,他必须时刻与他们保持联络。

"既要甩掉穷帽子,又要过上好日子",宁陕的农村,在家的村民大部分都是老人、孩子和残疾人。这一部分群众自我发展和承担风险的能力很弱,在产业发展上只能成功不能失败。

刘建新更像是一位"老中医",知晓治疗新场村贫穷的"药方",对症下药,看看哪一方面见效了,再循序渐进,再观察。在引导群众发展产业中,他充分结合本区域平均海拔在1400余米、境内山高、树多等环境资源优势,大力发展中蜂养殖、生猪养殖、林麝养殖、梅花鹿养殖和辣椒种植等特色产业,带动贫困群众脱贫增收。

其中,养蜂一直是当地的优势产业,高海拔出产的蜂蜜,质量远高于其他地段,加之当地传统的养蜂方法,价格一直维持在40元每斤,甚至更高。走进新场村,田间地头一排排蜂箱整齐地摆放在田坎间、崖壁上,但

深谙养蜂技术的刘建新,多次到贫困户家中"号脉",鼓励他们养蜂增收。

销量却不尽人意。

2018年底，碧桂园进驻到新场村，不仅在教育、医疗、就业方面加大帮扶力度，还帮忙村民销售蜂蜜等产品，依托碧乡包装，通过凤凰优选实体店、社企平台展销会、党委、工会采购、联动社会企业、社区项目等方式进行销售以及碧乡、凤凰优选等线上渠道，让原生态的农产品走出大山。

"扶贫先扶志"，刘建新从"被动式"扶贫转变为"主动式"扶贫，力争改变贫困户"等、靠、要"的落后思想。深谙养蜂技术的他，多次到贫困户家中"号脉"。月亮坪组的张凤友家里尚有年迈的老母亲，但他本人却整日不务正业，刘建新多次到他家中做思想工作，鼓励他养蜂增收。去年，张凤友养殖了30箱蜜蜂，如今已发展到70多箱。

今年，新场村又引进发展米椒种植项目，依托"支部+公司+合作社+农户"的模式，把土地资源变成资产，把村集体的土地和村民的土地入股合作社，签订协议土地保底分红，村民还可以在家门口务工，一个月收入3000元左右。

但想到全村贫困户的产业都压在这"辣子"上，不由得不让人担心。刘建新就在自家院内种辣椒，从建大棚到育苗都亲力亲为，希望通过个人而非合作社的方式向贫困户普及种植技术。

于他而言，这里不仅是生他养他的土地，更是承载梦想的地方，他坚信，2019年全村定将完成脱贫摘帽。

**乐居财经与刘建新对话精选**

**乐居财经**：可以介绍一下村子之前的一些基本情况吗？

**刘建新**：那个时候没有公路，到外边去买盐、买煤油，都要靠人背，条件确实太艰苦了。老百姓一直没有可靠的经济来源，一直贫穷。我是独生子，条件还稍微好一点。当地人种的庄稼主要是玉米、洋芋，整天就是苞谷稀饭，做一点煲粥，还不敢做干了，做干了粮食还不够吃。

**乐居财经**：作为村干部，您是如何融入群众的？

**刘建新**：经常到群众中去，每个村组都要去。从县城过来，最底下有个电站，那个时候交通没有公路，经常要走路过去，涨一点水把桥推了，就得蹚水过河。但是经常要到那块去给群众做工作，因为那边群众刚合并过来，思想跟我们这一块都不一样。甚至有时候还需要在村里住三、四天。

**乐居财经**：村里这几年最大的变化是什么？

**刘建新**：我觉得现在这个变化最大的就是公路，再一个就是住房。农民的生活水平提高了，以前跟现在不敢比。以前吃饭连食用油都没有，弄点野菜，放点盐。现在每顿还能炒个两三个菜，吃肉也是平平常常的。你看在穿着这一方面，以前穿的都是破破烂烂的，现在很少人穿有补丁的衣服。通讯方面，现在基本上80%的村民都有手机。

**乐居财经**：道路没通之前，您是如何去县城的？

**刘建新**：当初的话差不多一年要去五六趟县城，每次走三天，那期间的话，住宿吃饭就是过去拿30块钱，给集体交18块，剩12块钱就拿去当开会路上的生活费。所以家里就没钱，家里人也反对，两个孩子连白糖都吃不起。

**乐居财经**：村里有多少户建档立卡的贫困户？现在脱贫情况怎么样？

**刘建新**：我们全村总户数是185户，总人数是508人，其中，建档立

卡贫困户是108户，310人。今年计划脱贫的是32户，68人，今年要全部脱贫摘帽。

**乐居财经**：参与扶贫这些年来，有什么让您印象深刻的人或事吗？

**刘建新**：扶贫先扶志。月亮坪组的张凤友家里尚有年迈老母亲，但他本人却不务正业，我多次到他家中做思想工作，鼓励他养蜂增收。去年，张凤友养殖了30箱蜜蜂，如今已发展到70多箱。

**乐居财经**：扶贫当中遇到的困难，如何解决？

**刘建新**：以前，贫困户有"等、靠、要"这个思想，你跟他说什么他也不听，然后我们给他慢慢做工作，告诉他党的政策就是要把有"等、靠、要"思想改变过来，然后举一些现实的例子，比方说，为什么人家不是贫困户，你是贫困户？你看人家整天劳动，给你一袋米，你就把这一袋米吃完了，之后别人不给你了，你吃什么？

**乐居财经**：碧桂园在村里采用怎样的扶贫模式？

**刘建新**：从智力、教育、医疗、劳务就业等方面进行全面的扶贫。然后我们这里有剩余劳动力，他们也可以解决工作。学生愿意到他们那边上学，他们在广东也有专门的学校。

**乐居财经**：您为什么同意返聘回来当"老村长"？

**刘建新**：有些群众对我说："你这么大年龄了，还下来干啥？"我说："我干了这么多年，当了这么多年村支书，给大家没做出多少贡献，现在碧桂园请我当'老村长'，我是回来给你们做一些工作，弥补一下。"

时间：2019年5月21日上午11:30
地点：宁陕县皇冠镇双河村

## 贺奎兴：秦岭"愚公"

文/ 王泽红　　图/刘西常

　　整整齐齐放置的柴禾，正在觅食的公鸡和母鸡，躺在树底下的小狗以及园子里种植的蔬菜，当我们走进贺奎兴家里时，他还正在家里的后山上干农活，过了15分钟后，他满头大汗地从山上下来，与来访的报道组热情地打招呼。

　　今年61岁的贺奎兴，已年过花甲。但站在我面前的他，看着要比实际年龄更大，稀少的头发大部分已经花白，常年在太阳下劳作，他的脸部又红又干。双手虽然已洗过，但是粗糙皱裂的皮肤皱纹间依然有清洗不掉的泥土，握手刹那，我清晰地感触到他手上厚厚的老茧。然后，我发现他的一只手只有两个手指，是右手。

　　贺奎兴19岁就开始担任村委会主任，那是在1976年。在村委会主任、村委会副主任的位置上，他一干就是接近40年，无数往事已成岁月。但一谈起村里的发展，他的记忆变得清晰起来，其中修路是第一位的。

　　双河村处于秦岭大山深处，四面环山，出村去县城需要走40公里的山路，村民徒步需要翻过一座大山，才能到达宁陕县城购买日常生活用品。

　　"一来一回，需要步行3天时间，为了避免走夜路，村民们头天到了县城往往要住上一宿，第二天再往回走，很辛苦。"贺奎兴讲起当年路难走的情形仍旧记忆犹新。

为了能够让村民坐车通往外界，修路成为贺奎兴上任后最重要的事。一遍遍号召，一家家动员，在他的组织下，双河村及邻村的所有劳动力，包括妇女在内100多人，都加入了修路的队伍。贺奎兴准备大干一场，但是却遇到了极大困难。

20世纪80年代，彼时的双河村并没有挖土机、渣土车等先进的修路设备，只能使用大铁锤和农具等落后设备开山凿石。

工具的匮乏，让贺奎兴的修路队遭遇了无法想象的困难。"那个时候修路太不容易，全部都是靠人力，工具只有锤子和钢钳，两个人用钢钳给石头打孔，一天只能打到两到三米深，不像现在有空压机，一个人打五六十米都很容易。"

然而，年轻的贺奎兴决心做"愚公"！

一天、两天，从一米、两米到一百米、两百米，路在延伸，但修路队员的抱怨声却越来越大！

双河村主要靠种地维持生计，大伙儿只能在忙完农活的间隙修路，时间有限，每年阴历的六月修一个月，冬天修两到三个月，第二年开春再修一个多月。路难修，协调合作困难，对村民日常生活的影响很大，大家的抱怨越来越多。

贺奎兴心里苦，但没有动摇。他只能挨家挨户、苦口婆心地去解释和沟通，"如果我们不把这个路打通，我们这里就得永远穷下去"。

年轻的贺奎兴更是身先士卒！每次背着120多斤的炸药，在山里来回跑好多趟，为了修路大计，他带领着大家一起往前冲……终于，在一次开山炸石的过程中，贺奎兴的右手不幸被炸药炸伤。

在县医院住院20多天后，他的右手只剩下两根手指，那时他仅仅25岁。但是，"愚公"不会轻易放弃。贺奎兴伤病出院后继续带领大家开山修路。

6年以后，双河村"愚公移山"成功。路终于修通了！

在被问及当年这么年轻，却因为修路导致右手残疾，他是否后悔过时，他说："从来没有后悔过，当时一心只想修通道路，手部受伤并没怎么在意。"

1985年，贺奎兴又开始带着村民修建瓦房，然后是搭桥……各种经济作物种植，为村子脱贫忙个不停。

2013年，贺奎兴正式退休。2018年，当碧桂园扶贫双河村，请他出任"老村长"时，他欣然接受。

他想要继续帮助村民脱贫，因为这就是他一辈子要走的路。

现在，贺奎兴会经常给村民做培训，教他们如何养猪、种地、种植猪苓与天麻、养蜜蜂，然后将村民种植的农产品通过碧桂园销往全国各地，帮助村民提高收入。目前，双河村的贫困户已经从最初的59户，减少到了现在的12户，预计2019年全部脱贫。

**乐居财经与贺奎兴对话精选**

**乐居财经：** 您是什么时候当上村主任的？村民为什么会选您？

**贺奎兴：** 我是1978年开始当的村主任，那会儿还是20多岁的小伙子。是通过投票选举当上的，谁的票多，谁就选上；谁的票少，谁就落选。那会儿村里共有60多户人家，共有400多口人，选举时好像都没有人反对我，主要是我说话办事刚直，说一不二，不对就不对，就当面告诉你。我干了26年，觉得岁数大了，就让贤了。后来又接任副职，在副职上又干了十几年，然后就退休了。

**乐居财经：** 双河村四周环山，村民以前是如何去县城的？

**贺奎兴：** 我们村离县城有40多公里，过去都是从小路步行去县城，来回大概要三天时间。天要是黑了，晚上就住在县城，第二天再往回走，来回都要翻过一座山。其中，有一段非常弯曲的路，一不小心就会发生危险，所以大家不买东西就不出去。

**乐居财经：** 您当初当上村主任，最想为村民做的是什么事？

**贺奎兴：** 我接手村主任以后就想把这条公路打通，联系了很多地方，

省扶贫办给我们出了4000多块钱，那个时候出4000多块钱是非常难得的。那个时候修路不容易，没有空压机，全部都是靠人力，只有锤子和钢钎，两个人用钢钎给石头打孔，一天只能打到两到三米深，不像现在有空压机，一个人打五、六十米都很容易。

那会儿村里男的和女的都去修路，全是靠我们用双手修。因为每年春天和秋天，大家都要种地和收割，只能是阴历的六月修一个月，冬天修两到三个月，第二年开春的时候再修一个多月。

当时，村里抱怨的人很多，然后我就挨个告诉他们，如果我们不把这个路打通，我们这里就要永远穷下去；后来修了15公里，他们觉得路修好以后好处很多，所以到第4年的时候，大家都特别积极，修得就特别快。

最后，我们一共花了6年时间，修通了这条40公里的盘山公路。

**乐居财经**：我看您的手不太方便，当时也参与修路了吗？

**贺奎兴**：当时手是正常的，在修路的时候不小心被炸药炸了，当时还在县医院住了20多天院。不过那会儿心里也没有太在意，一心只想把这个路打通。那会儿我就像上班一样，天天和大伙一起修路，一天背120斤的炸药，来回跑好多趟。

**乐居财经**：修完这路之后，您又做了哪些事情？

**贺奎兴**：第二件事就是建房，号召他们改善屋子。原来我们这里很贫穷，二十年以前瓦房特别少，大部分人家住的都是草房，风一大房顶就会被刮跑，盖子都会被揭掉。冬天冷的时候，就在地面挖一个坑，然后在里面烧木材取暖。

从1985年开始，政府就让把草房全部拆掉，要建这种土木结构的房子，农民修房子，地皮很便宜，一毛四分钱一平方米，这是国家给的政策优惠，木料也给了优惠。然后，村里家家户户就自己找工人盖房子，那个时候修房子也挺便宜的，修一间房子才110多块钱，我修这几间房子才花了1200多块钱。

**乐居财经**：村民当时的主要谋生手段是什么？

**贺奎兴**：靠种地，过去山上都是耕地，整个山上就种玉米，还有红薯、土豆啊。后来退耕还林政策来了之后，国家每亩地会给300斤粮食，山坡就慢慢退耕了。

**乐居财经**：您是如何带领大家脱贫的？

**贺奎兴**：就是号召大家养蜜蜂，栽种猪苓和天麻。我从2017年开始养蜂，也是村里第一个脱贫的贫困户。因为年龄大了去外面挣钱也没人要，通过养蜂可以减轻家里的负担，儿子和女儿已经分户出去了，目前家里只有我一个劳动力，老婆有冠心病，不能太劳累。

贺奎兴从2017年开始养蜜蜂，增收后又号召大家养蜜蜂，栽种猪苓和天麻。

现在养蜜蜂，天气好的时候一年能收800多斤蜂蜜，差不多能挣3万多块钱。天气不好的时候，比如去年，只有200多斤，只挣了七八千块钱，不过赚到这些钱，我也很满足了，平时的花销足够了。

**乐居财经**：目前，村里脱贫情况怎么样？

**贺奎兴**：现在村里一共有120多户人家，贫困户有60多户，不过现在很多村民已经摘掉了"贫困户"的帽子，今年只剩下十几户没有摘掉帽子了，基本上2019年年底就全部脱贫。不过，有一家特别困难的。这个人叫蒋玉强，他的父亲腿脚不好，媳妇也有神经病，还有两个孩子。他家只有他一个劳动力，屋里没有人做饭，要在家里照顾他的老父亲，主要是靠种地务农来养活家口，两个孩子上学主要靠低保。

不过，针对蒋玉强的特殊情况，碧桂园已经制定了具体的帮扶计划。首先，会帮助他的大儿子找到工作，然后，为他的小儿子提供上学的物质保障，保证他可以继续接受教育；在解决了蒋玉强家两个儿子的就业和上学问题后，碧桂园还会通过消费扶贫收购他家种植、养殖的农产品，帮助他家直接增加收入。

时间：2019年5月21日下午15:30
地点：宁陕县太山庙镇太山村

## 孙文财：产业兴村

文/ 王泽红　图/刘西常

担任村支书四年，孙文财的头发花白了不少，两鬓尤为明显。

59岁的他，知道自己的精力已经大不如前了，所以一直在抢时间。太山村一共519户人家，其中129户是贫困户。这是一个艰巨的扶贫数字。

他很了解每一个贫困户。例如，刘德户身患肝硬化，儿子是家里的唯一劳动力。儿子的负担很重，离婚了，当爹又当妈，每年还要背负父亲的高昂医疗费。拖累了儿子，刘德户很愧疚，他唯一能做的，就是每天接送孙女上下学。

这些，孙文财看在眼里，急在心里。他暗自发誓，想在任期内帮助村民脱贫。

他找到镇上的好友，他们都是退休干部，帮忙出主意。在多方打听和比对之后，孙文财找到了一个可行的脱贫方法，那就是"引进企业，村里自己发展产业"。

孙文财是一个很拼的人。为了尽快落实这件事，他每天至少工作十一到十二个小时，晚上两点以后睡觉是常有的事，周末也不休息，每到早晨吃降压药的时候，他才意识到自己有高血压，不能熬夜。用他自己的话来说，"那会儿干工作，就是白加黑，白天干了，晚上还要干。"

功夫不负有心人，太山村招商引资成功，引进了三家企业，分别养殖林麝、梅花鹿和种植蓝莓。村民不仅可以就近务工，将自家种的粮食卖到养殖场，而且企业占用土地还会对村民做出补偿。同时，太山村又以村民入股的方式成立了自己的合作社，不仅为村民免费提供饲料和种子，种植有机杂粮，还以高于市场价一角钱的价格回收。

"通过引进企业的方式，不仅把土地变成了钱，村民还能务工，又能挣到钱，老百姓们十分欢迎；而且，我们合作社的杂粮在全县和安康市都有销售，去年卖了将近10万斤。"谈及此，孙文财露出了开心的笑容。

刘德户也是直接受益者，他的儿子种植了魔芋、猕猴桃和樱桃，每年收入能增加不少钱。

2018年碧桂园来到太山村扶贫，想要邀请孙文财出任"老村长"，他没有推辞。因为碧桂园也是想鼓励村民，通过发展产业的方式来脱贫，而且还会帮村民销售他们种植的农产品，而在这方面他有丰富的经验，也能发挥更多的作用。

在碧桂园的鼓励下，有不少村民养殖了蜜蜂，等蜂蜜收上来以后，孙文财就会对接碧桂园的扶贫人员，将蜂蜜通过碧桂园的微店"碧乡"和社

孙文财有高血压，不能熬夜，但是他很拼，每天至少工作十一到十二个小时。

区生活服务品牌"凤凰优选"销往全国各地。有时，看到合作社管理上有问题，孙文财也会请教碧桂园的扶贫人员，"他们在产业扶贫方面很有经验，每次请教他们的时候，都能学到些先进的管理经验。"

孙文财不放过一丝一毫发展产业的机会，他坚信发展产业能让村民的生活变好。在说到下一步的脱贫计划时，孙文财表示："要让家家户户都有自己的产业，起码一家要有一到二个，比如板栗园和蜂蜜等。一年最少能挣三、四万元，这样，全家的问题就解决了。"

**乐居财经与孙文财对话精选**

**乐居财经**：您当初是如何当选村支书的？

**孙文财**：我原来是太山镇上的退休干部，2015年被镇上派下来的。当时镇上领导只让我干一年，但是需要完成三件事：第一，这个村是三个村合并起来的，矛盾比较突出，让我做好调解工作；第二，就是让我来负责培养一个年轻的接班人；第三，就是老百姓最关心的一件事，当时有两个村有国家给的林业管理费，老百姓担心有人会把那个钱拿去用了，我当时给大家承诺，不会用大家的一分钱。

**乐居财经**：您上任后，做的第一件事情是什么？

**孙文财**：就是修村子通往外界的路，当时的路况非常差，群众反映得

比较强烈，只能跑小型农用车。所以，我们在2015年开始成立项目，2016年正式动工，从村里一直修到了太山村的地界，长度有34公里。现在公路还没有完工，还剩3公里的路沿没有修完。

**乐居财经**：太山村主要是通过什么方法脱贫的？

**孙文财**：主要是村里引进了三个企业，一个企业用了老百姓620亩耕地；还有一个是梅花鹿养殖场，村民可以进入养殖场工作，通过割草赚钱，还可以将黄豆和玉米等饲料卖到养殖场；第三个是引进的一个蓝莓基地，共占用老百姓238亩耕地，每亩给老百姓540块钱。这三个企业对我们的帮助很大，不仅土地变成了钱，还能务工，又能挣到钱，有100多个农户从中受益，深受老百姓的欢迎。

我们村还成立了两个合作社，其中一个是山水合作社，主要是生产有机杂粮，销量也比较好。老百姓种的稻谷，我们把它收集起来。合作社免费为村民发放种子和化肥，然后把大家种植的粮食再收回来，进行包装以后在全县和安康市销售，2018年已经销售了10万斤杂粮。另外一个合作社是种植猕猴桃，现在还没有什么效益，主要是带动贫困户在里面务工。

**乐居财经**：您担任村支书这几年，村里变化最大的是什么？

**孙文财**：变化最大的就是老百姓的住房，还有一个就是基础设施建设、产业建设和老百姓的收入。之前村民住的都是一些土墙房，条件都非常差，有的村民住的还是一些危房，现在村里盖了六层的安置房，已经入住了贫困户51户、非贫困户30多户。

**乐居财经**：接下来的扶贫工作，您有哪些计划？

**孙文财**：现在的扶贫工作主要是一抓老百姓的住房，二抓老百姓的收入，第三个就抓老百姓的长销产业。每家每户都必须有一个产业，对今后的持续发展和稳定有一个保障。起码一家要有一到二个产业，比如板栗园、养蜜蜂等，每户人家一年最少都要挣三四万，这一家的生计问题就解决了。

# 深山里的"倔强"

## 宁陕县扶贫日志 ②

文 / 林振兴　王敬宾　王泽红

　　地处秦岭中段南麓的宁陕县，山大沟深、交通不便、生产落后。乐居财经三支小分队乘车从海拔200多米高度的山底，沿着随处可见的360度弯度盘山公路，行至1600多米高的 山顶，寻找大山深处的贫困村。

　　山路弯度大、坡度高，在几经颠簸之后，乐居财经报道组走访了宁陕县的四个贫困村，实地访问了他们脱贫攻坚的艰辛故事。"三大三小"是宁陕县的特点，版图之大并没有为他们带来天然的优势，蜿蜒曲折的山路掣肘了他们的发展，全县74000多的人口总数中，贫困人口高达20256人，摆脱贫困成了他们的首要任务。

　　而有这么一群默默无闻的人，一直在身体力行地带领村民们摆脱贫困，他们就是令人敬佩的"老村长"。他们或精于技术，或年过花甲，或抱病在身，却都在不求回报地默默付出。

　　筒车湾镇海棠园村刘大华自学养蜂技术3年，学成后号召村民入股养蜂，不顾风言风语免费上门传授村民养蜂技巧，帮助20户人家脱贫；城关镇八亩村陈绪林，为发展乡村旅游劝村民搬迁，被误解辱骂，他彻夜解释，几多无奈，曾偷偷流泪；广货街镇元潭村邵华，初到村委会，账户仅四毛六分，为建设"水电路桥"，被树墩刮得遍体鳞伤……

时间：2019年5月22日上午11点
地点：宁陕县筒车湾镇海棠园村

# 刘大华：与"蜂"共舞

文/ 王泽红　图/刘西常

　　初夏的五月，环山叠翠，鲜花盛放。细看山腰锦簇的花蕊上，密密麻麻爬满了蜜蜂。突然，一位养蜂合作社社员向刘大华喊了一句："要分蜂了！"刚跟我们打了个照面，刘大华就立即跑着赶往蜂场。途中，他一把抄起一根竹竿，竿顶部是黑色收蜂笼。三五分钟，赶到一群蜜蜂乱飞的树林，他开始熟练地仔细辨别侦察蜂。

　　收蜂重在收侦察蜂！

　　大约过了十五分钟，刘大华凭借丰富的技术经验顺利找到了这群蜜蜂的侦查蜂，并收入了蜂笼。长竹竿的蜂笼就轻轻靠在树上，过了一会儿，老蜂王带领着群蜂陆续钻了进去。

　　就这样，一箱蜜蜂就变为了两箱。

　　收完蜂的刘大华，满头大汗地从山上下来，跟我们解释道："这是一种自然分蜂的方式，不太好控制，如果我来得迟了，有些蜜蜂就会飞走，带来损失。"

　　养蜂工作中分蜂是件大事，也是日常必需的工作。如果一箱蜜蜂的王台中即将孕育出新蜂王，老蜂王会带领将近一半的蜜蜂飞离原来的蜂箱，去寻找新巢穴。这就需要养蜂人把老蜂群收到另一个蜂箱里。

刘大华说,清明节前后是最忙的时候,一天分蜂十几次的情况很常见。"有时分蜂工作正好集中爆发,撞在一块儿,那就得在山上来回跑个不停,寻找侦查蜂。"他说。

虽然很累,但是刘大华很开心。每一次分蜂,就意味着养蜂合作社的规模变大了一点,社员的收入也在随之增加;每多一次分蜂,距离社员脱贫的时间就会更近一点。

刘大华是宁陕县筒车湾镇远近闻名的"养蜂大王",也是海棠园村的村支部委员。一心带领社员脱贫的他有一个惊险的故事。

早年的刘大华曾在山西临汾市的矿上打竖井,有一次他下井,升降梯下降了50米之后突然卡住,并将刘大华从距离井底130米的竖井通道中甩了下去。如果不是在惊魂一刻抓住了通道中的钢丝绳,刘大华很可能将遭遇不幸。

劫后余生的刘大华,回到老家海棠园村时,看到家乡还是通讯基本靠吼、交通基本靠走、肩挑背扛的状态,甚至一些人家还住茅草屋,他心中动了念头。他觉得自己捡回来了一条命,一定要体现更大的价值,应该为村里做点什么。

竹竿顶部是一只黑色收蜂笼,刘大华在熟练地仔细辨别侦察蜂。

刘大华的成功,给了村民养殖中蜂的信心,入股合作社的户数渐渐多了起来。

刘大华开始行动,先是组织村民花两年半修了路;接着,他放弃了8年的家电维修营生,决定养蜂。刘大华想,维修家电只是自己赚钱,而养蜂却能带动大家一起赚钱。

刘大华在2014年注册成立了中蜂养殖合作社。他天性好学,而且非常擅长自学。他一边抱着专业书籍自己啃,一边购买教学视频自己看,然后学着尝试操作。这些年,刘大华已经记不清被蜜蜂蜇过多少次,有时眼睛肿得都看不见,有时嘴巴肿得不能吃饭,一般三天后才能慢慢消肿。刘大华开玩笑说:"被蜜蜂蜇也是一种好事,可以预防风湿性关节炎。"如今的他对蜂蜇已经基本上没啥强烈反应了。

自学养蜂一年后,刘大华开始带领村民共同养蜂。一开始刘大华并没有获得村民的信任,大家说他是一个二把式,不专业,养的蜜蜂会跑掉,连他亲哥都不信他。

中蜂,又叫"中华蜂"或"中华蜜蜂",是中国独有的蜜蜂品种,由于数量稀少,2006年被农业部列入了《国家级畜禽遗传资源保护名录》。所以,中蜂就相当于蜜蜂界的大熊猫,对养殖技术要求很高,而彼时海棠园村的养殖技术还停留在老式的自生自灭方式,不仅没有科学的管理办法,还常常毁巢取蜜,产出的蜂蜜品质也不高,很难将规模做大,形成产业。

"大家都说我养不成功。既然这么多人都看着,我就一定要把它做成。"

倔强的刘大华越发努力,不断改良自己的养蜂技术,终于在2016年见到成效。他自己还总结出了一套中蜂养殖技术经验,将老式蜂箱改良成新式蜂箱。刘大华的成功,使得村民对养殖中蜂有了信心,于是入股合作社的户数渐渐多了起来,达到70多户,其中贫困户有40多户。为了帮助入社贫困户尽快脱贫,刘大华做了个定制化的帮扶策略:贫困户可以免费入社、免费学技术、免费上门指导和免费取蜜等。

合作社贫困户里有两户寡居的老人,一户老人的女儿已嫁外省,只剩她独自在家;另外一户老人的手还有残疾。刘大华经常去她们家,教她们如何选择养蜂地点,细心指导养蜂技术,哪怕刮风下雨也不例外。

"如今,合作社中的40多户贫困户,超过60%已脱贫,只剩下十几户今年就能全部脱贫",刘大华开心地告诉我们。

现在,刘大华已经成为十里八乡名副其实的养蜂高手,他被人们称为"养蜂大王",认识他的人亲切地称呼他"小蜜蜂"。他经常受聘去宁陕县甚至安康市做演讲,分享养蜂技术和经验。他的中蜂养殖合作社规模也越来越大,现在养殖的蜜蜂已有3000多箱。

2018年,刘大华又多了一重身份,成了碧桂园定点扶贫海棠园村的"老村长"。碧桂园大力支持通过发展产业带动贫困户脱贫,这正是刘大华所擅长的。刘大华会和碧桂园去做一些贫困户养蜂的技术指导,或将贫困户的蜂蜜收集起来,通过碧桂园"凤凰优选"等渠道进行销售。另外,刘大华也会帮助选拔和推荐合适的贫困户去到碧桂园提供的就业岗位。

在谈及自己下一步的计划时,刘大华说道:"明年,我们合作社的蜜蜂养殖争取达到4000箱,把规模做得更大,让大家的收入更多一点!"

**乐居财经与刘大华对话精选**

**乐居财经**:您现在在村里主要负责哪些工作?

**刘大华**:我在村里成立了一个中蜂养殖合作社,带动周边的农户和贫困户一起发展产业;另外,我现在还是县里农水科技局聘请的农技员,经常在全市范围内讲解中蜂养殖技术，所以我每天都比较忙。

我们这个合作社不仅带着海棠园村的社员和贫困户养蜂，而且覆盖了全县的三个镇和七个村，所以覆盖面积比较广，服务范围也比较大，平时事情比较多。

**乐居财经**：您是什么时候开始养蜂的？

**刘大华**：其实，养蜂是从我开始懂事的时候就开始养了，但是那个时候是一种老式的养蜂方法，基本上是任蜜蜂自生自灭的状态。2014年12月，我注册成立了中蜂养殖合作社，然后在2015年至2016年，通过这一年半的时间，我把老式蜂箱改良成新式蜂箱，再加上我从网上看了很多视频，学到了很多经验，总结了一套中蜂养殖技术，就从2016年开始分享新的养殖技术经验。

**乐居财经**：您是如何帮助贫困户的？

**刘大华**：我主要是通过养蜂合作社这个平台带动大家一起发展，贫困户不需要交500元社费就可以免费得到技术支持。

贫困户免费入社，免费学技术，免费上门指导和免费取蜜。然后，我还帮助解决他们所养蜂蜜的销售问题，保底收价比市场价更高。

**乐居财经**：在您养蜂过程中，印象最深的是哪件事？

**刘大华**：我印象最深刻的事就是在早期有很多人都说我会失败，我养

的蜜蜂都会跑掉。观望的人多，相信我的人少，他们都是想等我成功了之后，再跟着一起养，当时我压力很大。

另外，清明节前后是最忙的时候，每天早上都要早早起床检查蜜蜂。十点多开始就要分蜂，下午也要分蜂，分蜂之后要收蜂蜜；中午的时候，部分分蜂工作结束了，还要装钉蜂箱。到了第二天，还要思考在哪里再建一个蜂场。所以养蜂的过程对技术的要求挺高的。

**乐居财经**：您担任"老村长"的主要工作内容是什么？

**刘大华**：其实，碧桂园和我们这里的合作社一样，都是通过发展产业带动贫困户脱贫。我作为"老村长"，会做一些具体的工作，比如，去做一些养蜂的技术指导，还有就是收集大家的蜂蜜，并通过碧桂园的销售渠道卖掉。

另外，碧桂园也会给贫困户提供就业岗位。比如，碧桂园在我们这边做了一个"凤凰优选"平台，经常需要员工整理货物，还有碧桂园的建筑单位也会经常招人，我就会选拔合适的工作人员推荐给碧桂园，这样也能帮助贫困户增加收入。

时间：2019年5月22日上午11点
地点：宁陕县广货街镇元潭村

# 邵华：基建"能人"

文/林振兴　图/孟雪祥

清晨，蒙蒙白雾笼罩在村子四周的大山中，微风中带着凉意，一切都显得和往常一样。邵华带着锄头、铁铲等自家工具出门，他必须在最短的时间内，将从秦岭顺流而下的河水引入沉淀池，改善村民整体的水质情况。

51岁的邵华偶尔点根烟蹲在河边，眺望远方。在村主任这个位置上，他干了整整二十年。家中排行老五的他，哥哥姐姐皆在县城工作，而他却放弃咸阳公安武警服装厂的工作机会，大专毕业后便回到元潭村，担任了村团支部书记。

1998年8月15日，28岁的邵华就任村主任。他率先对水、电、路、桥等基础设施进行"动刀"。为了彻底解决村民到河边挑水的难题，邵华到用水量较大的乡镇进行考察。他了解到，邻镇的自来水工程投资超过100万元，可这对于元潭村而言却是个天文数字。

他只能用土方法，自己画图操作，将池子的规模按比例缩小，选用更细的管道。最后，元潭村仅花费1万多元的经费，就建立了8个20多立方的水池，将图纸变为现实，全村70%的村民喝上了纯净的自来水。

上任之初，村里的人行道不到两尺宽，机械车辆无法进入。尤其是属于深度贫困区的苦竹沟组和平沟组，交通出行极为不便，村民与外界几乎完全隔绝。邵华采用"先通后畅"方法，让每个村干部带动一个组的村民修路，将道路扩宽了1.5至2米。

当然，"电"也是全村迫在眉睫的需求。但嫁接电路不仅难度系数高，而且资金量需求大，前期需要投入50余万元。邵华通过三个"一点"的方式（县上补充一点、村上拿出一点、农户投劳一点），终于把通电的工作提上了日程。

命令只能指挥人，榜样却能吸引人。邵华带头修建电线杆200余根，他抬杆上山屡屡受伤，一切被村民们看在眼里，谁都不再抱怨或偷懒，告别"煤油灯时代"成为全村的目标。

1999年7月29日，元潭村终于迎来了历史上"光明"的一天，在那个闷热的夏夜，一盏盏电灯开启，村头至村尾激荡着大伙儿的欢呼和掌声。那一夜，格外长；那一夜，也格外亮。时至今日，谈到那晚，邵华的眼中仍闪烁着激动的光。

完成通路、通水、通电后，邵华决心带领元潭村早日打赢脱贫攻坚战，通过各级政府和相关部门，包括碧桂园等企业帮扶，至2018年村上共实现脱贫138户494人。

现阶段，村民"求富、盼福、要致富"的心态迫切，"等、靠、要"的思想却没有彻底改变，这是宁陕县乃至各个农村基层的心声。邵华知晓"扶贫先扶智"的重要性，制定了脱贫攻坚作战图，多层次、多角度深入贫困户家中，找准"穷根"，将脱贫任务分解到户、到人。

"两头老牛慢耕土，一群单身喝闲酒"，这曾经是对元潭村群众对务农生活的戏谑之言。30多岁的储成仟原先是村里出了名的懒汉，喜欢游手好闲。家中三口人，因母亲重病去世负债5万余元，加之妻子患有贫血症，儿子还在上中学，全家脱贫致富的希望就系于他一身。

最终，村委会决定让储成仟担任组长，以此激发他的斗志。彼时，村民议论纷纷，"懒汉干组长，越带越懒"。邵华依旧坚持让他尝试这个职位，并做通群众的思想工作。

事实证明，懒汉也能变勤快。他很快就建起了81平方米的标准化圈舍3间，一次性买了25头猪仔，如今又扩建至120平方米。通过辛勤劳作，储成仟仅养殖年纯收入就达到1万多元。在养猪防病、治病方面，他还帮助其他养猪户，积极带动身边的贫困户共同致富。

此外，邵华组上的贫困户雷东明一出生就患了小儿麻痹症，双腿残疾不能直立行走，只能靠双手握着两个凳子支撑身子往前挪，右眼近乎失明。虽然身体残疾，但他始终用顽强的意志撑起一个家，任何致富门路他都会不遗余力去尝试。

2016年，雷东明种植香菇9000袋，由于懂技术、勤劳作，当年仅香菇一项就增收近2万元，再加上在邻县做香菇种植技术指导的收入和漂流公司打零工的收入，当年收入超过4万元。现在，年近50岁的雷东明还身兼三份工作，忙碌成为他的"新标签"。

邵华不仅积极到村、沉下身子搞好脱贫，还大胆创新扶贫模式。其中，电商扶贫是产业发展与引领群众脱贫致富的有效结合，也是精准扶贫的一次大胆探索，他积极组织村里成立了元潭村电商扶贫销售体验店，不仅为贫困户提供岗位，还能助销地方农特产品。

邵华是一个富于创新精神的人，他在村里组织成立了元潭村电商扶贫销售体验店。

此外，元潭村在"支部+合作社+农户"的模式下，创建坪沟"蜂谷"品牌，该品牌依托村内香菇、木耳、蜂蜜等丰富的农产品优势，借助电商渠道将本地独具特色的农产品大力引出去。

2018年底，邵华受聘为碧桂园"老村长"。于他而言，"帮扶是村干部义不容辞的责任，为村民选好项目、当好参谋、服务好"。为此，他专程到碧桂园进行系统学习，培训回来后，他对产业扶贫有了更深层的理解。

而邵华的职责也不仅局限于村里的日常事务，还要经常给村民进行思想上的鼓励，向贫困户讲解碧桂园"4+X"的扶贫政策。与此同时，碧桂园也加大了对元潭村的帮扶力度，结对帮扶村里的贫困户，并安排村干部交流学习并辅助村里特色产业的发展，助力元潭村集体经济的发展。

如果要给二十年的村干部工作经历打分，邵华不愿意用任何一个具体数字来评价自己，但却毅然坚称，"肯定打不了满分"。因为工作原因，邵华对母亲最为愧疚，"老人需要陪伴，而我却把大部分精力花在了村里。"

### 乐居财经与邵华对话精选

**乐居财经**：您当年为何选择留在村中生活工作？

**邵华**：留在村中的原因，一部分是因为父母年龄比较大，我的哥姐都在县城工作，家里没有人照顾老人，我就放弃了在外务工创业的机会。开始时，我担任团支部书记，1998年就任村主任。

**乐居财经**：进入村委会的第一天，是怎样的感受？

**邵华**：我进村委会的头一天，感到压力特别大，村委会办公经费账上只有四毛九分钱，你想要为村民办事，包括基础设施建设，是根本没办法完成的。那天晚上我就想到这个事情，既然当选了，就必须给村民办事。第二天，我就召集党员开会，把各自的资金一一整合，理清外欠的账，清理后村上的资金就达到了2万多块。

**乐居财经**：请您简单介绍下元潭村的基本情况吧！

**邵华**：我们有14户五保户，截至目前贫困发生率为3.19%，2019年将完成脱贫摘帽。土地是845亩，林子是45915亩，有经济林3615亩。以林

地为主，种植药材、板栗、核桃、天麻等为辅。

**乐居财经**：村上采用什么方式脱贫？

**邵华**：按照上级的要求，第一，在发展产业上脱贫一批。第二，在生态补偿上脱贫一批。第三，在危房改造方面脱贫一批。第四，村里成立股份经济合作社，县里配股一些资金，通过这些资金脱贫一批。

**乐居财经**：如何解决村民吃水难的问题？

**邵华**：原先农户吃水用担子挑，一个多小时才能挑一担水，还挑不满缸。我就到县上找水利局等相关部门，通过三个"一点"，县上补充一点，我们村上拿出一点，农户投劳一点，解决了八个水池，拉上了自来水。之后，还给村民解决水的质量升级，把水引进沉淀池，最后过滤、净化排放到总管道，再分流到农户家里。

**乐居财经**：最近几年元潭村为什么要发展旅游业？目前情况如何？

**邵华**：宁陕县本身是安康的北大门、西安的后花园，再加上县上主导"生态立县、旅游富民"号召以后，沿公路一线就开办了很多农家乐。目前农家乐有32家，收入看规模大小，有的可能年收入10万元左右，有的可能就两三万元。

**乐居财经**：您担任村干部，除了有压力，最开心的又是什么？

**邵华**：把事情干成了以后最开心。比如，水利建起来以后，听到自来水管里面的哗哗水声，村民再也不用到河边挑水。还有电路架接起来之后，晚上一照明，全村都灯火通明，此后，村民家中陆陆续续都安装上了电视机，生活也越来越便利。

**乐居财经：** 碧桂园在元潭村的扶贫情况可以介绍一下吗？

**邵华：** 2018年，碧桂园聘任"老村长"，帮扶9省14县，并把我们村的干部请到碧桂园去学习培训。碧桂园帮扶的县有脱贫攻坚任务，因此，我们形成了一个共同体。目前，元潭村筛选了11家最贫困的贫困户，上报给碧桂园，会因人制宜进行帮扶和进行产业方面的相关指导。

时间：2019年5月22日下午15:00
地点：宁陕县城关镇八亩村

## 陈绪林：乡村旅游"推手"

文/ 王泽红　图/刘西常

已经64岁的陈绪林，明年就不再担任八亩村的村支书了，准备退休。

有点害羞的他，不太善于言辞。但当话题转向少时的贫穷，他的话开始多了起来。"那时家里条件太差，我父母都是老实的庄稼人，没有来钱处，眼看弟弟妹妹都上学了，我就只能辍学出去打工了。"

那一年，陈绪林16岁。

他来到一家木材加工厂当学徒，每个月二十几块钱的工资，几乎全部用来贴补家用和供弟弟妹妹上学。

他知道贫穷的苦味，一直在努力改变。有段时间，乡里开始盛行种植椴木香菇，陈绪林瞅准机会，开始了贩卖香菇之路，天天去十里八乡收香菇卖。十多年的生意，让他的生活变得越来越好。

然后在2002年，陈绪林再次走上了脱贫之路，只不过这次是要带领全村。他从前任老书记手中接任八亩村村支书的职务，却并没有喜悦之感，而是恍惚中有种似曾相识的感觉。

那时的八亩村，村委会账上没有一分钱，只有140块钱外债。村里根本没有固定办公地点，每次开会，都是轮流去村干部家里。

看到村民每次办事都是一趟趟地来回去村干部家里找,十分不方便。陈绪林决定修建村委会。没有钱,他就瞒着妻子,偷偷拿出家里5000块钱,当作修建村委会的启动资金。

修建村委会,陈绪林可以自己垫钱,但如何让村民脱贫,却真真实实把陈绪林难住了。当时八亩村共有320户人家,其中贫困户就有87户,尤其是村里三大小组之一的碾盘组,总共26户人家,几乎全是贫困户。他们生活在高山上,地势险峻,电都没通,照明全靠煤油灯,出村的路就是山路,村民外出只能步行下山。更让人揪心的是,村民的房屋大都是土坯房,甚至还有茅草屋,山上风大雨多,很不安全。

碾盘组最让陈绪林放心不下,他一直在苦思冥想如何让碾盘组脱贫。

不断琢磨之后,善于因地制宜、把握机会的陈绪林有了主意。碾盘组所在的地理位置,山容地貌颇似村里用来轧五谷杂粮的"碾盘",颇有趣向,加上山景秀丽,很适合发展旅游业。于是,他决定试一试,将碾盘村发展为旅游景点。但如何找到旅游景点开发商,这个问题再次把他难住了。

"那会儿满脑子想的,就是从哪儿找企业来开发,我们这地方穷乡僻壤的,谁也不愿意来。"

除了发展旅游业,村里还建了社区工厂,解决了更多人的就业。

诸多碰壁没有让陈绪林放弃。在多方打听和求助下,他在西安举办的一次贸易会上,认识了一位西凤酒公司的老总。他抓住机会大力推荐,详细介绍了碾盘的山势和地貌。西凤酒公司的老总被打动,专门派人来碾盘组考察,最终同意将碾盘开发成为景区。陈绪林心里乐开了花。

于是,紧锣密鼓的搬迁工作开始了。但令陈绪林万万没想到的是,面对自己辛辛苦苦拉来的投资,碾盘组的村民们却很不理解,拒绝搬迁。

在调解的过程中,甚至有村民辱骂他,这让陈绪林很是心酸,想到自己之前的奔波,有几次,他忍不住偷偷流下眼泪。

"其实,那会儿我也理解他们,他们常年住在山上,主要靠种地为生,突然让他们放弃自己的土地,心里肯定不愿意。只不过,我也会觉得委屈。"他说。

眼看僵持下去,投资就要泡汤,陈绪林急在心头。脱贫的机会就在眼前,决不能错失,他只能往前冲! 陈绪林决定住到碾盘村民的家里做思想工作,彻夜跟他们解释算细账。疏通一家之后,接着住到另一家,再解释再算细账。就这样持续了一个月,拒绝搬迁的村民们被他的诚心感动了,终于同意搬迁。

2008年,八亩村与西凤酒公司签订了开发旅游景点的合同,2016年最终完工,成了现在的"秦岭悠然山高山湿地景区"。而在景区的开发过程中,景区聘用八亩村村民的劳务费累计高达600万元;景区建成后,还有不少村民在景区里工作。

如今,因悠然景区的开发,八亩村的道路修好了,不少村民搬进了复式的"别墅"楼,生活发生了翻天覆地的变化。

回首多年的付出,虽然过程充满辛酸,但看到村民的生活有了质的改善,陈绪林觉得自己的付出很值得。

"这是我一生中最骄傲的一件事!"他面对镜头这样说,真实而感人!

之后,陈绪林又组织全村发展自己的产业,种植猪苓和天麻,还成立了一个养蜂合作社。2018年,碧桂园来到八亩村扶贫,想让陈绪林出任

"老村长",对接碧桂园的扶贫工作;了解到碧桂园可以帮助老百姓将蜂蜜和食用菌等农产品销往全国各地,他痛快地答应了。

如今,他一边担任"老村长"的职务,帮助村民通过碧桂园的微店"碧乡"售卖村里的各种农产品,一边继续发展旅游业。

陈绪林介绍,2019年下半年村里将基本完成脱贫,自己也将于明年退休。

而八亩村已启动与另一家企业商谈开发景点事宜,未来的计划是要将整条沟打造成一个农业观光休闲地。

陈绪林推了一把,但或许八亩村旅游事业才刚刚开始。

**乐居财经与陈绪林精选对话**

**乐居财经:**在当村支书之前,您主要从事什么工作?

**陈绪林:**小时候,家里条件很差,初中毕业后,我就出来打工了。最开始是在一家木材加工厂当学徒,之后还当过几年广播员。那时家里经济困难,眼看到了结婚年龄了,家里也没什么钱,我就自己出来干了木材加工,准备多赚点儿钱娶媳妇。后来,我们这里开始盛行用断木种香菇,我就转行贩卖香菇了。天天去十里八乡收香菇,然后再卖,持续了十来年,直到当上村支书。

**乐居财经**：当选村支书之后，您做的第一件事是什么？

**陈绪林**：那时候比较困难，因为村委会账上一分钱都没有。我记得当时我们开会，连一个固定的场所都没有。所以，那时第一件事就是想给村委会盖房子。但是，那时候村里没钱，我就偷偷背着媳妇自己垫付了5000块钱，作为启动基金。

**乐居财经**：带领大家脱贫时，哪件事情让您印象最深刻？

**陈绪林**：那就是发展悠然山旅游景点。那个时候，悠然山上住的基本都是贫困户，道路不通，也没有电，村民住的房屋大部分是用木头做的房子和茅草屋，条件好点的是瓦房。但是，这个地方是一个旅游的好地方，有山有水，自然风景特别好。所以，我就瞄准了这个地方可以发展一个旅游项目。

这个项目是我一手操办的，当初搬迁时，有一些钉子户死活就是不搬迁，让我们的工作难以做下去，于是，我就直接住到他们家里去，一直给他们做工作，这家完了就去那家住，让大家感觉到我们这颗真诚的心。

**乐居财经**：景区建成后，村里还发展其他产业了吗？

**陈绪林**：还种植了猪苓、天麻和食用菌，这都是我们的产业。另外，村里还引进了一个养蜂合作社，最近又成立了一个社区工厂，生产鞋垫和皮鞋，工人全是村里的人，差不多有40多个。未来，我们还会扩建社区工厂，争取扩充到80个人，解决更多人的就业。

**乐居财经**：村里这些年最大的变化是什么？

**陈绪林**：最大的变化是住房。现在村里有了楼房，很多村民都搬进来住了。还新建了很多复式楼，就像别墅一样，这些都是搬迁的时候盖的，村民没怎么花钱。而且，村里的道路也变宽了，这都是悠然山景区建成后开发商修的，一是方便村民出行，一是便于外地人来旅游。

**乐居财经**：村里情况好转后，做脱贫工作时还遇到过困难吗？

**陈绪林**：遇到过。有些村民本来家里情况不太好，但是还不太积极。比如，我们这里有一户人家，家里有两个儿子，大儿子已经三十多岁了，小儿子二十多岁，两兄弟明明有外出务工的能力，但是就不愿意出门，天天就在家里，而且还不打扫卫生，家里的味儿很重，村里还得经常派人过去给他们打扫卫生。

在我们多次做思想工作后，大儿子已经出来工作了，但是小儿子还在家里，现在还在继续做他的工作。

**乐居财经**：村民现在脱贫情况怎么样？下一步脱贫计划是什么？

**陈绪林**：八亩村的贫困户已经从最初的87户减少为现在的35户，人均收入也从每年2000元增加至现在的10500元。现在，我们又在引进一个旅游项目，目前还在商谈中。这个项目要是成功的话，就会把我们这条沟打造成一个农业观光休闲地。预计到2021年，我们的人均收入可能达到15000元。

时间：2019年5月22日下午16:00
地点：宁陕县人民医院

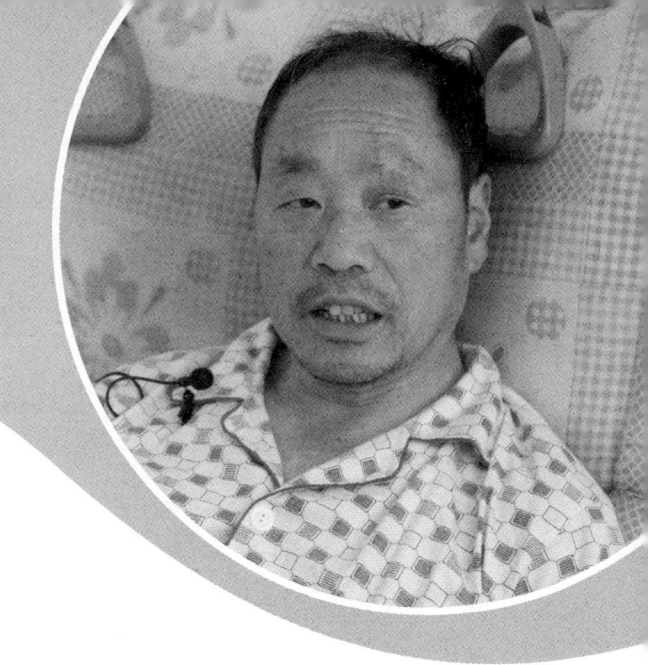

# 周文兴：板栗熟了

文/ 林振兴　图/孟雪祥

在村委会活动室的院子里，57岁的周文兴望着对面山上长势喜人的板栗林，不禁感叹道："要是那个时候不搞板栗园，现在还不知道穷成了啥！"

罗家沟两面山坡上，疏朗有致的板栗林绿波起伏，树上缀满乒乓球大小的绿色小刺球。这片位于红岩山下、蒲河岸畔、1300亩地规模的板栗园，彻底改变了罗家沟昔日贫穷落后的模样。

27年前，这里还是荒山荒地，信息闭塞，经济发展缓慢，人均纯收入不足500元。由于缺乏发展门路，长期以来，村民"吃饭靠天，用钱靠救济"，生活徘徊在温饱线上。

1993年夏天，时任罗家沟组长的周文兴，结合本村得天独厚的资源优势，带动全组男女老少齐上阵，发展板栗产业。组织砍灌的第一天，骄阳似火，全组能上的劳动力全部来到了建园点。

虽然19户村民家中几乎找不到几把像样的农具，仅有几把板锄、十字镐，却只用了6天时间就砍灌130多亩。而当年，罗家沟共计栽植板栗实生苗13000株，建板栗园130亩，人均1.8亩。

随着板栗建园的不断扩大，一些问题也逐渐凸显，各家各户出劳动力

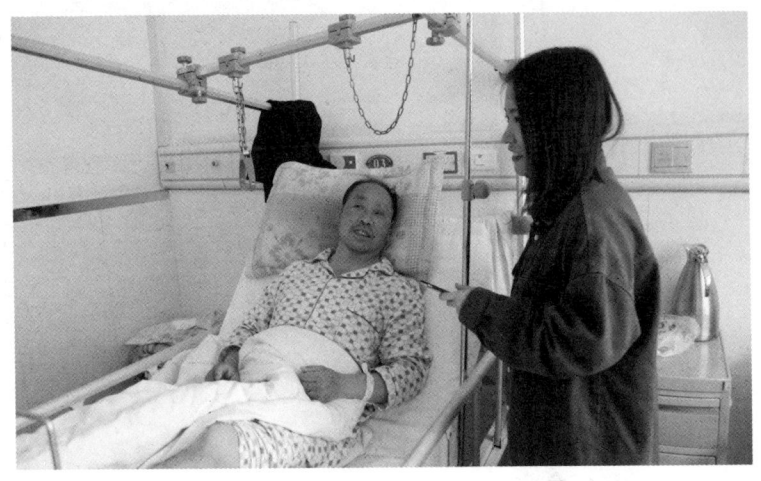

采访前几日,周文兴因修理房顶失足落地,导致左腿粉碎性骨折,周文兴只能在病榻上接受访谈。

多少不一。周文兴考虑到村民的经济基础普遍比较差、技术人员少的实际情况,在罗家沟兴办股份合作制板栗林场,20户村民全部作为股东占股。

股份制板栗林场集中体现在规模化、集约化经营增强了产品竞争力和效益,每当收获季节,客商们都是上门抢购,而且销售价格也比本镇其他地方要高6%左右。按照林场章程,群众一致要求给董事抽取报酬,理事长周文兴则坚持多年不拿一分钱。

八年磨一剑,从2001年起股份制林场开始分红,20户村户中最多的分到500元。拿到红利的村民喜不自禁地告诉周文兴:"我们都有收入了,股份制林场整对了。"也是在那一年,周文兴赢得了全村群众的信任,高票当选严家坪村党支部书记,他将更多的精力聚焦在修路等基础设施的建设上。

彼时,由于山高路陡,红岩山组多年一直未通公路,群众怨声载道。周文兴向贫困户拍胸脯担保:"我就算去借钱,也不会要你们的一毛钱。如果花钱了,我会自己补上。"他多次赴市跑县,想方设法筹集修路资金20余万元。

开工后,他日夜奔波在公路建设现场。2005年年底,红岩山公路全线贯通,乡亲们多年的梦想终于得以实现。但由于坡度大、路基差,一遇到雨天路面全被水冲,无法通行,这也是周文兴心中的一块心病。

他跑镇赴县多次找领导争取项目，在路基不够列入计划标准时，他个人垫款拓宽路基，终于在2015年修通了红岩山村民一辈子也不敢想的宽敞水泥路，同时打通了佛爷沟和栗子沟之间的通组路，而周文兴为修公路争取资金、调运物资往返无数趟的差旅费全部自己掏了腰包，从未报销过一分。

担任村支书以来，周文兴带领全村人民修桥、修堰，普修村组公路。共计修路20余公里，铺水泥路6公里，修桥3座、修堰2000余米、自来水4处、移动通信基站2处。如今，村里241户不仅通上了平坦的水泥路，还饮用上安全的自来水，医疗保障也得到了极大提高。

2018年底，碧桂园来到了严家坪村，委任周文兴为"老村长"，并帮助村里的养蜂合作社销售蜂蜜，提高收益，增加股民的收入。其中，梨子园养蜂专业合作社的带头人周世红就是受益者之一。而她凭着自己勤劳的双手，不等不靠，撑起精准扶贫路上"半边天"的故事也在宁陕县广为流传。

今年27岁的她，家住四亩地镇严家坪村，16岁父亲病逝，母亲是残疾人，家里有高龄老奶奶和上学的弟弟，辍学后她带着弟弟来县城打工。2011年，她从央视农业节目得到启发，买了10箱中蜂，开始学习养蜂技术。当年，秋季蜂群扩大到23箱，这更加坚定了她继续养蜂的信念，她辞去工作、回乡创业。

万事开头难，亲戚们都劝说她不要冒险，但她坚持筹措资金，起早贪黑，终于建起养蜂场，并组织农户成立了宁陕县梨子园养蜂专业合作社。目前，入社农户达68户，其中贫困留守妇女44人，养蜂合作社不仅有传统的电商渠道，还依托碧桂园旗下的凤凰优选、碧乡等平台资源，将陕宁原生态的蜂蜜推销至全国。

在周文兴看来，"周世红不仅是村里的劳模，还促进了当地贫困留守妇女就业难的问题"。如今，在改头换面的严家坪村里，类似周世红这样的产业精准脱贫的案例还有很多，给外界一种"户户有产业，人人有事干"的印象。

**乐居财经与周文兴对话精选**

**乐居财经**：什么原因让您想当村干部？

**周文兴**：初中一毕业我就回了村，17岁时，我开始担任罗家沟组长。家里其实不希望我当这个组长，他们说，当组长好事轮不到自己，全是别人的。我现在家里住的房子还没有贫困户的房子好。前一段，气象局发布天气预报称，第二天有中到大雨，我担心我家土墙房子的瓦片会掉落，就爬上楼梯去弄一下，没想到一不小心从五米多高的房顶摔了下来，腿摔成了粉碎性骨折。

**乐居财经**：走访贫困户时，有哪些事情曾触动过您？

**周文兴**：20世纪80年代，百姓家中都困难得很，我当初看到过五口之家为了填饱肚子，将还没成熟的玉米采摘下来，并把苞谷芯层层切下来煮着吃。在那种情况下，我们的心也很软，哪里还忍心向他家强收农业税。

**乐居财经**：可以分享一下严家坪村发生了哪些变化吗？

**周文兴**：其一，不仅是村村通公路，而且是每个村组都通了公路，90%以上的农户都通了公路；其二，村上总共是4个村民小组，总共是241户，788人全部吃上了安全的自来水，基本上没有人去河里挑水吃；其三，住房方面，现在贫困户的住房都得到了解决，甚至有的贫困户比我的房子还要大；其四，医疗保险的报销比例也在逐步提高，村民看病甚至有的不

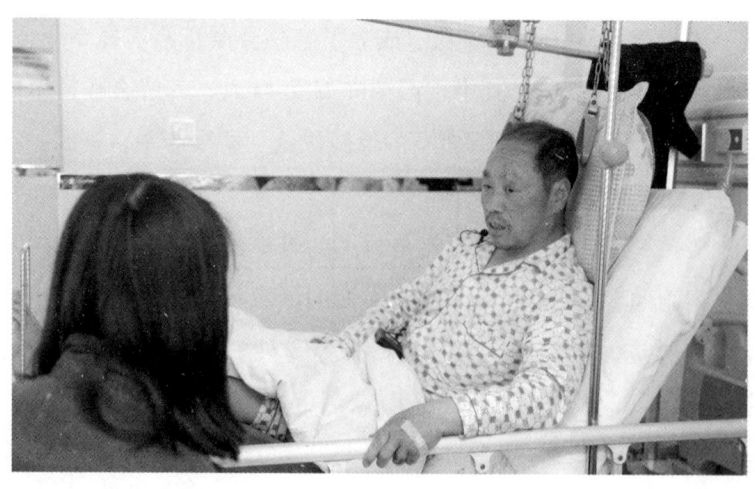

用花钱。

**乐居财经**：路通了之后，对于贫困户有怎样的帮助？

**周文兴**：路修起来后，不仅把所有贫困户都带动起来，非贫困户的收益都增加了很多。当时建了一个农业园区，他们在地里种植的有花椒、魔芋等，还有养鸡。土地不仅实现了流转，村民还可以去园区里务工增收。

**乐居财经**：在扶贫过程中，让您印象最深的人有哪些？

**周文兴**：有一户一家共六口人，家里特别贫困，我们就给六口人都申请了低保。但他们家里的男丁整天喝酒，去年12月份，我们跟他说，"从现在开始，如果你再喝一次酒的话，低保名额可能就被国家取消了。现在扶贫，扶的都是勤快人，像你这样可不行，虽然国家政策好，但也是有章程的。"那次谈话把他吓着了，从那之后他就有所好转，现在开始自己种庄稼了。

**乐居财经**：碧桂园来到了严家坪村，带来了怎样的改变？

**周文兴**：去年年底，碧桂园来到了严家坪村，帮助养蜂合作社销售蜂蜜，提高收益，增加股民的收入。其中，梨子园养蜂专业合作社的带头人周世红就是受益者之一。而她凭着自己勤劳的双手，不等不靠，还清了家里的外债，还解决了当地贫困留守妇女就业难的问题。去年，她给贫困户免费发了几十只小鸡崽，今年还给贫困户一户发一头猪崽。

**乐居财经**：您平日里要处理非常繁杂的工作事务，会对家人会有愧疚吗？

**周文兴**：我对家里人有很多亏欠。我为村上工作的时候，农活一直都是妻子在做。有时候她白天的活都没做完，晚上还得接着做到深更半夜。

**乐居财经**：在一些扶贫政策落实和亲情之间，您怎么去平衡？

**周文兴**：我们村委会评选贫困户的时候，我亲戚一个都没有选上。比如，我的小舅子家里六个人都是靠他一个人支撑，有很多人提议让他进入贫困户，我说不能进，如果我破了这个例，别人就会认为"他的小舅子可以进，我也可以进"，所以，我不能打破这个红线。如果亲戚家里实在困难，我就私人想办法，用个人力量去帮助他。

# 总有一种力量散发着光芒

## 宁陕县扶贫日志 ③

文/ 林振兴　王敬宾　王泽红

秦岭深处，一路蜿蜒曲折。狭窄的山道坑坑洼洼，不时有汽车擦肩而过。走进宁陕第三日，乐居财经扶贫报道组继续寻访奋战在扶贫一线的"老村长"。

蓝天白云之下，层峦叠嶂，野花伴着野草，蜜蜂嗡嗡地飞舞，数百个木制的蜂箱散落在坡地上。棋盘村地处宁陕县东南部，交通不便，产业薄弱，是宁陕县仅有的5个深度贫困村之一。为了有效带动贫困户增收，促进棋盘村整体脱贫，"老村长"陈勇带领大家大力发展养殖业，中蜂、桑蚕、土鸡、生猪，一年上马一个好项目。

在城关镇的朱家嘴村，"老村长"柯艺对全村贫困户了如指掌，如同一本脱贫攻坚的"活字典"。他坚信"扶贫先扶志"，宁可让上小学的儿子自己步行回家，也要一步一步走进贫困户家中，敲开贫困户的大门，也打开他们的心门。

在扶贫路上，与"老村长"们同行的，还有一群年轻的扶贫人，他们放弃了在大城市发展的机会，走进了深山老林，用青春谱写出一曲扶贫之歌。

时间：2019年5月23日上午10:00
地点：宁陕县龙王镇棋盘村

# 陈勇：甜蜜扶贫

文/王敬宾　图/史　策

　　层峦叠翠，百花飘香，蝶蜂飞舞。在棋盘村寿禄沟的中蜂养殖基地，陈勇熟练地打开一个蜂箱，查看蜂群的状况。他没有戴任何护具，蜜蜂也没去攻击他。"蜜蜂能辨别人类的气味，所以不会蜇我"，能够看出来，陈勇已经算得上一个养蜂专家了。

　　陈勇是棋盘村中蜂养殖基地的负责人，同时也是棋盘村村委会主任、碧桂园扶贫"老村长"。发展养殖业，成了棋盘村产业脱贫的重要抓手。除了中蜂养殖，陈勇还在棋盘村发展了生态养蚕、养猪、养鱼等多个项目。

　　陈勇原本不是棋盘村人，而是棋盘村的女婿。但是，正是这个"外来人"改变了棋盘村的命运。

　　棋盘村地处宁陕县东南部，山岭纵横，地广人稀，交通不便，产业薄弱，是宁陕县5个深度贫困村之一。头脑活络的年轻人，都外出务工了，陈勇就是其中之一。他年轻时在山西挖过煤，去山东包过铁矿山，后又返乡定居在宁陕县城经商。

　　在老支书的力荐下，2011年，陈勇以过半数选票当选棋盘村村主任。上任后，经过一番研究，陈勇决定因地制宜，大力发展生态养殖业。

陈勇做事非常认真，也很较真。用他的话说，"要么不做，要做，就一定要做好。"为了做好养蜂项目，他四处讨教，跑了不下10个养蜂基地去考察、学习。学习回来后，他一边成立村合作社养蜂，一边给贫困户送去蜂箱，让他们散养。蜂蜜有产出了，销售却成了大问题。蜂蜜卖不掉，村里和贫困户就没办法拿到钱，增收的愿望就落空了。

　　陈勇又开始到处跑销路。眼看着蜂蜜就要过保质期，陈勇一咬牙，借了20多万元，把贫困户手里的蜂蜜都收上来，然后一分钱不赚地卖给了一家大公司。"好歹是卖掉了，蜂蜜绝不能砸在贫困户手里。"

　　正当陈勇为蜂蜜的销路一筹莫展时，2018年，碧桂园扶贫小组的负责人孙珍猛找到了他。孙珍猛带来了"凤凰优选"和"碧乡"两个大销售平台。有了碧桂园消费扶贫的帮扶，陈勇信心大增，决心把养蜂产业做大。如今，棋盘村的中蜂养殖基地扩大到了三个，2019年预计出产蜂蜜2万斤。

　　世界前首富约翰·洛克菲勒说过："只有偏执狂才会成功。"陈勇就有点偏执。他不仅把自己的全部精力投入到棋盘村，还把在山东工作的儿子拉了回来。陈勇的儿子毕业于山东蓝翔技校，开挖掘机每月能挣1万多元。陈勇硬是让儿子放弃了这份收入还算不错的工作，回老家帮他搞养殖。现在，儿子在山上建了一个养猪场。陈勇甚至还想"忽悠"在北京读博士的

为了做好养蜂项目，陈勇四处讨教，跑了不下10个养蜂基地去考察、学习。

女儿回来帮他一起搞养殖，可惜没有成功。

陈勇出色的工作成绩获得了绝大多数村民的信任。他连续三届当选村主任，选票从刚过半数到第三届当选时几乎全票，在这8年时间里，越来越多的贫困户加入养殖产业里来，实现了脱贫。

陈勇对碧桂园的扶贫模式赞赏有加，在碧桂园学习回来后，主动请缨做了碧桂园扶贫"老村长"。他希望借助碧桂园的扶贫资源和扶贫理念，来完成他在任上的最后一个心愿：2019年，棋盘村整体脱贫，摘掉"贫困村"的帽子。

**乐居财经与陈勇对话精选**

**乐居财经**：没当村主任之前您是做什么工作的？

**陈勇**：没当村主任之前，我在搞个体经商。2000年，我在本村担任过一年文书。村里条件很差，无法支撑家人的生活，所以我就辞职了，到外面去闯荡。后来，我把本村有劳动力的年轻人带到山西去挖矿，2008年又带着他们到山东去挖铁矿。

**乐居财经**：当了村主任以后，您主要做了什么事情？

**陈勇**：2011年，我就回来当了村主任，我想改变我们村的村容村貌和环境。第一步就是整顿村委会，要清正廉洁，不能行贿受贿。然后，要制定相关制度，此外，按制度办事。还要摸清村里的情况，先把村里的基础设施搞好，把水、电、路、房修好。下一步就是精准扶贫，这个政策来了之后，我们就把产业抓起来，可以说从2011年到2019年这8年里，我们村的面貌和经济条件等都有了翻天覆地的变化。

**乐居财经**：听说您搬到了县城，后来为什么又回来做了村主任？

**陈勇**：是我们最早的一个村干部把我叫回来的。除了这个"老村长"在任时的会计，他们还请了一个村里60多岁的老人，他们三个人一起给我做工作，就说服了我。

**乐居财经**：你是怎么成为碧桂园扶贫"老村长"的？

**陈勇**：我在碧桂园学习的时候，他们就在聘请"老村长"。当时我就给龙王镇的领导打了个电话，我说碧桂园的政策比较好，我们村上也需要这样

的企业单位,何不请他们过来支援一下?最后,我就报名当了"老村长"。

**乐居财经**:为什么要当这个"老村长"?

**陈勇**:人家碧桂园作为一家民营企业,在精准扶贫上投资了这么多,我作为"老村长",又是一个党员,这里又是我的家乡,国家又有这么好的政策,我应当有责任、有信心把这件事做好。

**乐居财经**:棋盘村扶贫前后有什么变化?

**陈勇**:以前你都看不到白色的房子,全是破旧的土坯房。精准扶贫开展后,我们就申报了贫困村,全村200多户、600多人,贫困户就有111户、300多人,达到了深度贫困村的标准。

**乐居财经**:你每年都去学技术吗?

**陈勇**:对,我每年都去学技术。比如,到安康学养猪技术,到延安学养鸡技术、养蜂技术,我们在关中请了四个技术指导回来,我一有时间就和他对接,所以我拿蜂箱,蜜蜂不刺我,因为我身上有一种和蜜蜂亲近的味道。

**乐居财经**:您儿子在帮您养猪前是做什么的?

**陈勇**:孩子原来在山东开挖掘机,一个月收入15000元。刚开始他不愿意回来,因为他帮我干是没有工资的。他现在还没有找到女朋友。我想把这个做完了之后,我就投身到养猪场,让他出去打拼,把女朋友也找回来。我希望他能快点成家。

时间：2019年5月23日下午16:00
地点：宁陕县城关镇朱家嘴村

# 柯艺：扶志"秀才"

文/王敬宾　图/史　策

　　傍晚的朱家嘴村，炊烟袅袅，在橙红色夕阳的笼罩下，显得温暖而静谧。

　　但是，柯艺却没有心情多看一眼这醇美的山间晚景。他和碧桂园扶贫办的孙珍猛一起，急着赶往村里的贫困户王增发家中。他们约好了今天再谈谈心，聊一聊关于王增发脱贫就业的事情。在扶贫实践中，碧桂园摸索出了一套"4+x"的扶贫模式，"扶贫先扶志"就是其中党建扶贫的一个重要理念。

　　柯艺很认可这个理念，多年的村干部工作经验告诉他，只给贫困户"输血"，会造成他的"等、靠、要"的懒惰思想，必须鼓励帮扶他们学会自我"造血"，扶贫要"扶勤不扶懒"。柯艺是朱家嘴村的文书，已经干了5年，对村里的基本情况很熟悉。由于负责对接村里的扶贫工作，柯艺与孙珍猛早就相熟。所以，当碧桂园选朱家嘴村"老村长"时，柯艺成为当然的人选。

　　朱家嘴村隶属城关镇，开车从宁陕县城到村里，也就五六个贫困户还住在山上的老房子里，有时候他们白天不在家，就只能约在晚上去贫困户家里走访。村里多为低山丘陵地形，但是村民的房屋坐落得比较稀疏，尤其是到贫困户家，虽然路程没多远，但是他们住的老房子都没有通向公路,需要徒步翻越一道山梁,才能到达。刚走到半路,柯艺的手机铃响了,电话那头是他上小学的儿子,"爸爸,你还能不能来接我?"柯艺这才想起来,今天是周五,是该接儿子回家的日子了。他只好在电话中告诉儿子:"接不了你了,你自己走回家吧。"

柯艺的老婆在宁陕县城宾馆打工,平时也是柯艺接送上下班,但周末一般是他老婆自己坐公交回来。显然,两个人都接不了儿子。柯艺的儿子今年12岁,上小学6年级,平时住校,只有周末回家。儿子所在的小学,离村子有2公里路,走路大约需要40分钟。柯艺说,他不是很担心儿子,因为工作很忙,接不了孩子也不是头一次了。

柯艺性格温和。跟他对话时,他很少直视你,而是会看着别处。他虽然学历虽不高,但平时也喜欢舞文弄墨,写得一手好书法,"我年轻时还卖过对联。"他在朱家嘴村做了五年文书工作,很少与人争执,他说的最多的一句话是,"我会跟他讲道理,说服他"。

有一条河从朱家嘴村穿过,赶上洪涝之年,农田经常受灾。前几年,为了保护农田,村里启动了河堤修护工程,而修河工程的监理工作落在了柯艺头上。由于担心工程材料的安全,他带着铺盖住到了工地,一住就是3个月,期间没有回过一次家。事实上,他此前20年一直在外打工,住在

到贫困户家,虽然路没多远,但是由于没通公路,需要徒步翻越一道山梁才能到达。

家里与家人团聚的时间并不多。他的修河经历让人不得不让人联想到了大禹治水的故事。

"老婆有意见吗？"

"有意见，我会给她做工作，讲道理。一直说到她支持我为止。"

做贫困户的"扶志"工作，是柯艺治理的另一道"水"。令柯艺欣慰的是，他的付出没有打水漂。经过帮扶后，村里一些得过且过混日子的贫困户对生活又有了奔头。王增发就是一个典型例子。今年43岁的王增发住在朱家嘴村三组，生活上自暴自弃、好逸恶劳，整天游手好闲，长期赌博导致家里很穷。被评为贫困户后，更是滋生了他"等靠要"的思想。2017年，王增发上了村里的"后进户"黑名单。

扶贫工作开展后，碧桂园扶贫办的工作人员、扶贫"老村长"以及村干部多次上门给王增发做思想工作。一开始，王增发并不太相信扶贫政策，对帮扶甚至有点抗拒。后来，这些人把扶贫中一些活生生的例子讲给他听，并多方联系，帮他寻找合适的工作。王增发逐渐被他们的诚恳打动了，他答应去做运输、搬运工作，月收入2500元以上。

在村委会的帮扶下，王增发在县城购买了搬迁安置房，人也打扮得干净利索起来。2018年，他被认定为脱贫户。在乡亲们的眼神中，王增发逐渐醒悟了，重新找到了对生活的信心。在2018年朱家嘴村新民风道德评议中，王增发从"后进户"变成了先进。

"自从搬到县城后，这个40多岁的老单身汉，开始有人给介绍对象了，他自己正计划着年底结婚。"说到这里，柯艺的脸上露出了兴奋和欣慰，还掺杂着一丝自豪感，就好像要结婚的人是他的儿子。

**乐居财经与柯艺对话精选**

**乐居财经**：当时你做碧桂园"老村长"是一个什么样的机缘？

**柯艺**：就是有一个陕西业林核桃场，要挑选贫困户来帮扶。当时由是我帮他们来完成这个事情，后来碧桂园过来与扶贫产业对接，也是由我负责，所以我才进入这个"老村长"的队伍里来了。

**乐居财经**：接手这个工作以后，您主要做什么事情？

**柯艺**：一开始，主要就是到十户贫困户家里走访，一是了解贫困户的家庭情况、本人情况，然后就是给贫困户宣讲扶贫的政策。还有一个是扶贫要扶志，虽然是贫困户，但是你的志气不能是"贫困户"，要有脱贫的志气。通过党和政府，还有碧桂园这样的企业和与碧桂园合作的农场，让贫困户明白不能等、靠、要，还需要自己努力发愤图强，达到脱贫的效果。

**乐居财经**：咱们这里搞扶贫多长时间了，变化大不大？

**柯艺**：当地扶贫从2014年开始到现在，已经搞五年时间了。在这五年的时间里变化还是挺大的。以前住房就是土坯墙，现在安全住房问题都基本解决了。以前有的地方连路都不通，现在就慢慢地好起来了，通过脱贫的优惠政策，贫困状况得到了很大的改善。

**乐居财经**：五年来，有什么事情让您印象深刻？

**柯艺**：那就是修河堤。那年，村里为了修好河堤，保护农田不受洪涝灾害。我负责修河工程的监工。因为担心材料安全，我在工地住了3个月都没回家。

# 蓝田篇

  蓝田县地处秦岭北麓、关中平原东南部,是西安市郊县,县城距市区22公里。东南以秦岭为界,与华县、洛南县、商州区、柞水县相接;西以库峪河为界,与长安区、灞桥区毗邻;北以骊山为界,与临潼区、渭南市接壤。蓝田自古为秦楚大道,是关中通往东南诸省的要道之一。2018年全县户籍总人口65.5万人,总面积2006平方公里。

  蓝田属于暖温带半湿润大陆性气候,四季冷暖分明,气候宜人,土壤肥沃,土地资源种类齐全,农副土特产丰富。植被总覆盖率89.18%,森林覆盖率达50.3%。

  蓝田县地方特产有:蓝田玉、白皮松、核桃、柿子、洩湖樱桃。

# 生当如蒲苇

## 蓝田县扶贫日志 ①

文/ 王若君　张　娜　潘宇凌

"活着就要记住，人生最痛苦、最绝望的那一刻是最难熬的一刻，但不是生命结束的最后一刻；熬过去挣过去就会开始体验呼唤未来的生活，有一种对生活的无限热情和渴望。"

——《白鹿原》

清朝末年，在荒蛮的陕北大地上，生活着一群如蒲苇般柔弱却坚韧的人，他们唱着原始粗犷的民歌，与贫穷格斗，与命运抗争……在陈忠实先生的笔下，蓝田县西部的白鹿原十年九旱、粮食匮乏。

而今的白鹿原乃至整个蓝田县，麦浪翻滚，草木葱茏，当年贫瘠荒凉的图景已经渐渐褪去，灰顶白墙的陕北民居、整洁的街道如同一幅画卷，让人难以想象这里曾是与世隔绝的"贫困孤岛"。

在这背后，一代又一代基层村干部的汗水与付出不容忽视。2019年5月31日，乐居财经报道组沿着蜿蜒的盘山山道，分别走进蓝田县灞源镇磨岔村、灞源街村及位于白鹿原上的孟村镇屈家村，倾听"老村长"们讲述历史长河里的巨变片段和大山深处里的光阴岁月。

时间：2019年5月31日上午10:00
地点：蓝田县灞源镇磨岔村

# 屈喜会：女汉子的耐心

文/王若君　图/史　策

"虽然我是一个女人，但是好多男人干的事，我都能干。"屈喜会中等个头，身形消瘦，但浑身却透着一股"韧劲"，是十足的"女汉子"无疑了。

2012年，30岁出头的屈喜会在村民的期待中当选村支书，于她而言，参与竞选并不是一个容易做下的决定，毕竟那时，磨岔村百业待兴，村里有61户贫困户，村委会甚至没有固定的办公室。

屈喜会只是想"为家乡人做点什么"，尽管在此后的几年里，她每月的薪水微薄，还不及此前在温州务工的五分之一。

屈喜会一头扎进村里的基础设施建设，一干就是7年。如今，磨岔村的生活水准稳步提升，路通了，灯亮了，房起了……在册贫困户已减少至6户，屈喜会却依旧住在陈旧昏暗的老房子里。

去年，卧床两年的公公病情加重加之屈喜会本人被确诊甲亢，分身乏术的她辞去了村支书的工作，来回奔波于医院和村里。公公病逝、自己病情逐渐得以控制之后，屈喜会迅速走出悲痛，又回到了脱贫攻坚的一线，如今，她的主要工作是协助碧桂园扶贫小组人员在磨岔村开展定点帮扶工作。

为村里脱贫操心的屈喜会,自己却依旧住在陈旧昏暗的老房子里。

尽管已不在村上任职,她依旧对贫困户有着无法割舍的牵挂,"平时一闲下来,我就到贫困户家里,对他们进行开导劝解——不能老是抱着'等、靠、要'的思想,要从根本上改变他们的思想意识,才能达到脱贫的目的"。

**乐居财经与屈喜会对话精选**

**乐居财经**:在任村支书的7年时间里,您经历过的最难办的事情是什么?

**屈喜会**:2012年10月,因为修高速路征用土地,三组部分村民口粮地丢失多半,所以,我们村委这边为三组村民做了土地大调整,让三组村民都有地种、公平公正,经历了4个多月,2013年2月调整结束,期间出现了不少纠纷,都需要村委一一耐心调解。

在农村,大家都把土地看得很重要,都想要质地好的地,还想多要一些地。我们把整个三组的地按产量分成一、二、三等,然后大家抓阄。抓到好地的村民自然高兴,抓阄不满意的人就想换成好的地,或者多要点地。比如,一块地旁边有一棵树,有的村民就不愿意,他会觉得大树底下不长庄稼,非要我们把这块地的产量少算一些,还有人软磨硬泡想要我帮忙换地。调整到最后,我家的地还差大概60斤产量,类似的事情还有很多,费力不讨好,每次吃亏的都是我自己。

**乐居财经**:中途有没有动摇过,有没有想过卸任?

**屈喜会**:确实有动摇过,我老公一度不理解我,孩子也劝我别做了,我最忙的时候,孩子总是吃不上饭,尽管如此,我还是常常被村民误解。我清楚地记得,因为修高速路,土地需要重新规划调整,有户人家的房子需要拆除重建,重建的地方就在他家的庄稼地上。尽管已经提前向这家人说明了调整情况,而且对他家会有相应的赔偿,土地也会重新划分,但这户人家老人依然不理解,在我家门口附近不依不饶整整骂了我两天。说实话,我挺委屈的,也在家偷偷哭过,因为这件事,我老公要我干脆别干了。但是,事情总是要人来做,回头一想,老人家年纪大了,思想工作难做也是情理之中,尽管被骂很多,我还是得好言相劝。

在这些年里,这样的事并不少,当村干部没点儿耐心是不行的,一时不被理解也正常,我都咬牙挺过来了,把笑脸留给别人,把眼泪留给自己,我不能辜负当初大家对我的信任。

**乐居财经**:当村干部这几年的收入怎么样?

**屈喜会**:2009年以前的那几年,我都在浙江温州的皮鞋厂打工,那时一个月有1400元左右。

2012年年初上任到2016年年底，这5年时间里，每月只有270元左右的补贴，到了2016年11月，才开始有工资，一个月包括绩效在内，2300元左右。

**乐居财经**：磨岔村村民主要的收入来源是什么？

**屈喜会**：种地、养殖。我记得一组有个60多岁的老人，是个五保户，没有子女，独自生活，他下身残疾，走路只能靠2只手趴着走。虽然每月有500元政府补助，但我和村上的其他干部包括扶贫小组人员都在反复做他思想工作，让他参与养殖业。现在他家里喂了好几头猪，生活越过越好。

**乐居财经**：有没有尝试过带领村民发展特色产业？

**屈喜会**：尝试过种矮化核桃树，当时，我和村主任一人出资1.6万元，一起买了1万多棵核桃苗，树是种活了，但是没啥产量，可能是因为核桃跟我们这里的气候不相适应。现在，在政府的带领下，我们发展了中蜂养殖和豆腐干产业，村民们都入股了，碧桂园等企业也在帮助大家打通销路，相信在产业这一块，未来我们会越做越好。

**乐居财经**：听说您去年被确诊了甲亢？

**屈喜会**：对，去年年底的时候。我以前经常手脚不自主地颤抖，一直没放在心上。我以为是太累了，休息休息就会好，后来一检查，是甲亢。现在每天都要吃药，药物方面的开支大概是一天20元，每半个月还要去医院复查一次，检查费210元左右。去年，我公公身体也不好，所以我干脆辞任了。后来，公公去世了，我休整了一段时间，听说碧桂园希望在村里聘请一个人来协助扶贫小组在磨岔村的定点帮扶工作，我觉得这对我是一个新的机会，而且还可以重新帮大家做点儿实事，就积极应聘了。

**乐居财经**：您是从什么时候开始做碧桂园"老村长"的？

**屈喜会**：去年10月开始，主要是要起到一个桥梁的作用，协助当地的碧桂园帮扶小组人员与村民沟通，将资金、政策、脱贫意志带到每家每户。比如，近期碧桂园"粤菜师傅"培训扶贫项目开始招生了。我了解到，招生对象主要面向年龄18至35周岁，有志于从事餐饮行业，身体健康的贫困户青年，就马上推选了合适的人过去。

**乐居财经**：您现在是一个人独自在家？

**屈喜会**：是的，老公、孩子都在外面打工、上学，只是偶尔回来。我一个人在家种地，还养了几只鸡。日常扶贫方面的工作，我主要跟邱堃（碧桂园扶贫小组人员）对接，平时不忙的时候，就去贫困户家里跟他们，聊聊天，随时了解最新情况。

**乐居财经**：您是怎么评价您自己的？

**屈喜会**：虽然我是一个女人，但是好多男人干的事我都能干，这些年，在我的积极争取下，政府拨款为村里修马路、安装路灯、修排水沟，完善了村里的基础设施建设，大家都觉得我这个人热情，心肠好。

**乐居财经**：在扶贫工作上，下一步您有什么规划或者愿景？

**屈喜会**：教育方面，希望可以申请到助学基金，让适龄孩子都上学；就业方面，针对有就业意向的所有适龄青年，我会与碧桂园的扶贫人员一起想办法解决他们就业问题，比如，为他们提供参加碧桂园的"粤菜师傅"培训班的机会；产业方面，我们会号召更多贫困户参与到豆腐干、中蜂养殖中来。同时，协助贫困户解决这些产业的市场通路，用主体带动的方式，让贫困户走上脱贫增收的道路。

时间：2019年5月31日下午14:00
地点：蓝田县灞源镇灞源街村

# 曹彦娃："复活"百年老街

文/ 王若君　图/ 史　策

从古城西安城东出发，溯灞水向南再拐向东过蓝关镇、公王岭蓝田猿人遗址，进道沟峪，翻王趴岭80余公里就到了灞河源头第一镇——灞源镇，灞源街村便是灞源镇的中心。

古朴厚重的青石板路、整齐的木结构装饰商铺、沿街叫卖的小商贩……如今的灞源街，在很大程度上保留了原来的布局，历经数百年沧桑、时代更迭后风韵犹存，走在街上，感觉穿越到了关中南部山区晚清、民国时期商贾云集、百货齐聚的场面。

2015年之前，碧桂园扶贫"老村长"、灞源街村前村主任曹彦娃花了17年的时间，来"复活"这条百年老街。

打通死胡同、重整街道、扩建绕村一圈的环形街，这些只是第一步。在曹彦娃看来，在这个山岭纵横、沟壑相交，"八山一水一分田"的地方，基础设施建设必须走在前头，同时，寻找一条可持续的产业"造血"之路，老街才能真正"活"起来。

"复活老街"并非易事。这个过程中，需要推进过境铁路、公路及"灞水之源"主题公园等建设项目。其中，由征地问题引发的一系列冲突，一度让曹彦娃心生退意，有一段时间他直言"实在不想干了"。冷静下来后，他选择了咬牙坚持。

现在灞源街村的基础设施建设走在全镇的前列，曹彦娃等老一代村干部们不辞辛苦地上下奔走、耐心协调功不可没。

乡村振兴要靠产业，产业发展要靠特色。受制于黑沙土植被生长缓慢和灞水源头水源地保护，灞源街发展本土产业有着天然劣势，对此，曹彦娃也曾有很多设想，他不断调研带头试验，开采钼矿、种植猪苓（中药材）、做豆腐……流过失败的泪水，也擦过收获的汗水。如今，曾经闭塞沉寂的小山村正在发生日新月异的变化。

**乐居财经与曹彦娃对话精选**

**乐居财经**：担任村主任17余年，您做过什么印象比较深刻的事？

**曹彦娃**：我担任村主任这17年的工作，前期主要是打通菜市场旁边的那条老街，它有上百年历史了，原来这里是一个死胡同，后来拆了几座房，把街道重新整合，扩建成一条环形街。现在，沿街的商铺主要经营豆腐干、中草药、竹制工艺品等，与当地特色很好地结合起来，既保留了老街原有的历史底蕴，又让它走进了现代人的生活，焕发出新的活力。

采矿、种山药、做豆腐……他在挫折中前进，只为寻找一条适合灞源街村的产业造血之路。

2010年村委会盖了五间二层的办公室，只花了12.6万元。当时，这事确实把我们"难住"了，一些不明真相的村民当时都以为是给我个人盖的。办公楼盖好以后，把村里的代表都召集起来，60人左右，我把账目一公布，大家都双手赞成。我们原来是四个组，盖了五间，给每一个组分一间，剩下的一间租出去，一年租金是3600元，够村里的日常花销了。

**乐居财经**：灞源街村辖区内有铁路、高速路经过，是什么时候修建的？

**曹彦娃**：宁西线过境路段是2001年修建，沪陕高速过境路段是2010年修建的。修铁路的时候，为了征地的事情，村民三天两头"打嘴仗"。那时，有的人只看眼前利益，只想守住自己的耕地，有的人"张嘴胡要钱"，给干部出难题，那时我一度真是不想干了，因为群众工作实在太难做了。

**乐居财经**：征地激发了矛盾怎么办？

**曹彦娃**：需要村干部家家户户跑着去做思想工作。2014年，在建设"灞水之源"主题公园时要征地，群众不同意。后来，经过村干部反复的劝说，公园才终于建好了。

**乐居财经**：铁路、公路等基础设施建设建好后，村里有什么明显的变化吗？

**曹彦娃**：修了高速公路之后，汽车进出也方便多了，如果遇上下雪天，就坐火车出去。"要想富，先就修路"嘛。

**乐居财经**：您刚上任的时候是多大年龄？当时除了做村干部以外，家里还有没有其他的营收？

**曹彦娃**：是我35岁左右，当时家里小孩十来岁，那时，家庭经济压力还是蛮大的，我家有辆货车，偶尔跑跑运输，也给村上搞搞运输，不过，有不少都是义务劳动。比如说拉篮球杆，或者文化局发的器材什么的，我都是开着货车免费去拉回来的。

**乐居财经**：在发展当地产业的过程中，您遇到过什么困难？

**曹彦娃**：灞源镇这边的土壤属于黑沙土，庄稼成长比较慢。又因为这里是灞水源头，需要保护水源地，发展养殖业也受限。所以，在发展产业方面，灞源有很多天生劣势，大家也有很多顾忌。

早些年，我们考虑过发展矿业，灞源有一些钼矿、金矿资源。2005年，我跟政府领导跑到洛南县考察调研，结果在途中，我出了车祸，胳膊都被撞得都歪到一边去了，手术后我休息了整整一年才恢复过来。钼矿是我牵头做的，中间还挺曲折的，开了3年矿，最后失败了。

后来，我又带领大家种猪苓，开始没人愿意种，我就找到跟自己关系好的村民，让他们先种。我家耕地本来就少，为了起一个带头作用，我种了五分地。群众一看，能"吃上利"有收益，大家就都来种了。

有部分村民不相信科学种植，一开始都用那种老方法去种，后来经过我们反复劝说，给他们讲道理，让他们亲自实践，他们体会到科学种植的好处，思想也就慢慢转变过来了，后来收成也不错。但中草药市场价格波动比较大，这两年价格偏低。

**乐居财经**：现在村里种药材的有多少户？

**曹彦娃**：村里大概有200来户人家，种中药材的有十来户。

**乐居财经**：除种植猪苓外，灞源街村还有哪些产业？

**曹彦娃**：做豆腐干和养殖业。做豆腐干几乎是家家户户的必备技能，现在沿街卖豆制品的商铺用的基本都是各家自己的手艺，一年下来，每户靠卖豆腐干也能有个两三万元的收入。养殖业主要是养鸡、养猪，不过规模比较小，做豆腐剩余的豆渣都用来喂猪、喂鸡，省钱又环保。

**乐居财经**：之前担任村主任，您吃了一些亏，家里人一度不理解，如今受聘碧桂园"老村长"，家人支持吗？您现在的主要工作是什么呢？

**曹彦娃**：家人很支持，主要工作就是给大家做宣传，把一些困难家庭的情况向有关部门反映。另外，我还组织贫困户学习一些种植、养殖技术。虽然不做村干部了，我还是希望自己能够继续发光发热，希望能给村上带来一些改变。

时间：2019年6月1日下午16:00
地点：蓝田县孟村镇屈家村

# 屈恩放：光荣的"白鹿"

文/ 王若君　图/史　策

　　在陈忠实先生的笔下，清末的陕北大地"十年九旱、贫瘠荒凉"。直到有一天，这里来了一头"白鹿"，带来了水和沃土，从此，这里粮食丰收、水草肥美，故把此地叫作"白鹿原"。

　　在现实生活中，蓝田县孟村镇屈家村正位于白鹿原上，没有"白鹿"助攻，一步步带领群众艰苦创业，解决用电、用水难题进而脱贫增收的，是一位在基层岗位上奋斗40余年的"老村长"——屈恩放。

　　1973年，时年24岁的屈恩放退伍返乡，直到65岁退休，他没有一天离开过自己的岗位。在屈恩放家的门帘旁，挂着一块由陕西省人民政府颁发、退役军人事务部监制的"光荣之家"门牌，他很珍视这份荣誉，门牌被透明塑料袋小心翼翼地包装着。

　　40余年的时间里，屈恩放历任民兵连连长、村主任、村支书，把前半辈子的大部分精力都放在了解决村里的基础设施建设和集体经济上，亲历了屈家村翻天覆地的变化。

　　海拔600多米的白鹿原曾经干旱贫瘠、吃水困难，人们不得不下坡从13公里外的鲸鱼沟靠人力挑水解决用水问题。屈恩放发动全村村民有钱出钱、没钱出力，在村里修建了一个小型水塔，并用三联泵将水抽到水塔，解决村民基本用水问题。

用电也曾是一大难题。早年间，屈家村与邻村共用一个25千瓦的变压器，村民日常的照明都不够用。为此，屈恩放主动向西北供电局反映情况，为节省开支，饿了就去单位食堂要一碗免费的汤就着馍馍干粮吃，最终，村民安全用电问题在屈恩放的牵头下得以解决。

解决好用水、用电等基础设施问题后，屈恩放又想着如何让村民过上更好的生活。20世纪80年代，屈恩放主导了村上的第一个集体企业——砖厂的建设，帮助村民脱贫增收，后来，砖厂因响应国家号召保护"粘土"资源而关停。

如今，屈恩放70岁了，古稀之年本该是含饴弄孙、颐养天年的年龄，他欣然受聘碧桂园"老村长"，积极配合碧桂园在当地开展扶贫工作：村里贫困户成菊文，眼睛长期患有白内障，听力也不好，生活无法自理，屈恩放多次向碧桂园蓝田扶贫工作队反映这个问题，并于2019年3月起配合碧桂园蓝田扶贫小组带着成菊文前往蓝田县中医院多次进行手术前期检查和血糖控制；为了村里的产业落地，他奔前跑后，定期组织村民学习贝

为解决村民用电，屈恩放去西安反映情况，饿了就去单位食堂要一碗免费的汤就着馍馍干粮吃。

贝贝南瓜的种植技术，身体力行为贝贝南瓜在村合作社落地做基础工作……他，一直活跃在减贫致富一线。

**乐居财经与屈恩放对话精选**

**乐居财经**：您是哪一年开始担任村干部的？为什么想担任村干部？

**屈恩放**：1973年，我从部队回来，当时是村上的民兵连连长，还不是正式的村干部，到了1978年，我开始担任村主任，1989年到2014年，我都是村党支部书记。我小的时候就在这里，那个时候从部队回来，心里也立志想把村里的面貌改变一下，那个时候年龄小，咱也有劲，什么也不怕。

**乐居财经**：担任村干部期间，您最有成就感的事是什么？

**屈恩放**：帮助村民解决用水、用电的问题。塬上缺水，老祖先留下来的辘轳井早就因为水位下降而干枯了。一直以来村民吃水都要步行13公里，来回就是20多公里，去鲸鱼沟用扁担挑水，一早上只能挑上一担或者两担水。当时，政府还允许群众集资，我就号召大家一起集资，以此解决村里的用水难问题。当时有钱的捐钱，一人10块钱，没钱的就捐一些粮食，我们再把麦子卖到粮站换成钱，加上国家补贴，就在村里修建了一个小型水塔，然后用三联泵将水从鲸鱼沟抽到水塔，村民取水用水就方便多了。现在，自来水已经引到各家各户，更方便了，打开水龙头就有自来水。

村里最早用电是与邻村共用一个25千瓦的变压器，假如要用电磨子，这个变压器就带不起来，电压不够，用来照明也够呛，电线杆就那种6米的水泥杆，风一大，我就要担心电线杆是不是要被刮倒了。后来，我跟村委会干部就跑到西安去找西北供电局，希望帮助解决村里的用电难题。那时，带着一些馍馍干粮就上路了，中午就到单位食堂要一碗面汤就着干粮吃。后来，我们争取到了国家的资金，村上有了独立的变压器，村民们都能正常用上电了。

**乐居财经**：您觉得村里近40年的变化大不大？

**屈恩放**：那可以说是翻天覆地的变化。最开始，咱们这个村子有两个

生产队基本上都是坡地，受制于自然条件，村民都很贫穷。现在，村里的在册贫困户已经只剩两三户了，整体的生活水平提到了许多。温饱早就不是问题了，现在咱们的任务是"奔小康"。

**乐居财经**：过去几十年，村里发展过什么产业吗？

**屈恩放**：20世纪80年代，村里办过砖厂，集体办了三年，承包出去了四五年。后来因为响应国家政策号召，要保护黏土资源，砖厂就关停了。那时候，砖很便宜，1000块砖就20多元钱，而且我们产品好，所以效益也不错。我们生产的砖主要是卖给附近村民，木塔镇政府盖的办公大楼就是用的我们村的砖。80年代以后，基本上也就没有搞过啥产业了，经济情况不允许。

**乐居财经**：现阶段，在产业扶贫上有什么尝试呢？

**屈恩放**：隔壁合作社就是碧桂园实验种植的40亩贝贝南瓜。一亩地的投资是1500元左右，在理想状态下，未来一亩地能赚3000元左右。现在还没让贫困户大面积种植，因为一开始我们不太愿意让贫困户去承担这个风险。贝贝南瓜植株生长的适宜温度为25至30℃，咱们这边气温在夏收的时候会达到38℃，温度要控制好，不然产量可能会出问题，质量也会受影响。所以，等到我们能把这些事情做到万全时才敢让贫困户去种。

**乐居财经**：贝贝南瓜的产量估计有多少？

**屈恩放**：一株贝贝南瓜能结五六个南瓜，每个南瓜基本能长到6至8两。咱们现在的目标是能产出2000斤左右，按地头价收是一个2.5元，市场价卖基本上在5元左右。

**乐居财经**：您近期主要在忙哪些工作？

**屈恩放**：主要是在政府指导下协助碧桂园扶贫。每天去贫困户家里，还有那种不是贫困户但经济条件确实比较困难的人家里了解情况，根据他们的家庭状况，尽咱的一切能力，提出不同的解决措施，并且与碧桂园扶贫小组的人员及时沟通，家里有人有病的，就争取扶贫基金带着病人去看病，家里有耕地的，就想办法帮忙让这些贫困户种"贝贝南瓜"，有劳动能力的贫困户就介绍去务工。

# 在黄土高原上"造血"

## 蓝田县扶贫日志 ②

文/ 王若君　张　娜　潘宇凌

在连绵不绝的秦岭，蓝水远来、玉山高耸之处，孕育出了百万年前的"蓝田人"。他们是中国直立人化石，他们在这片广袤的土地上繁衍生息，见证了人类进化最伟大的一步。

这里是蓝田县。

如今，蓝田人的子孙后代中，大部分年轻人选择走出这片黄土高原，留下的是留守的老人和无人照料的儿童。

若不是曲折、颠簸的山路在时刻提醒，我们似乎都忘了这里如今还有许多依靠耕种、靠天吃饭、把土地看作生命、挣扎在贫困线上的农民。与此同时，在蓝田，有一群人为了带领村民摆脱贫穷而扎根这里，用自己最美的年华书写着蓝田的现在和未来，他们就是黄土高原上的一线扶贫者。

乐居财经陕西蓝田县走访的第2日，将目光锁定在蓝田县玉山镇山王村和刘寨村的"老村长"与他们鲜活的扶贫事迹上。

时间：2019年6月1日上午9:30
地点：蓝田县玉山镇山王村

# 孙娟娟：让孩子走出去

文/张　娜　图/莫少衡

　　"东方雄狮、沉睡千年；巨龙腾起，挥舞多少雨和风；炎黄子孙、主宰乾坤，大江东流，刷新多少春与冬……"跨入山王村小学大门，走近小学操场，一串清脆的快板声伴随着高昂的童声传来。

　　"这个娃叫王鑫，现在上三年级，快板打得特别好，是碧桂园资助的学生。"山王村"老村长"孙娟娟跟我们介绍，王鑫的父母都在西安务工，只有爷爷奶奶在照顾他。"一年到头都见不到爸妈一次，但是娃娃特别努力，学习成绩一直很好。"能听得出来，孙娟娟对学生们的家庭情况和学习情况都了如指掌。

　　47岁的孙娟娟回村工作的年头不算长，2014年她放弃西安的生意，跟随此前回村的丈夫到村里工作，至今只有四五个年头。当时村里发起号召，希望村里人返乡创业、带头致富，她也想为村里做一份贡献，因为"我的根在山王村"！

　　孙娟娟说，她在村委会工作和参与扶贫工作的时间并不长，总共才不过几年时间，只能算是"半路出家"，也只算是扶贫战线的一名新兵。但她做起扶贫工作来却丝毫不含糊。

那年,油菜花旅游非常热,她就和村委带着村民种油菜花;前两年中药越来越受欢迎,她就协助村委帮着村民种中药。2017年国家号召建立合作社,她带头响应,跟村委班子一起加班加点寻找可赚钱的产业。村民收入翻倍时,也是孙娟娟最高兴的时候。

山王村的集体合作社做得很好,2017年开始返红利,"我们还专门在村委会建了股权交易大厅,就跟城里那种有大屏幕的服务窗口一样,大家对分红收入一目了然,心里服气就更有干劲。"孙娟娟介绍道。

谈到扶贫工作的难处,孙娟娟坦言,工作开展时重要的是跟村里人的协调和说服,比如,为了产业发展,需要每家每户土地流转,为了说服大家把土地拿出来流转,往村民家里跑八趟十趟很正常。一开始遇到有些不理解的村民"辱骂",孙娟娟接受不了,后来村里老领导的一句话点醒了她:"你做村民协调工作,就要能'喝恶水'!"

在扶贫工作中,孙娟娟特别重视对孩子的教育。因为几年的扶贫工作,让她切身地感受到,农村扶贫首先需要解决的就是精神脱贫,"扶贫首扶志",而教育就是扶志的起点。"改变农村,就要从孩子抓起,只有孩子们走出去了,才有可能把外面优秀的观念带回来,斩断贫困代际传递的根源。"

孙娟娟特别重视对孩子的教育,她说:"只有孩子们走出去了,才有可能把外面优秀的观念带回来,斩断贫困代际传递的根源。"

目前，山王村村委会每年都会给考上大学的孩子额外资助1000元进行奖励，鼓励孩子们努力学习。截至2018年，山王村总共走出了160名大学生。

2018年之前，山王村有43户贫困户，到今年已经脱贫了39户！碧桂园的到来加速了山王村脱贫的步伐。孙娟娟说，碧桂园的就业培训和产业扶贫解决了无法外出务工贫困户的就业问题，这是扶贫攻坚过程中最重要的一环。

在山王村村委会，有一本《山王村史》引起了大家的注意。孙娟娟说，这是村民出资、村委组织编写的村史，"目的就是想让外界看看我们村的光辉历史"。虽然她不懂"IP"这些时髦的概念，但是心思活络的她知道，要把山王村打造好，就要有《山王村史》这样的传播工具，让外界了解山王村的历史和文化优势。

"眼下有一个西安做文旅的企业就要跟我们村合作了。"孙娟娟兴奋地告诉乐居财经。

谈到接下来的扶贫工作，"老村长"孙娟娟说，山王村还有4户没有脱贫，村委的目标是最迟在2020年实现全部脱贫！

**乐居财经与孙娟娟对话精选**

**乐居财经**：当初您跟丈夫一起回来，还是对家乡有情结，是吧？

**孙娟娟**：是的，我从孩子出生就一直在西安做生意。2012年，我丈夫响应村里号召回村，两年后我也就跟着回来了。他回来后一直就在村委会做事，所以我也想一起为村里做一份贡献，也开始在村委会工作。

**乐居财经**：刚开始干的时候遇到过什么困难吗？

**孙娟娟**：刚开始的时候还是有思想负担的，比如当时村里推行土地流转，关乎每家每户的地，我就一趟趟地跑，挨家挨户地给村民做工作。有的人理解，就很支持，有人不理解，就骂你，还说很难听的话。当时我就觉得委屈，村里的老领导就开导我说，"做村民工作，你就要能'喝恶水'，要能受得了气。无论有多少阻力，都得努力取得大家的理解。"

**乐居财经**：山王村去年是合并了吧，现在有多少户人？

**孙娟娟**：对，去年合并了山上的一个村子，现在村里是463户、1972个

人。两村合并时,我们基本上是挨家挨户地走访,谁要有啥问题,只要咱知道,村委都会尽量调解。以前思想工作不好做,大家都只看自己眼前的那点利益,现在群众的觉悟提高了,思想上有变化,大家一坐到一起,就喜欢讨论谁家挣钱了,谁家做了啥生意,或者地里种啥庄稼赚钱,家禽应该养啥。思想跟上了,这两年经济状况也就好转了,大家的消极情绪就少了。

**乐居财经**:村里现在还有多少贫困户?针对贫困户主要是做哪些方面的工作?

**孙娟娟**:之前是43户贫困户,今年脱贫了39户。对于有劳动能力的贫困户,村里先是组织就业培训,然后再帮助他们对接用工单位。但也有一些特殊情况,比如有一个贫困户,他的母亲已经70多岁,因为脑出血成了半瘫残疾人,他的两个女儿都还在上小学,家里经济压力太大,媳妇跟他离婚了。平时,他要照顾家人,没办法外出务工,最后村里帮助联系企业,资助了他十箱中蜂,平时再给他找点零活,让他补贴家用,他家的两个孩子也得到了碧桂园的资助。村里剩下的几户贫困户基本上都是这个情况,没有劳动力,村里需要针对每家情况想办法让他们脱贫。

**乐居财经**:您觉得碧桂园来了之后与之前有什么样的不同吗?

**孙娟娟**:碧桂园给我们的扶贫工作带来了更多的思路和方向。比如碧桂园的产业就业培训解决了无法外出务工的贫困户的就业问题。这是扶贫攻坚中最重要的一环。

**乐居财经**：听说除了经济方面，您和村委会班子也非常重视村里的教育建设？

**孙娟娟**：孩子们的教育太重要了。经济发展离不开人的思想觉悟，国家现在倡导的精准扶贫跟过去不一样。以前对贫困户的扶贫一般就是给点钱，给点米、面、油，有的人思想落后，觉得只要有吃有喝就行，不愿意出去工作。这样的人你不可能帮他一辈子，于是，我们就做思想工作，让他从内心产生致富的愿望和自主脱贫的意识，让他有追求美好生活的动力。而思想的建设，就要从娃娃抓起。我们努力让每个娃娃都有书念，让孩子们走出去！

**乐居财经**：您多次提到村委会的团队很优秀，能具体说说吗？

**孙娟娟**：我们团队首先要讲团结。团队里这些人基本上都是在外面赚了钱又回到村里的，大家看过外面的世界，接受新事物也快，也想带领村里人一起过上好日子。大家都把村里的工作当成事业，平时加班加点，周末加班走访村民，这都是家常便饭。

**乐居财经**：在工作中，您觉得还有哪些是可以再改善的吗？

**孙娟娟**：这边还有4户人家没有脱贫。他们都有特殊情况，希望明年这些贫困户能全部实现脱贫吧。

**乐居财经**：您做这个工作，家里人支持吗？有没有想跟子女一起去西安生活？

**孙娟娟**：我父亲就是一名党员，我丈夫也是。我丈夫回来后一直在村委会工作，家里人都很支持我继续为家乡做贡献。孩子们都大了，有他们自己的生活，我的根在山王村，我们也要在这里发挥自己的价值。

**乐居财经**：接下来的脱贫工作，您还有什么设想吗？

**孙娟娟**：就是多跟先进的地方交流，多到外面学习，让外面也了解我们村里的资源，能够实现更好的结合。比如说，我们一直大力宣传的山王村，还有村民出资、村委组织编写了村史，就是想让外界看看我们的光辉历史。眼下就有一个西安做文旅的企业要跟我们合作。未来山王村会越来越好！

时间：2019年6月1日下午13:30
地点：蓝田县玉山镇刘寨村

## 钱高宁：树木兴村

文/张　娜　图/莫少衡

　　初夏的午后炙热而宁静，一个被金色麦粒覆盖的广场旁，是玉山镇刘寨村村委会办公楼。在一间不算宽敞的办公室里，电脑屏幕前一个消瘦的身影在全神贯注、手指飞快地敲击着键盘。电脑屏幕上的word文档里写着一个标题——《刘寨村2019年脱贫攻坚计划》。电脑前面的人就是刘寨村44岁的党支部组织委员兼村监委会主任钱高宁。

　　初次见面，钱高宁略显拘谨，一边匆忙起身为我们倒水，一边为没能到门口迎接我们表示歉意。他说这两天都在加班做这个"脱贫攻坚计划"，2019年是村里扶贫攻坚的重要一年。

　　说起刘寨村的扶贫，清峪河西侧一片百余亩的苗木基地是该村产业扶贫的重点项目，也是钱高宁这一年多来一直奔忙的事。这正是碧桂园的苗木基地。

　　谈起当初跟碧桂园合作苗木基地的事，钱高宁表示，这是得来不易的机会。

　　碧桂园要把陕西扶贫重点项目苗木基地带到蓝田，实地调研后筛选了几个贫困村，刘寨村并不是碧桂园的第一选择。得知这一情况之后，钱高宁和村委会班子第一时间找到扶贫小组的负责人，详细地说明了刘寨村的情况，并说服工作队一行人到村里的贫困户走访。他详细介绍了每一户的实际困难，恳切地表达了希望得到合作机会，最终打动了现场的每一个人。

最终，因为刘寨村村委会的高度配合和积极努力，苗木基地落户刘寨村，目前覆盖贫困户达75户。

钱高宁说："机会是要靠自己争取的，我经常跟村里的贫困户说，虽然暂时有困难，但是不能自暴自弃，咱们的精神面貌得积极，这样，来帮助我们的人才更愿意给我们机会。"

正是这次良好的合作，让刘寨村许多贫困户以土地流转、基地用工等方式，解决了就业问题。就在今年，碧桂园又发起了10万株幼苗免费发放的"庭院计划"，刘寨村再次作为合作村参与其中，截至发稿时，已经有29户贫困户报名。

"努力到无能为力"，这是钱高宁做事的准则，这一个性令人印象深刻。在村委会工作17年，钱高宁为了扶贫，为了让企业能来村里招工，他曾经打上百个电话找人。

2019年是钱高宁压力最大的一年，家里三个孩子都面临升学，老大今

苗木基地落户刘寨村，覆盖贫困户75户，钱高宁说，这是得来不易的机会。

年高考，老二中考，最小的孩子小升初，这给收入不多的钱高宁带来了很大的经济压力。钱高宁的爱人现在西安，每周打两份工支持家里的花销。钱高宁很感激爱人，他也承认自己对爱人的亏欠。他说，之所以这样，是为了报答当年自己在外工作时乡亲们代为照顾因病卧床母亲的恩情，也是感谢村委会对他多年的信任和培养。

作为碧桂园扶贫"老村长"，除了跟碧桂园合作的产业扶贫之外，钱高宁也一直和村委会班子一起积极探索扶贫方式的多样性，2017年，他和村委会以"党支部＋公司＋贫困户"模式建立的光伏发电站，每年能为村里增收12万元。

为乡村振兴，钱高宁还有好多计划，2019年刘寨村在争取"人居示范村"的称号。公厕、沿路绿化和污水处理正在进行标准化改造，钱高宁要全面提升村里的环境。他说："我要跟村委会班子一起，把我们村建设成环境、卫生、人居环境等全面提升的新农村！"

**乐居财经与钱高宁对话精选**

**乐居财经**：您在村委会多少年了？在这个过程中有过想要放弃的时候吗？

**钱高宁**：2002年村委选举时把我喊回来的。村委当时也是希望基层有

一些年轻的干部。我高中毕业后一直在城里打工，因为父亲去世得早，生病的母亲都是乡亲们帮忙照料的，所以当村里说需要我的时候，即使没有工资，我也义无反顾地回来了，我妻子当时也特别支持我的决定。

刚回来时啥也不懂，年轻气盛，天天还得解决村里家长里短的琐碎事，干了十多天就不想干了。后来老领导就给我做工作，教我工作方法，过了那段时间后，我发现为村里做成了事非常有成就感，就这样一干就干了十多年。

**乐居财经**：村里有多少贫困户？你们是通过什么方式让他们脱贫的呢？

**钱高宁**：村里有375户，1461人。2014年我开始做扶贫的时候，有69户贫困户，到2017年还剩23户贫困户，其中有4户五保户，3户无劳动能力户。我们的工作主要是通过就业培训让有劳动能力的贫困户先脱贫。那时还没有网络，每周我都会跑到镇里把用工信息带回来。看到有人赚钱了，大家就会跟着学，当时的脱贫工作就是靠榜样带动的。

**乐居财经**：当时遇到了什么困难吗？

**钱高宁**：我们村里耕地少，平均一个人只有6分地，靠种地只能解决温饱。要增加收入，就得靠其他收入，得走出去。国家从2004年实施粮食直补，农民种粮，国家不收公粮还给农民补贴，像我们这里的69个贫困户，有的在外打工，有的做小生意，也有的跑运输。脱贫后，这一部分人的信息还在扶贫系统里，对这一部分人还要跟踪帮扶，防止返贫情况的发生。

**乐居财经**：引入企业扶贫之后有什么变化吗？

**钱高宁**：截至2018年底，我们村就剩五户未脱贫，这五户贫困户不是没有劳动能力，有的是家里有残疾人，有的家里有重病病人需要照顾而无法外出务工。碧桂园在这里建立苗木基地，就解决了家门口就业的问题。

**乐居财经**：您是怎么寻找这些扶贫渠道的呢？

**钱高宁**：县里经常会公布一些扶贫信息，但这些企业虽然有扶贫项目，却不知道村里贫困户的情况，所以我都会主动给这些企业打电话沟通,当然像碧桂园这样的扶贫项目沟通起来比较顺畅。我觉得扶贫工作要坚持做,要努力让企业了解村里的情况,企业才知道怎么帮助贫困户更有用。

**乐居财经**:据说村委的工作收入并不高?家里人支持吗?

**钱高宁**:我是2002年开始担任村文书的,那会儿基本没有工资,村委都没有办公的地方,都是租的民宅。这两年村里经济条件好了,咱们村委会才盖了办公楼,并且在楼里为村民建了活动中心。

今年是我感觉负担最重的一年。我的三个孩子分别面临高考、中考、小升初。教育这块是主要的压力,但我妻子很支持我,她现在在西安,每周打两份工来支持家里,我很感谢她,对她也有不小的愧疚。

**乐居财经**:听说村里搞了一个光伏发电站?

**钱高宁**:对,要帮助这些贫困户脱贫,得有产业吧,所以当时国家有一项政策,我们就研究把这些贫困户组织起来,做集体经济合作社,村里出点钱,镇上再申请一部分,项目建立起来后,就有收益给贫困户做分红了。

**乐居财经**:那您有没有想过如果咱村里没有贫困户之后,您会去做什么?

**钱高宁**:当然是全面推进村里环境提升,今年我们在争取"人居示范村"。你看这些公厕都改成了标准化公厕,包括沿路的绿化和污水处理。去年,泰州商会开年会,我跟几个村干部跑到西安,人家看到我们的诚意,就积极倾听了我们的需求。后来,泰州商会和南通商会联合起来给村里捐了64盏太阳能路灯,解决了咱村里晚上照明的问题。

**乐居财经**:您现在最大的心愿是什么?

**钱高宁**:跟村委会班子一起,把我们村建设成环境、卫生、人居环境、饮水等全面提升的新农村!

# 耀州篇

耀州地处陕西中部渭北高原南缘,置县历史2170多年,2002年10月撤县设区,是连接关中和陕北的交通要道,多条高速、高铁穿境而过,将耀州融入西安半小时乃至15分钟的经济圈。耀州区总面积1617平方公里,人口33万(含新区),人杰地灵,物华天宝,是隋唐医药学家孙思邈、西晋哲学家傅玄、唐代书法家柳公权、史学家令狐德棻和北宋山水画家范宽等"一圣四杰"的故里。1933年,刘志丹、谢子长、习仲勋等老一辈革命家在这里创建了西北第一个山区革命根据地——陕甘边照金革命根据地。

耀州是苹果、花椒、核桃、大樱桃、酿酒葡萄、中药材的优生区,是陕西省优质外销果、加工专用果、奶牛、肉牛、强筋小麦、饲料饲草和中药材规范化种植等七大优势(特色)农产品基地。

耀州的地方特产有:耀州窑、咸汤面、窝窝面、雪花糖、耀县辣子。

# 深山里的大棚菜

## 耀州区扶贫日志 ①

文/吴诗如　赵盼盼　王　川

这里是关中通往陕北黄土高原的自然门户，自古有着"关辅襟喉""北山锁钥"之美誉；这里人杰地灵，曾是西晋哲学家傅玄、隋唐医药学家孙思邈、史学家令狐德棻、书法家柳公权和北宋山水画家范宽"一圣四杰"的故里，这里还曾建起了西北第一个山区革命根据地——陕甘边照金革命根据地。

这里是陕西耀州。

如今，这座千年古城内仍有多个深度贫困村。幸运的是，有那么一群人，他们在年轻劳动力外流的情况下仍选择坚守在这里，把对脱贫的渴望化为行动，带领村民们修桥路、摸索种植业、发展养殖业……他们看似力量微薄，却以一己之力影响了周边很多人，用产业带动山里的人们脱贫致富。

6月4日，沿着蜿蜒曲折的盘山路，乐居财经报道组分别走进耀州区贾曲河村、梨树村和柳林村，见证奋斗在扶贫一线的"老村长"，听他们讲述那些关于坚守的扶贫故事。

时间：2019年6月4日 上午9:30
地点：铜川市耀州区瑶曲镇贾曲河村

# 刘周宏：种菜高手

文/吴诗如　图/刘西常

  六月初的耀州，最高气温已经超过30℃。在离耀州城区约1小时车程的贾曲河村大棚蔬菜种植基地，刘周宏正在闷热的大棚内检查蔬菜的生长情况。去年才接触大棚蔬菜种植的他，如今已成为邻村种植户请教的"技术达人"。

  2008年，刘周宏当选为贾曲河村的村支书，当时的贾曲河村是一个"烂摊子"。"贾曲河村当时有5个组、11个自然组，交通条件差得很，村委没钱，我2008年7月上任，8月份，我组织群众修了一条砂石路，用大车拉河里的砂石，两个月时间用人工修了一条3.7公里的砂石路。"。

  路通了，刘周宏接下来要考虑的是，如何让村民很快富起来？如何增加他们的收入？他认为，"加工业在这边不太行。现在的社会变化快，科技含量高的咱搞不了，科技含量低的更新换代太快，我们要因地制宜搞种植。"贾曲河村现种有约2400亩核桃树、100亩高山苹果试验田，还种有1000多亩连翘、苍术等中药材。相比核桃和中药材的种植发展，建设大棚蔬菜种植基地则晚了好几年。

如何让村民增加收入，刘周宏认为是因地制宜搞种植。

"这一片原来是河滩地，长满了荒草，现在大棚种植面积有35亩。"刘周宏用手指圈了一下眼前这30余个大棚。2013年他开始跑大棚种植的项目，铜川市国土资源局耀州分局同意将这片土地复垦，但由于项目体量过小，镇上建议挂靠到其他项目名下，直至去年6月，大棚才得以建成。据刘周宏回忆，大棚内的第一次栽种，收获来得很快。当时种了7棚黄瓜和6棚西红柿，由于用的是嫁接苗，两个月就有了5万元的收入。

不同的蔬菜需要根据不同的特点区分种植。因此，每天早上6点刘周宏开始一天的工作：放风、浇水、栽种、发货……一天下来经常要忙活到晚上九、十点。他与妻儿几乎日夜守着这35亩蔬菜地，鲜少回家。如今，大棚内种有萝卜、西红柿、黄瓜、甘蓝等蔬菜，一年下来可收成蔬菜20余万斤。

值得一提的是，今年的大棚里还种上了贝贝南瓜，这是碧桂园在贾曲河村的扶贫项目。2018年，碧桂园与贾曲河村签订了35亩的贝贝南瓜种植，把贝贝南瓜种子以低于市场价的价格售予村民，并承诺包销。去年刘周宏卸任村支书，10月便与碧桂园"结缘"，应聘为碧桂园"老村长"，协助碧桂园扶贫小组人员在贾曲河村开展定点帮扶工作。他还扎进大棚种植的研究中，还专门到江苏、广东等地考察学习，如今已成为周边一带的技术达人，邻村村民在大棚种植中出现任何问题，都直接给刘周宏打电话

每天早上六点刘周宏开始一天的工作：放风、浇水、栽种、发货……经常忙到晚上九十点。

求助。

虽已不在村干部的位子上，刘周宏却仍在为贾曲河村的脱贫出力。2009年，他与几位农户共同成立了兴盛种养殖专业合作社，他担任合作社的法人代表，直到去年这个合作社才真正运作起来。合作社承包了35亩的大棚基地用于蔬菜种植。大棚蔬菜种植为贫困户创造了增收的机会，基地内长期雇着四五个贫困户做工人，工钱是70元/天，在栽植、起垄阶段，雇佣的工人甚至多达10余人；同时，合作社还帮扶着15户贫困户，每户每年有800元的分红。

如今，在贝贝南瓜的种植上，他在贾曲河村内当起了先锋，除了大棚内的试验种植外，还有30余亩贝贝南瓜在田里种植。下一步，他还打算进一步拓展，通过建育苗基地，把南瓜种苗成本降低。

**乐居财经与刘周宏对话精选**

**乐居财经**：您当上村支书后第一件事是组织群众修路，他们有抵触情绪吗？

**刘周宏**：他们很支持。因为以前这里一下雨，群众就没法出门，泥土路坑坑洼洼，小轿车都跑不了，得越野车才能跑，交通条件特别差。

**乐居财经**：十年任期当中，您是什么时候开始关注种植业的？

**刘周宏**：几年前我就想做这一行，我2008年上任，2009年村里通水泥路，之后下定决心在基础设施这一块进行建设，基础设施完善之后就开始搞经济建设。原来贾曲河村的重点是核桃种植，前年开始着手种植中药材和蔬菜。指如今的大棚种植基地这一片地原来是河滩地，长满了荒草。

2013年我开始跑大棚蔬菜种植这个项目，政府同意复垦，当时的设计是铺30公分土，这个厚度种蔬菜感觉有点薄，去年加了一层，铺了40公分，紧接着建大棚。

**乐居财经**：目前大棚蔬菜的收成怎么样？

**刘周宏**：大棚蔬菜的经济效益还可以。去年6月28日大棚建成，我7月11日到这儿，8月1日种的黄瓜，8月26日就有收成了。

**乐居财经**：这么快？

**刘周宏**：我们种植的嫁接苗，当时种了7棚黄瓜、6棚柿子，时间很短，两个月就有了5万元收入。

**乐居财经**：您是怎么跟碧桂园结缘成为"老村长"的？

**刘周宏**：去年6、7月份，碧桂园在我们这里种植贝贝南瓜，要跟我们村的经济合作社签合同，当时跟碧桂园在耀州扶贫项目部的负责人段宇就认识了，感觉这个项目还可以。扶贫局也向他们推荐我来当这个"老

村长"。

**乐居财经**：碧桂园在贾曲河村做了什么？

**刘周宏**：碧桂园的扶贫政策是"4+x"，扶贫的领域确实很好，贝贝南瓜这一块就是在产业上给予我们很大的支持。

**乐居财经**：具体给了哪些支持？

**刘周宏**：碧桂园把南瓜种子先发给种植户，市面上一颗南瓜子2元，碧桂园只收0.8元，年底采摘完，卖掉后再从中扣除。

**乐居财经**：等于一开始先免费把南瓜种子送给你们？

**刘周宏**：对。如果碧桂园不提供南瓜种子的话，一亩地900颗种子就是1800元，碧桂园只收0.8元/颗，公对公签协议。碧桂园先把南瓜种子发给群众，让群众种植，采收后再从卖瓜款中扣除，碧桂园会过来收，销售渠道不低于2元/斤。碧桂园包销售，群众心里就有底，就敢种。贝贝南瓜如果效益好，明年就要大面积种植，至少要种上几百亩。

**乐居财经**：未来您还有哪些计划？

**刘周宏**：我还想建一个育苗基地，我们整个瑶曲镇目前大棚将近400个，我们的苗子都是从山东或就近的绵阳买的，一个苗子七八毛钱，加上运费一个苗子要一块钱，成本太高。我想建一个小育苗基地，供周边大棚使用就可以了。

时间：2019年6月4日上午11:30
地点：铜川市耀州区照金镇梨树村

# 马连祥："老布鞋"的担当

文/赵盼盼　图/戴圆圆

　　刚吃过早饭，马连祥就出了门。自从种了贝贝南瓜，他每天都要去大棚里查看，检查南瓜苗的生长情况，这已经成为马连祥每天的"例行公事"，他像呵护自己的孩子一样守护着贝贝南瓜抽芽、长大。

　　南瓜大棚距离马连祥的家有一段距离，六月的渭北高原，天已经很热了，马连祥走了几步有点喘，汗水顺着脸颊流下来。

　　南瓜大棚在村子后面的一大片空地上，几个很大的塑料连体棚与后面的一片山坡遥相呼应，错落有序。

　　大棚旁边是村里的集体养牛场，现在有50多头牛，养大了一头能卖一万多元。看完贝贝南瓜，马连祥去找正在喂牛的孟道喜聊了一会儿天。孟道喜比马连祥小一岁，家里情况比较困难，村里给他安排了养牛场的工作，一个月可以补贴2000块钱。

　　回来的时候，马连祥走过村旁的山路突然说道："这个就是孟道喜以前住的房子。"顺着马连祥手指的方向，我们看到的是一间没有院子、低矮破落、摇摇欲坠的土坯房。后来搞移民搬迁，住房困难的孟道喜就搬到了政府的新房安置点，马连祥说。

| 耀州篇 |

像人们印象中大山里的村干部一样,马连祥简言少语、腼腆爱笑。刚见到他时是在梨树村村委会,一身浅灰色有点发旧的上衣搭配一条深灰色裤子,脚上穿了一双千层底老布鞋,整个人看上去朴素干净。

他说布鞋是在镇上买的,以前都是自己家里做。一双老布鞋从打袼褙、切底、包边、黏合、圈底、纳底、槌底等,要经过好几道工序,好几天才能做成。现在老伴年纪大了,眼睛也不太好使了,他就去镇上买布鞋穿。

虽然市面上现在有各种各样的鞋子卖,但马连祥还是喜欢穿传统的老布鞋,他觉得老布鞋穿上透气舒适还防滑,去哪儿办事走路也方便。

1987年,在村里老支书的推荐下,年仅26岁的马连祥被委以重任,当上了梨树村村委会主任。当上村主任的第一天,马连祥感觉压力太大了,也没有经验,不知道该怎么做。他最先想到的就是给村里拉电、通路。

说起修路,马连祥感慨连连。以前村里没有一条大路,村与村之间都是小路,架子车都过不去。后来,在政府扶持下,马连祥带领村里人开始起早贪黑地修路,早上去,晚上回来,一点点地把路炸开修平,从1994年一直修到1997年,修了三个冬天。现在,梨树村的大路宽敞干净。

马连祥想起四十多年前,那时他还在照金镇上上中学,村里到镇上大概20多公里,路还没修通的时候,山路不好走,他背上一袋窝窝头,一走

从贫穷过来的马连祥,现在最大的心愿就是帮助村民早日脱贫。

就是大半天。那是他一个星期的干粮,夏天天热的时候,窝窝头发霉了就把霉点擦掉再吃。

马连祥今年58岁,将近花甲之年,但他觉得自己身体还行,依然充满了干劲,他认为,过好日子要靠一点一滴的努力奋斗来实现。从贫穷过来的马连祥,知道穷日子的苦,所以现在他最大的心愿就是帮助村民早日脱贫。

2018年,碧桂园来到梨树村精准扶贫,有工作经验、热心为村民办事的马连祥被返聘,当上了碧桂园的"老村长",家里人知道他的性格,虽然不愿意他劳累辛苦,但也都没拦他。

当时,梨树村除了养殖场,并没有其他好的产业扶持。碧桂园来了以后,帮助村民建起大棚,提供种苗,给村民培训种植技术,马连祥很兴奋,他带领十几户贫困户一起种植和管理着几十亩地的贝贝南瓜。

贝贝南瓜产量很好,一棵秧能结四五个果,预计亩产保底在两千斤左右。南瓜成熟以后,碧桂园会百分百进行收购、包销,按两块钱一斤给村民分红,收购来的南瓜碧桂园会联系一些商会帮着销售,还有一些南瓜则通过碧桂园的内部渠道进行销售,如"碧乡""凤凰优选"、碧桂园的食堂和酒店等。

如今,在政府脱贫政策和碧桂园产业帮扶的引领下,梨树村改善了基础设施,搞养殖,移民搬迁建设,建南瓜大棚,土坯房几乎看不到了,搬迁点成了干净整洁的社区。

因为移民搬迁,梨树村现在和相邻的麻地村合并为一,总共有222户,其中178户是贫困户。2016年脱贫了16户,2018年脱贫64户。"今年准备全部都脱贫,现在只有12户是社会兜底的,都是五保户,属于家里没有人赡养,没有劳动力的。"

"今年全部脱贫能实现吗?"

"肯定能实现",马连祥十分自信,他的脸上露出了长长的笑容。

**乐居财经与马连祥对话精选**

**乐居财经**:"老村长"的工作内容是什么?您遇到过什么难啃的"硬

骨头"吗?

**马连祥**:"老村长"每天的工作有很多,像今年脱贫攻坚,要给一些村民做思想工作,有些贫困户脱贫相对容易,政府把房子盖了,现在不愁吃、不愁穿,有安全饮水,有电力入户,这就顺利脱贫了。有些不愿意"脱贫"的贫困户,要跟他们多解释、多宣传。我们村里有一个贫困户,他本身条件还可以,房子政府给盖好了,自来水给接通了,电力入户了,产业有分红了,又给他安排了公益岗位,但是他偏说自己还没达到"脱贫"标准。

**乐居财经**:扶贫过程中,有没有印象比较深刻的人和事?

**马连祥**:我们这里有一个叫孟道喜的贫困户,家庭比较困难,今年53岁,人比较忠厚老实。他有一个患肥胖症的儿子,30多岁了。他的老婆没了,上面还有一个老妈,快90岁了,不能动弹。现在把他安排到养殖场打工,给人家喂牛,一个月收入2000块钱。给他儿子也安排了就业岗位,在村委会搞卫生,一个月补贴600元,还能顺便锻炼身体。

**乐居财经**:扶贫工作中有没有遇到过什么困难?

**马连祥**:有很多人不能外出打工或年纪太大,其中80%都安排了公益岗位,有搞卫生的,有看光伏的,还有当护林员的,只要还有劳动能力,都给安排了工作。但女的超过55周岁,男的超过60周岁就不能安排公益岗位了,只能靠政府兜底。

时间：2019年6月4日下午 14:00
地点：铜川市耀州区庙湾镇柳林村

## 刘碧林：山桃花开

文/吴诗如　图/刘西常

柳林村位于耀州北部，群山环抱，每逢春天，漫山遍野的山桃林率先叫醒季节。这里良好的水土资源还成了"东方宝石"朱鹮的栖息地，是秦岭以北唯一野外放飞朱鹮的地方。不过，这样一个有着丰富生态资源的村落，却一直挣扎在贫困线上。

51岁的刘碧林是柳林村的妇女主任，至今任职已有14年。她也是碧桂园为数不多的女性"老村长"。自脱贫攻坚战打响以来，她就分管村里的就业工作。多年的工作经验让她深刻认识到，农民赚钱不能只靠种地，要靠就业。山桃核加工正是刘碧林"老村长"积极推动的一个脱贫好项目！

如今的柳林村是由原柳林村与东石坡村合并而来的，总人口1534人，贫困户有110户、330人，截至2018年底已经有91户脱贫。目前，村里的主打产业就是香菇种植和山桃核加工。

在刘碧林眼里，山桃核加工是脱贫的好项目。山桃花谢后，山桃结成，自生自落。"柳林村的山桃树很多，山桃核随处可以采摘，原料供应上没有任何问题。"在离村委办公室不远处的社区工厂中，刘碧林指着货架上摆好的山桃核工艺品介绍道。

2016年，柳林村在外务工的左林斌为了照顾生病的父亲而选择回乡。回乡后，看到村里进行的山桃核编织培训，他产生了浓厚兴趣。依托当地的山桃资源，2018年4月，在帮扶单位的帮助下，以村集体入股的形式，左林斌带领村里的4户农户成立专业合作社，开发山桃核产品，目前已有拖鞋、枕头、坐垫等多个产品种类。

2018年9月，碧桂园帮扶耀州挖掘文创产品，旗下的碧家文化公司与专业合作社签订合作框架协议，此次协议主要为了帮助山桃核产品扩大影响力、拓宽销售渠道。11月，碧家文化与合作社签订了一笔10万元订单，"耀州山桃核睡枕"便是首期合作推出的产品之一。同时，合作社利用线上、线下销售渠道，创造了可观的效益，左林斌不仅成了柳林村的致富带头人，同时也在耀州设立的"扶贫扶志光荣榜"上集齐了"八星励志"。

"我们是个一千多人的村子，外出务工的劳动力每年有三百多人，近一年贫困户收入大大提高，现在我们村有社区工厂，不像以前，想就近打零工都没地方可去。有时间了可以来社区工厂干活，没时间就在家里干活，这也是一笔收入。"刘碧林表示，山桃核加工的工作方式很灵活，山桃核社区工厂建成后，长期在这里工作的就有七、八个人，此外还有计件

左林斌带领村里的4户农户成立专业合作社，开发山桃核产品。

工，平均一天收入有100元左右，只要有空余时间，任何人都可以领活在家干，这也带动了一部分劳动力就业。

据了解，如今柳林村做山桃核加工的贫困户和群众已有40余户，每户平均月收入约1500元。

在刘碧林看来，农民不能只靠地，要靠就业挣钱。为了促进就业，柳林村每年至少有两期培训，有时候多达四期，培训内容主要是有关农作物方面的知识、衍纸手工艺品培训以及山桃核加工、香菇种植等与村里正在发展的产业相关的内容。同时，据刘碧林介绍，柳林村的信息平台每个月都会发布用工信息，只要人与岗位需求能匹配上的，她都会不遗余力地给村民推荐。此外，目前有年轻人选择回乡创业的，村委也会给予极大的支持。

尽管一直努力推动村里剩余劳动力就业，但刘碧林也曾被村民不理解甚至遭白眼。"像刚毕业的年轻人，有时候我觉得用工信息平台的这个工作机会很好，就急忙跑去跟他说，结果他说'不想去'。年轻人心不定，往往一份工作没干几天就又换了，有时候我去得多了，他还说：'你烦不烦人？我想干啥我自己找，用不着你操心。'"但这些毕竟是少数情况，她说，更多的村民还是很通情达理。

如今刘碧林在柳林村内除了担任妇女主任分管妇女和就业之外，还被

山桃核工厂建成后，为贫困户创造了就业机会，贫困户收入大大提高。

碧桂园聘为"老村长",协助碧桂园在柳林村开展定点帮扶工作。她认为,碧桂园在扶贫项目上很有诚意,除了山桃核的订单外,碧桂园在柳林村还将启动一个苗圃项目,到时用人需求增加,还可以解决村里的一部分剩余劳动力。

**乐居财经与刘碧林对话精选**

**乐居财经:** 您当村干部已有十余年,怎么看待柳林村的变化?

**刘碧林:** 我们是合并村,拿东石坡来说,2004年之前基本上没有什么变化,也没有产业,种好几亩地就行了,没有多大要求,房子是原来的老房子,盖新房的不多,个别人在外打工挣了钱,回来盖个楼房,大家都羡慕不已。2015年脱贫攻坚开始,俗话说"靠山吃山",但我们村山不富裕,还是水源保护地,自然资源根本无法利用,所以村干部想尽办法跑项目,先把村里的基础设施起来,做了村道、巷道硬化,通组路,打机井,解决这几个组的人畜安全饮水问题。我们这条河平时水不大,汛期却十分危险,所以新建了河堤。这十年来,最主要的变化就是村上有了自己的产业,解决了富余劳动力的就业问题,女的40多岁、男的50多岁,出去打工就没人要了,但我们自己的社区工厂、香菇基地就不一样了,只要你有劳动能力,60多岁都可以来打工,50、60岁在家门口也能挣到钱。

**乐居财经:** 能否介绍一下山桃核社区工厂的情况?

**刘碧林:** 这个社区工厂是村民左林斌注册的沮水桃品农业专业合作社建起来的,2018年刘书记到村上后争取了一部分中宣部资金注入合作社,陕西省储备粮管理公司给了一部分扶贫资金,我们用这笔钱配备了机器、场地,山桃核社区工厂就开办起来了。在这里长期干活的有七、八个人,村民们平时有空就可以过来做计件工,这个工厂带动了一部分劳动力就业,也给贫困户增加了一笔收入。此外,我们不但有山桃核加工,还有衍纸。

**乐居财经:** 目前山桃核产品的收入稳定吗?

**刘碧林:** 可以说还是比较稳定的。碧桂园2018年过来签订框架协议,11月下了正式订单,他们负责包装、销售。同时,县政府也在想办法积极在外面对接拓宽销售渠道。左林斌的货有时供不应求，因为全部都是手工编织起来的，进度比较慢，一个人一天做不了几件。有的人在社区工厂做，有的人家里走不开，也可以拿回家做，用工方式比较灵活。

**乐居财经**：计件工一天的收入能达到多少？

**刘碧林**：50到200元，看他编的是鞋还是垫子，每人每天的工钱平均100元左右。

**乐居财经**：除了山桃核，柳林村还有哪些产业？

**刘碧林**：还有香菇种植，香菇基地开始只建在原柳林村那边，不包含东石坡村村民，他们年底有800元的分红。香菇基地带动了附近剩余劳动力在香菇棚打工，一个月可以增加1000多块钱收入。东石坡村30多户有胡杨托管，年底有胡杨分红。2018年开始，有资金注入香菇基地，现在柳林村110户贫困户每年有500元的分红。

**乐居财经**：您是怎么跟碧桂园结缘成为"老村长"的？

**刘碧林**：碧桂园是去年跟我们村结对的，他们跟合作社签了山桃核的框架协议，之前我听说过碧桂园，听说是家大企业，但我不知道他们有扶贫项目，跟他们接触后才知道，他们也是想让村民获得利益。碧桂园在柳林村签了苗圃基地项目，我是村里报账员，我们也要给碧桂园联系用工，这也跟我的本职工作有关，就这样，我就和碧桂园结了缘。

**乐居财经**：您任村干部十几年，有没有想过退休后到孩子那里去养老？还是继续留在村里？

**刘碧林**：我这个人心不高，有颗平常心，如果不做村子里的事，我还是想住在村子里，毕竟我们这儿的空气好，现在交通也方便，下一步还会集中供暖、集中供气，基础设施和城里差不多，我还是想待在村子里，能帮村上多少忙就帮多少忙。

# 千沟万壑里的生命之花

## 耀州区扶贫日志 ②

文/吴诗如　赵盼盼　王　川

在我们亲爱的大地上，有多少朴素的花朵默默地开放在荒山野地里。这花朵没有人注目。也许唯有自身才怜爱自身的芬芳。可是，在我们普通人的生活中，在这平凡的世界里，也有多少绚丽的生命之花在悄然地开放而并不为我们所知啊！

——《平凡的世界》

在作家路遥的笔下，"像牛一样劳动，像土地一样奉献"的老一辈农民与充满梦想激情的年轻人，在贫瘠困苦的黄土高原上默默劳作，坚忍顽强，以铿锵有力的平凡之声，为苍凉大地带去生生不息的力量。

今天，同样有这么一群人，他们与贫穷斗争，在千沟万壑里、沉沉厚土间播种生机与希望。他们中，有人已年近花甲，依然走村入户，坚持在扶贫一线；有人离家舍口，放弃原本的大好工作，把青春和热血抛洒在这片炽热的土地上。

这里是陕西耀州区。

六月，走过曲折蜿蜒的盘山公路，远处的山核桃树葱葱郁郁，天色微阴，烟雾缭绕间，村落倏忽而现。在耀州区走访的第2日，乐居财经扶贫报道组分别走进照金镇代子村、北梁村和杨家山村，聆听"老村长"、年轻的扶贫人讲述村庄变迁的奇迹及"拔穷根"助贫脱贫的岁月光阴。

时间：2019年6月5日上午9:30
地点：铜川市耀州区照金镇代子村

# 葛振杰：以药兴农

文/赵盼盼　图/戴圆圆

盛夏六月，知了声此起彼伏，远山上的森林郁郁葱葱，整个小村庄都笼罩在绿色之中。一阵风吹过，田野里麦浪阵阵。大片大片紫色的丹参花应时盛放，远远望去，像极了薰衣草花海。

代子村位于耀州后塬山区，村子不大，仅有160多户，其中98户是贫困户。因村落群山环绕，信息、交通闭塞，土地贫瘠、基础薄弱，村民生活水平与经济发展一直处于滞后状态，属于当地深度贫困村。

今年54岁的"老村长"葛振杰，土生土长的代子村人，2002年进入村委会工作，2005年以超过半数选票当选代子村村主任，并连任两届，之后又担任了村支书岗位。

说起村里以前的情况，葛振杰感叹：困难太多了。

以前还没有评贫困户、开展移民搬迁工作的时候，很多村民家里的房子都是危房。夏天一下大雨，葛振杰就带领村委会干部走村入户，查看谁家房子漏雨漏得厉害，帮助他们修补房顶。

"有一年，这个沟下面有一户村民房子的后檐垮了，水势太大，导致人无法直接过去，接到他的电话后，我们只能搭梯翻墙，爬过去，了解情况后再采取补救措施。"

除了住房问题,村里还面临经济收入的问题。粮食不值钱,有些人种了粮,一年只够自家吃,没有余粮可供售卖。当时外出打工也还没兴起,很多人的基本温饱都成问题。贫苦的日子里,去山上挖草药卖点钱,成为很多人维持生计的希望。

代子村所处的耀州区,是"药王"孙思邈的故乡,当地很多村子都有种植中药材的习惯。近年来,除了外出打工和种粮食,种植中药材的人渐渐多了起来。

对于中药材的种植习性和管理工作,葛振杰很熟悉。中药材好种易活,也易储存销售,但对土质气温等方面比较讲究。代子村目前种植有丹参、艾草、黄芩等中药材,种植面积达700余亩,带动不少贫困户脱贫致富。

"现在政府要把我们村定为药草种植产业村,"葛振杰介绍说。从去年开始,村里建设了艾草加工厂,流转了村里二组和三组贫困户的一部分土地,一亩地一年流转费300至500元不等,然后种上艾蒿,成熟收割之后拿到工厂加工,有了收入就给贫困户分红。

同时,艾草加工厂也给小部分人提供了就业岗位。以药兴农、以药

以药兴农、以药增收,通过拉动产业发展解决贫困户就业问题,这正是葛振杰所希望看到的。

增收，通过拉动产业发展解决贫困户就业问题，这正是葛振杰所希望看到的。

尽管日子越过越好，但村里还有一些身体不便的贫困户，这成了葛振杰的一块心病。

王新民是村里目前最困难的一户。今年63岁的他，老伴常年患有关节炎，王新民本人去年也因高血压导致脑梗瘫痪了。家里唯一的儿子前些年在外打工，一个月前不幸因心脏病去世，现在只剩下风烛残年的老两口。

说到这里，葛振杰的眼睛有点湿润。他说，现在政府给盖的房子，5000块钱首付款他们都拿不出来，王新民又要住院，人也不能动弹。后来，村里跟政府协商，先把新房钥匙给他们，让老两口先住过去，把旧房补的钱拿来交首付。

"搬了新房要拆旧房，旧房一口人补8000元，他们一家按三口人算补24000元，现在给王新民家也申请了低保。"

还有一个贫困户是今年49岁的何福全，两口子身体都不太好，家里也没有多少田地。村里就给两口子都安排了公益岗位，打扫卫生一个人一个月600块，他偶尔再出去打一些零工，基本生活问题可以解决。

"现在政府都统一给安排了就业岗位，主要就是在村里打扫卫生，还有当护林员的，基本上有劳动力的家家都能安顿好，上年纪的人实在没办法，这些岗位也是有年龄限制的。还有着实困难的，就给办了低保。"

"现在政策好了！"说到这里，葛振杰露出了笑容。

谈及政府和一些企业对村里教育发展的扶持情况，葛振杰了如指掌。在他看来，要把教育扶贫当作"拔穷根、助脱贫"的重要政策。目前代子村在教育方面主要依靠助学政策和学生补助。

"小学生一学期补助1000元，初中生补助1500元，高中生补助2000元，大学生有助学资金，都是国家财政上的资助。碧桂园来了以后，统计了贫困户学生的人数，每年也给他们一些资助。"

2018年，葛振杰刚刚卸任村支书，碧桂园的扶贫工作人员找到他，想请他担任"老村长"。

"当村干部有很多工作要忙,地里的活顾不上做,粮食摊在场上都顾不得去收,都是让我老婆去做。那时候家里还喂了一头牛,还要在地里干活,全靠她一个人,那几年孩子也还小。"说起家人,葛振杰充满愧疚。所以,到底要不要做"老村长"的工作,起初他有些犹豫。

但当时镇上领导给他做工作,说村里才换的两个干部都是年轻人,工作经验少,工作思路不太清晰,需要他帮忙指点一些,工作中也需要他提一些建议。

经过再三思考,葛振杰觉得自己身体还算硬朗,孩子也长大了不用操太多心。特别是碧桂园来扶贫以后,对村里孩子上学困难的家庭进行教育扶持,这给了他一份责任、一份动力,也给了他一份信心。

就这样,当了十几年村干部的葛振杰,又挑起"老村长"的担子,继续行走在扶贫路上。

**乐居财经与葛振杰对话精选**

**乐居财经:** 当上村主任第一天是什么感受?

**葛振杰:** 当选后,我觉得村民信任我,就觉得担子很重,要带领全村村民发展,既然村民把我选上了,我肯定要负起责任,当好一个村干部,履行好职责。

**乐居财经**：当时最想给村里做些什么事？

**葛振杰**：最想给村民解决的是生产生活方面的问题，比如水、电、路，给群众解决生活问题、交通问题，村民出行方便了，有了自来水了，也不用到几里路之外的沟里打水了在家里就有水用了，路修通了，农副产品销售也方便了。

**乐居财经**：村里有没有什么产业？

**葛振杰**：村里目前有一个产业是中药种植，还有一个是养羊。现在村里盖了社区工厂，发展艾蒿种植，现在统一成立了经济合作社，把农户的土地流转了，一年一亩地流转费300至500元不等，流转出来种艾蒿，社区工厂可以吸收农户去打工，还可以给农户分红。沟底下有养羊的农户，也有产业扶持资金，那是一个老板统一承包的，一年给贫困户分一次红。

**乐居财经**：现在村里脱贫靠什么？

**葛振杰**：现在政府提倡把我们村发展药草种植产业，现在种两种药材，一种是黄芩，一种是丹参。还有些村民去外面打工，打工挣钱也多。

**乐居财经**：现在的脱贫情况怎么样？

**葛振杰**：现在来说，贫困户的难题主要是住房，现在村里一共搬迁了54户没有安全住房的家庭，现在都基本安置完了，进城的有14户，还有28户搬到了周边两个小区。

**乐居财经**：您在扶贫当中遇到过哪些困难，怎么解决？

**葛振杰**：困难有不少。原先确定贫困户人选，要开很多会，有些村民没被定为贫困户，意见比较大。现在国家有统一政策，有工资性收入、拿国家财政钱的不能申请为贫困户，家中购有车的不能申请为贫困户，讨论几次之后定下来贫困户大部分村民还是认可的，当时贫困户的收入主要是靠国家补助，有些人还能出去打工，给家庭填补收入。个别贫困户在家里坐等国家给钱，不想工作，你给他做思想工作，怎么说他都不听。通过慢慢座谈，这些人想通了就没什么意见了。

现在是"一个带动一个"，大部分村民都脱贫了，人家都往前走了，那些"等、靠、要"的贫困户看在眼里，终于明白要发挥自己的主动性，不能光靠国家养。

**乐居财经**：您觉得这几年村里最大的变化是什么？

**葛振杰**：这几年变化很大，上面的政策又好，各级部门支持力度也大，特别是碧桂园过来扶贫，给我们带来信息，给大家进行种植、养殖技术培训。现在最大的变化是居住环境改善了，建设了广场、大戏台，还有健身器材，路、水、电全通了，家家户户自来水都直接通到厨房，生活改善了很多。原先是泥路，下雨天车都走不了，现在下大雨都能走。再一个变化是绿化，环境改善了很多，村里的面貌改变很大。

时间：2019年6月5日上午11:00
地点：铜川市耀州区照金镇杨山村

# 卢满银：修路十年

文/赵盼盼　图/戴圆圆

　　杨山村村子后面的一片核桃林里，卢满银背着打药桶，正在给核桃树打农药，"现在核桃还没成熟，如果不及时打农药，果子就被虫咬黑了，到七、八月份还没成熟就会落果"，卢满银说道。

　　从核桃林出来不远，是一条刚修不久的宽阔平坦的水泥路，这是卢满银在二十几年的村支书生涯里，为村民做的最"骄傲"的事情之一。

　　"要想富，先修路"，这句人尽皆知的俗语，对于远山深处的村庄来说，尤为明显。但动辄几十上百万元的修路资金，对贫困地区的村庄也是现实的困难。

　　杨山村离耀州县城有40多公里，地处偏僻、山大沟深，是人们对杨山村的第一印象。村里仅有90多户村民，交通不便加上自然条件的限制，曾让这里的贫困发生率高达70%。

　　"没修路的时候，去县城要到大路上才能坐班车，去程和回程都要耗费一整天的时间，所以当天去什么事都办不了。"路不通，成了卢满银心头的"老大难"。

　　从2007年开始，卢满银就在为村里修路四处张罗。那一年，卢满银先后联系到两个外地的老板来帮助修路，商量着先把村里的路基处理了。但因村里的资金不够，这些想法最后都落空了。卢满银当时心里着急，但也没有办法。

但卢满银没有放弃。2009年，村里又开始修路，从陈家坡修到杨山村一共6公里，以1公里30万元的价格包给富平的一个老板。按照当时交通局批准的资金，1公里只有19万元，村上要承担1公里11万元的资金，协议签订以后，村里马上面临着66万元的债务。

为了筹集这66万元，卢满银愁坏了。他找领导、找熟人、拉关系，"有30万块钱是以工代赈资金，剩下的钱都是这儿要几万、那儿要几万，像挤牙膏一样挤出来，也有一些人捐了款。"最后勉强凑够了45万元。

剩余的21万元，直到2018年才还上。钱欠了将近十年时间，这是让卢满银最闹心、最伤心的一件事。

2016年，卢满银又组织修建了老爷岭到袁坡的6公里路，2017年又修了6公里，在卢满银卸任的时候，村上所有的路终于全部修通。"现在去城里只用一个小时"，卢满银高兴地说。为了这一小时的路程，从2007年到2017年，卢满银张罗了整整十年。

卢满银今年54岁，从1995年5月开始担任杨山村支部书记，到2018年10月退休，总共干了23年，去年选举的时候因为年龄偏大，他辞去了这个职务。

在23年的村干部任职期间，卢满银带领村里人退耕还林、建学校、修路通电、搞移民搬迁，这几件"大事"直接影响了村里的经济增长、教育发展及住房建设状况。

在卢满银看来，1999年的"退耕还林"是对村里发展影响颇大的一件事。当时，为响应国家西部大开发的号召，实行退耕还林政策，卢满银带领村里人把原来坡度较大的耕地全部改成经济林，栽上核桃树。

那一年全村实行退耕还林1268亩，一口人平均栽核桃树4亩。前些年核桃价格好的时候，平均每家每年能卖两万多块钱，收入相当可观，加上当时村里也争取了国家退耕还林的资金，一亩地一年补助160块钱，连续补助5年。这使得杨山村的贫困面貌逐渐发生着变化。

核桃产业的发展让卢满银看到了新的机遇,他坚信,只有产业才能让村里发展越来越好。因此,他四处联络,引进企业拉动村里产业增长,现在杨山村建了养羊场,可以提供一部分岗位带动贫困户,还盖起了蘑菇大棚。而卢满银也因为工作表现突出,被耀州县委授予"郭秀明式好干部"称号,并先后获得县级、区级优秀共产党员奖励2次,镇上的奖励已经数不清了。

"卢满银能干,愿意带头为村里做实事",而且关键是"能拉到资金,找到发展项目!"这是乡亲们最佩服他的地方。

杨山村的冯清明,今年54岁,家里条件一直不太好。他早些年做磨面生意,买人家的旧机器被骗了,吃了一些亏,欠了不少外债。看到冯清明脑子还比较活络,卢满银就鼓励他发展产业,建鸡舍进行规模化养鸡,今年还帮助他申请自主创业贷款5万元,买了500多只鸡苗。

还有村里的年轻人王鑫,今年才25岁,卢满银认为他是个很有想法的人。前两年王鑫搞养牛场,在建牛场的时候出了事,一个工人在用三轮车拉材料时,三轮车从山坡上翻下去,把人摔死了,当时王鑫给人家赔了不少钱,一度陷入贫困。

核桃产业的发展让卢满银看到了新机遇,他坚信只有产业才能让村里发展得越来越好。

卢满银帮王鑫申请过扶贫资金和一些项目，母牛产一头小牛犊可以补助100块钱。他还联系铜川市畜牧站，给王鑫免费培训养殖技术。看到王鑫的养牛场发展越来越好，卢满银也十分开心。

2018年，碧桂园来到杨山村开展扶贫工作。当时，刚刚卸任村支书的卢满银就被碧桂园聘为"老村长"，架起了碧桂园与村里沟通的"最佳"桥梁。开始，"老村长"卢满银帮助碧桂园跟村支部沟通，展开抓党建促扶贫的工作。随着碧桂园开展教育扶贫和就业扶贫，一些贫困户孩子拿到了碧桂园一年2000元的教育补助，另一些贫困户则参与了碧桂园种植、养殖技术的培训。这些都少不了卢满银在中间的协调沟通组织工作。此外，碧桂园还有产业扶贫政策，如果有自主创业的贫困户，卢满银还帮着跟碧桂园联系，申请创业资金扶持。

谈及担任"老村长"的想法，卢满银说，"我现在还在村子里生活，也没有其他工作，就想着来发挥一下余热。"朴实的话语间，饱含着他对这片土地深沉的爱。

**乐居财经与卢满银对话精选**

**乐居财经**：村里脱贫情况怎么样？

**卢满银**：我们杨山村有92户，339人，2015年确定的贫困户有67户，241人，通过这几年的持续努力和争取扶贫资金，现在贫困群众跟以前有了很大的改变。原来住的都是土坯房，路也都是土路，现在路通了，从2009年一直到2018年，修通水泥路18公里。2018年又把2009年修的6公里路进行了改造，把水泥路改成柏油路。

**乐居财经**：您当时怎么当上这个村支书的？

**卢满银**：我在1982年高中毕业以后一直在村里，这个地方相对来说文化水平低，有文化的人很少。我是高中毕业生，在村上一开始担任的是村团支部书记，1990年入党，入党之后担任村支部副书记，1995年的时候，原来那个老支书由于年龄偏大，文化程度低，他主动让贤，让我担任村支部书记，一干就是二十几年，酸甜苦辣都有，也挺不容易的。

这些年来，有些事我亏欠了儿女，也亏欠了我爱人。特别是在1990年的时候，当时我担任支部副书记，村里还没有通电，当时拉电线的时候，老领导就委派我在外面跑材料，当时媳妇生孩子的时候我都没在家。是一心为公，为集体的事情奔波。到了1995年的时候，村民也非常认可我，我就担任了支部书记，一干二十几年，村里的面貌也发生了翻天覆地的变化。

**乐居财经**：您当时刚进村委会工作的时候是什么感受？

**卢满银**：当时心里还是想着把村上的面貌做些改变，但是做起来不是那么容易的。但是我也不遗憾，因为在任的时候我也干了几件大事。

一件事是1995年建了个学校，然后是1999年实行了退耕还林，2002年到2005年连续4年忙于移民搬迁，再接下来就是2009年修了6公里道路，2016年修了6公里，2017年又修了6公里，在我卸任的时候，村上的公路全部修通。

**乐居财经**：1995年建学校的时候是什么情况？

**卢满银**：原来村上有一个完全小学，是土木结构的房子，校舍比较小，1995年6月1号开始建设新的学校，当时是靠人家赞助的钱修好的。最大的一笔赞助来自照金煤矿，赞助了10万块砖，其余的都是这个单位赞助3000元，那个单位赞助5000元，还有赞助一两千元的，村里每人赞助

40元钱,当时叫建校款,村里当时有360口人,收了1万多元钱。

学校建起来以后,在1995年的时候,花了将近10万元钱,建了6间教室、6间教师宿舍、围墙、厕所、厨房,在当时来说还算是一所比较好的学校。村上最多的时候有65个学生。

**乐居财经**:村里有没有什么产业?主要靠什么脱贫?

**卢满银**:现在的产业主要是种植,以核桃和玉米为主,村里建了个养羊场,养羊场能养500到1000头羊,将来也能带动贫困户实现部分脱贫,还有一个项目是蘑菇和香菇大棚。

时间：2019年6月5日下午13:30
地点：铜川市耀州区照金镇北梁村

# 李树林：香菇专家

文/吴诗如　图/刘西常

　　遮阳网搭建的香菇棚内，密密麻麻排满了好几层毛头毛脸的"家伙"，那是菌棒。李树林一把抓起这个看看，再拿起那一个看看。他正在检查香菇菌棒，刚刚采摘完一茬香菇，这一批菌棒缩短了许多，营养成分几乎消耗殆尽，已经到了换新菌棒的时候了。

　　这是位于耀州区照金镇北梁村的香菇种植基地。17个大棚组成的基地，可容纳4万根香菇菌棒；在棚后边的平地处，新的香菇棚正在搭建中。建成后，两处大棚将可摆放8万根菌棒，如果按一根菌棒产2斤鲜菇来算，8万根菌棒可产出16万斤的鲜香菇，这是一笔不小的生意。这一片是归村集体所有的香菇基地，"老村长"李树林正是这个基地的两名管理人员之一。

　　62岁的李树林有长达21年村干部的任职经历，1990年任胡巷村村委会主任，1993年任胡巷村党支部书记，并一直在这个岗位上工作到2011年。谈及担任村干部时的工作，他还记忆犹新。"一开始，我的主要工作是建学校，普及九年义务教育，然后是大面积栽种核桃树。"李树林介绍，当时在胡巷村推广核桃栽种，规模近千亩。核桃的原生苗一般要十年才能挂果，而胡巷村的村民在县林业局专家的指导下，采用了嫁接技术，三年就能挂果！

当时国家有退耕还林政策给予的补贴，但并非每户村民都愿意种核桃，于是李树林挨家挨户上门做思想工作。如今，胡巷村的核桃人均栽种面积已达3亩，近几年，村里的核桃产量很好。李树林说，人均每户卖核桃能收入一两万元。

2011年11月卸任村支书后，李树林当了三年的村监委会主任。2018年9月，在村委的推荐下，他成了北梁村香菇种植基地的管理人员。

"刚开始时，不知道怎么养。"李树林说，村里的香菇种植基地是跟一家企业达成合作，对方提供菌棒、技术支持，并承诺销售。"一开始长出来的香菇都很小，看上去密密麻麻一大片。后来懂了技术才知道，香菇不能长太密，要把一些小个香菇摘除，菌棒上稀疏一点，香菇才可以长大、长好。"说起这10个月对种植香菇的摸索，他立即打开了话匣子。

"到了要出香菇的时候，要拿着菌棒相互敲打，菌棒里的菌丝被打断之后，才会长出子实体。"他在介绍出菇技巧时十分兴奋，这些都是在技术员的教授之下他反复实践出来的经验。在香菇种植上，他开始时一窍不通，现在已经是半个专家。"那时技术员一天来两次还不够，我一遇到问

2018年9月，在村委推荐下，李树林成为了北梁村香菇种植基地的管理人员。

题就给他们打电话，多的时候一天得打好几个。现在技术员来的次数少了，他们讲了原理之后，我自己就一点点摸索。"

香菇种植是劳动密集型产业，需要注意很多细节，人不能轻易远离。李树林每天忙忙碌碌：栽植、浇水、检查大棚情况，大棚的遮阳网白天要揭开，晚上得盖上。正因如此，李树林几乎天天住在大棚旁。

李树林的辛苦终于有了回报。作为村集体所有的产业，2018年基地的香菇效益十分可观，给贫困户分红共3万多元，每户贫困户分红300元。除了分红外，香菇种植还给村民提供了增收的机会。李树林介绍说，去年大棚只上了2.1万个菌棒，香菇采摘时请了七八个工人，工期四五天，每人每天可以赚100到140元。今年新香菇棚建成，8万根菌棒全都摆上了，到采摘阶段用工需求也会增加，一天可能得请十几个工人。

随着香菇种植规模的扩大，北梁村对这一产业也有了新的计划。"如果贫困户愿意，可以把香菇棚分给他们，他们自己管理、自己采摘，采摘的香菇由村里统一收回来，卖出去之后再跟他们分钱。"李树林说，正在扩建的香菇棚正在考虑贫困户的承包计划，目前村里对此已经达成一致意见。

"现在基地里建了一个冷库，香菇采摘后可以送进冷库储存，冷库旁边再建烘干炉……等到秋季，我们可以自己制菌棒，现在购买的菌棒价格高，一根要5.18元，自制菌棒的成本才3.2元左右，每根菌棒可以节省大约2块钱。"原来，李树林对香菇产业已有了雄心勃勃的发展大计。

2018年，李树林又多了一重身份——碧桂园"老村长"。在他的帮助下，碧桂园进村开展定点帮扶工作，资助贫困学生，并在有用工需求的情况下给贫困户提供工作岗位。李树林笑说："我这么大岁数了，现在还能给村里出点儿力，我感觉挺好的。"

据了解，碧桂园将针对结对帮扶的14个县进行党建扶贫模式下的"红色旅游"开发，耀州是其中一条红色专线。在北梁村，碧桂园将依托陈家坡会议旧址的红色旅游资源，助其开发红色旅游，通过设立导游岗位、在红色专线销售农特产品等多种途径实现精准脱贫。据李树林介绍，下一步村里将香菇产业与碧桂园党建扶贫游结合起来,把香菇采摘链接到旅游路线上,助力香菇产业发展。

**乐居财经与李树林对话精选**

**乐居财经**:您任胡巷村村委主任、村支书期间为村里做了哪些事情?

**李树林**:一开始是普及九年义务教育、建学校,后来是大面积栽种核桃树。我们村原来是胡巷村,后来跟北梁村合并。没合并之前,胡巷村种了998.5亩核桃树,人均核桃地3亩。核桃原生苗要十年才能结核桃,后来县林业局来指导工作,搞嫁接,三年就能结核桃。那三年没有收成,国家有退耕还林的补贴,现在收成还不错,前几年产量很好,每户能收入一、两万块钱。

**乐居财经**:香菇产业是去年才开始做的?

**李树林**:去年9月份才开始搞,当时上了21000多根菌棒,我们跟公司合作,他们提供技术,还包销。公司的技术员一天来两次,早上来一次,下午来一次,以前刚开始搞,村民们都不会,不知道怎么弄,所以技术员一天来两次,讲解怎么栽。香菇刚冒出来都很小,密密麻麻一大片。香菇不能长太密,太密了长不好,要把一些小个香菇摘除,稀疏一点才可以长大、长好,香菇是按照品相大小、好坏分级,如果品相不好,就卖不

出价钱。

**乐居财经**：现在香菇的收益怎么样？

**李树林**：还不错，去年底跟公司结完账，总共给贫困户分红3万多块钱，每户贫困户分了300元，今年还没到算账的时候。

**乐居财经**：除了分红之外，贫困户在香菇种植这块还有其他收益吗？

**李树林**：贫困户和非贫困户都可以做，采摘香菇的时候，人均一天赚100至140元，按工作时间的长短来算。去年上了2.1万根菌棒，一开始请了七八个人，后面几天用不了那么多人，三四个人就够了。今年下半年如果菌棒全部上来的话，有8万根棒，用人就更多了，可能一天要十几个工人。

**乐居财经**：除了香菇产业外，村里目前还有哪些产业？

**李树林**：村上现在有香菇种植、养羊场，还有光伏，基本上都给贫困户分红。

**乐居财经**：这些产业每年能给贫困户带来多少分红？

**李树林**：光伏今年才投产，还没有分红。养羊场去年给每户贫困户分了500元，今年的分红马上就要开始了。香菇去年的收益给贫困户也分了每户300元。

**乐居财经**：对于香菇种植，村里有没有新的计划？

**李树林**：冷库已经建好了，现在还要再建香菇棚，还要建烘干炉，下半年还要自己做菌棒。村委员已经商量好了，如果贫困户愿意，把香菇棚分给他们，让他们自己管理、自己采摘，采摘的香菇由村上统一收回来，卖出去再跟他们算账。

**乐居财经**：自制菌棒能节省多少成本？

**李树林**：现在的菌棒一部分是合作的公司提供的，另一部分是我们自己联系，菌棒从延安送到这里是5.18元一根，自己做的菌棒成本是3.2元左右，每根菌棒可以省大约2元钱。

**乐居财经**：成为碧桂园"老村长"，您感觉怎么样？

**李树林**：帮助碧桂园了解贫困户的情况，我能起到上下沟通的作用。

碧桂园可以资助贫困学生，也可以给贫困户的年轻人找工作。我年纪这么大了，还能为村里做点事情，我感觉挺好的。下一步，碧桂园还有一个红色旅游的帮扶措施，到时候村委会计划把香菇采摘跟碧桂园的党建扶贫游结合起来，希望香菇产业能产生更好的效益。

# 兴国篇

兴国县位于江西省中南部，全县辖25个乡镇、1个经济开发区、304个行政村、8个城市社区，全县国土总面积3215平方公里，总人口85万。兴国县盛产脐橙、茶油、生猪、灰鹅等，是国家命名的"中国油茶之乡""中国灰鹅之乡""中国红鲤鱼之乡"。

# 跨越88年的力量

## 兴国县扶贫日志 ①

文/秦如东 梁争誉

曾记否，那泥泞坑洼的天路，如今已平整通达；曾记否，那进风漏雨的土坯房，如今已坚固宽敞；曾记否，那昏暗微黄的灯泡，如今已锃光瓦亮……

88年前，23179名红军将士坚忍不拔，英勇向前，为了新中国献出了自己宝贵的生命；88年后，一些人选择在这里的乡村坚守，他们甘于吃苦，不惧艰苦，带领村民脱贫致富。

这里是江西兴国，全国十大将军县之一。

苦难日子已远逝，幸福日子已到来。跨越88年，在这片红色土地上，长征精神依然闪闪发光。

一路潺水，一路蝉鸣。6月11日，乐居财经访谈小组分别走进兴国县崇贤乡北胜村、南坑乡郑枫村、枫边乡茅坪村，见证奋斗在扶贫一线的"老村长"，听他们讲述那些关于坚守的扶贫故事。

时间：2019年6月11日上午9:30
地点：兴国县崇贤乡北胜村

# 邱日忠：水稻"攻坚"

文/秦如东　图/刘西常

暴雨过后的兴国县北胜村，俨然一幅"桃花源"画卷：潺潺水鸣，阡陌交通，鸡犬相闻，蛙声一片。

听说乐居财经《中国老村长》栏目组要来采访，邱日忠早早就来到村口相迎。

"老村长"邱日忠家的隔壁，是一片稻田，在雨水的冲刷下，分外绿意盎然。这是天然的镜头背景。

一台摄像机、两把椅子，与邱日忠的访谈，就像拉家常一样展开了。他个子不高，口音比较重，但回答问题时思维很敏捷。从1974年到2019年，他不知不觉已在农村干部岗位尚工作了40余年。

邱日忠是乡里的第一个高中生，在日常工作中喜欢琢磨事儿，并在村里经营了一家小卖部。20世纪80年代末之前，村民们靠着种植一季稻生活。

有一次，邱日忠发现其他地方的水稻能够种植两季，便思索起来："我们村是否也能种两季稻呢？"他胆大心细，率先在自家农田种植两季水稻试验。周边有户邻居好奇，也跟着种了。

"第一年就两户在种,一户种两亩。到了第二年我就带领着四户一起种了。"随着邱日忠种植两季水稻的成功,村民们纷纷效仿。不久,全村所有适合种植两季稻的80亩稻田全都种上了两季稻,占全村800亩稻田的10%,每亩增产600余斤。

在靠种粮生存的年代,这是一笔非常可观的增收量。五六年后,由于劳动力外迁以及新的经济作物引进替代,双季稻种植模式逐渐被村民放弃。邱日忠成为坚持种双季稻的最后一人。

水稻收成提高了,村里没有公路,怎么运出大山就是个大问题。那还是1992年,邱日忠刚上任村干部,面对北胜村无路、无电、无通信的"三无"状态,他带领村民奋战3年,与村民同甘共苦,在资金有限的情况下,没有借助任何机械设备,一铲一锄,硬是修通了村里与外界联系的9公里山路。

不过,邱日忠不敢居功,他说"当时修路时,村民的积极性都很高,这条路山石较多,没有机械工具,只能单靠人力修通。但村里人都明白,没有公路,就没有未来!"

2018年,邱日忠也迎来了他的另一个身份——碧桂园"老村长"。围绕碧桂园"4+X"扶贫战略,依靠产业、就业这几项扶贫措施,邱日忠继续带领村民脱贫。所谓"人穷志不能穷",邱日忠一边做贫困户的思想工

作,让他们明白自力更生才是真正的脱贫;一边他又通过各种渠道给贫困户提供合适的就业岗位。

在碧桂园的帮扶下,北胜村开展竹鼠养殖工作。邱日忠时刻关注着这些"小可爱"的动态,每天查看饲养人员的安排是否妥当,观察竹鼠的饲养是否科学合理。目前,新建的养殖场共饲养了两千多只竹鼠,今年是"第一季",若是能带来"大丰收",则能为村民致富带来新的路径。如今北胜村从刚开始的31户贫困户,到现在的21户,这是邱日忠"老村长"上任以来的成果,到2020年,这21户要全部脱贫。

村里产业逐步走向正轨,邱日忠目前最牵挂的,是村里唯一的一所学校——北胜村小学。在北胜村村委旁,有一间教室。这就是北胜村小学的全部。这个小学只有一个老师,也姓邱,在村里教书教了几十年。

现在这个小学只有6名学生,却有三个年级。平时,邱老师会同时给三个年级的娃娃上课。邱日忠介绍,多年前,小学最多有几十个娃娃,随着这些年村里外出打工和搬迁的人越来越多,到北胜村上学的娃娃越来越少了。

"现在村里的小学虽然只有6个学生,但学校会一直开办下去。只是邱老师明年要退休,需要有人来接班。"邱日忠说道。他始终惦记着这件事,这关乎着村里的未来。

只有6名学生的北胜村小学

**乐居财经与邱日忠对话精选**

**乐居财经**：介绍下您的经历以及平时的主要工作。

**邱日忠**：我是1974年开始在村委会工作的，做了11年会计、3年组长之后，1992年开始做村主任，一直干到2014年，今年60岁刚退休。平时在家还会养猪、兔子、家鸡、种种菜等等。2018年4月开始碧桂园集团聘任我做北胜村的"老村长"，带领村民脱贫。原来我们有31户贫困户，去年有10户脱贫，目标是2020年要把剩余的21户全部脱贫。

**乐居财经**：40多年的农村工作，您印象比较深的事情是什么？

**邱日忠**：1992年我刚上任，北胜村无路、无电、无通信。1995年，我们开始琢磨将一条9公里的路修通，但当时资金有限，无法使用机械设备，便号召村民一起修，全部用锄头，一铲一锄地修，终于在1998年，将这条路修通了。当时，老百姓积极性很高，因为他们都意识到，"要想富，先修路"，于是用了3年把这条路修通了。

**乐居财经**：当时修路压力大吗？

**邱日忠**：压力不算大，老百姓看到路没有通是没有办法发家致富的，大家知道这个道理。

**乐居财经**：您在当村支书时有没有做什么比较好的事情？

**邱日忠**：当时我看到别的地方能够种两季稻，而且那个地方海拔比我

们村还高，阳光气候条件也不如我们，我就想试试。我自己试了以后，第一年就有两户开始种，每户种了两亩。到了第二年，我就带领四户人家种两季稻。慢慢地，全村适合种植两季稻的稻田全都种了两季稻。因为多种了一季，亩产增多600余亩，这是一笔不小的增收。

**乐居财经**：当时有没有人反对您种两季稻？压力是不是很大？

**邱日忠**：不会，这不是计划经济，这是自发的，你愿意搞就搞。别人看到这个收入高，明年也就会跟着种。他们第一年会来看先种的人，看产量怎么样。

**乐居财经**：听说后来大家又都改回一季稻了？当时您有什么反应？会觉得自己做的东西突然又回去了吗？

**邱日忠**：也没有什么，这也是很自然的，出去打工的人越来越多，也就没人在家种地了，那个时候也不用交公粮了。搞两季稻是比较累的，以前用牛犁田，不是用机器，很辛苦。我是坚持到最后的一个人，由我开头，由我结束。

**乐居财经**：目前这个村最大的问题是劳动力问题吗？

**邱日忠**：对，主要还是劳动力流失吧，年轻人都不愿意留在村里。

**乐居财经**：您怎么看北胜村只有6个孩子的小学？

**邱日忠**：北胜村小学的学生以前比较多，有几十个，因为那时基本都在家，在村里读小学。那时两个教室都坐满了学生。随着外出打工和搬迁的人越来越多，现在就一个教室，才6个学生，一个老师。但小学一直会开办下去。只是，现在的老师明年要退休，就希望能有人来接班。

**乐居财经**：对于产业扶贫，未来有什么计划和打算？

**邱日忠**：我们村山地面积1.1万多亩，其中油茶面积6600多亩、毛竹2000多亩。现在省林业厅在我们这里挂点，准备更新油茶品种，实现更大的产出和效益。另外，毛竹生长快，两三年就能够成熟，能够以较快的速度产生效益。这些都能给村民带来收入。目前养殖的竹鼠还在繁殖阶段，新建的厂养了两千多只，只要好好维护，也能够带来新的收益。

时间：2019年6月11日上午11:00
地点：兴国县南坑乡郑枫村

## 许正生：骆驼汉子

文/梁争誉　图/史　策

初见许正生，是在日头猛烈的正午。

他在田里侍弄一片长势喜人的白莲，小白桶里装满了杂草，整个人晒得黝黑，身上溅满了泥巴，一看就是个干活的好把式。

"许村长啊，就是一匹骆驼，一天到晚活干得没停过。"郑枫村驻村扶贫干部李南阳这样评价许正生。

今年57岁的许正生，本已到了含饴弄孙的年纪，可他操心最多的，反而是牛、猪、兔子、水稻、白莲、丹参……"我要多吃一碗饭，多出一份力，争取在60岁之前还清家里的债，过上一个安心的晚年。"

上天并不总是公平的，很多时候付出和收获往往并不成正比。按照许正生的勤劳程度，一家人本该早就脱贫致富，然而，横亘在贫穷与温饱之间的一座大山却是——疾病。

许正生夫妇都患有慢性肺结核，儿子患过心肌梗死，高昂的医疗费用让这个原本就清贫的农村家庭陷入困境。2014年，许正生被认定为贫困户，成为"一对一结"对帮扶对象。精准扶贫政策拨云见日，重压之下的一家人终于可以喘口气。

在医疗扶贫政策的支持下,许正生一家签约了家庭医生,住院看病都可以享受居民基本医保、大病保险、医疗商业补充保险和民政救助"四道医疗保障线"及一站式结算服务。"如果不是有好政策,我真的支撑不了。在面临这么大困难时,政府、社会提供了很多帮助,给我们减轻了压力。"

解决了后顾之忧,这个骆驼一样勤勤恳恳的汉子,一头扎入了脱贫致富的战斗中。

受惠于金融扶贫政策,许正生贷款搞起产业,种植、养殖"两条腿走路",种了7亩白莲、6分丹参,养了2头牛、2头母猪、50只兔子。每天早晨天蒙蒙亮,他就开始了一天的劳作,放牛、喂猪、除草、施肥……乡下庄稼汉的一天堪比城里的白领。

一分耕耘一分收获。2018年,许正生一家人均纯收入近万元,顺利摘下贫困户"帽子"。他盘算着,小猪600元一头,白莲每公斤60元,一年下来,加加减减扣掉成本也能挣个几万元,在60岁之前有望把看病欠下的债务和贷款还清。

"我年纪大了,不能外出打工,只能靠自己的力量和汗水,早日把债还清。"镜头前,他换了一件干净的短袖,但脚下依然穿着拖鞋。

许正生身上这种不服输、踏实肯干的精神,不仅激励着身边的贫困户,也打动了碧桂园兴国扶贫项目部。2018年10月,许正生被碧桂园兴国

扶贫项目部聘为"老村长"，担任郑枫村脱贫致富的"代言人"与"领头人"，向贫困户宣传党建扶贫政策，协调扶贫单位的工作。

目前，碧桂园兴国扶贫项目部在郑枫村重点帮扶的深度贫困户有40户，大部分贫困户是因疾病、残疾、年老等原因致贫的。"现在有'两不愁、三保障'政策，温饱问题可以解决，但如果要建房子、搞养殖，成本太高，贫困户还是承担不起。"

因地制宜结对帮扶一年，郑枫村扶贫产业遍地开花结果。目前，村里已建设30亩绞股蓝中药材基地，规划建设的千亩油茶基地已建成300亩，百亩白莲、生态竹鼠养殖等项目正在加速推进。此外，村民们正在学习丹参栽培技术，有望创造更高的经济价值。

针对劳动能力低下的贫困户，碧桂园兴国扶贫项目部因人设岗，提供环卫工、生态护林员等较为轻松的工作岗位，保证所有贫困户均能就业。

许正生介绍，在扶贫团队的支持下，郑枫村的基础设施有了很大改善，80%以上道路修到家门口，主要桥梁也都已建成。"以前道路不通，卖一头猪都得靠人力抬上好几里路，非常不方便。现在好了，车子能直接开到家门口了。"

"碧桂园留下示范的路子，脱贫效果实在，脱贫结果真实，我们不要面子工程，而要给贫困户带来实实在在的收益。"郑枫村扶贫干部李南阳表示，乡村振兴的根本是发展产业，如果家里的收益比外出打工好，年轻人也会用聪明才智和旺盛精力把产业做得更好，"农村依然有活力，有生机"。

**乐居财经与许正生对话精选**

**乐居财经**：请您介绍一下村里的情况吧。

**许正生**：郑枫村深度贫困户有40户，大部分都是地地道道、实实在在的贫困。

贫困户所在村往往交通条件落后，自身身体素质差，很多贫困户都没有劳动能力，所以很难发展产业。虽然有"两不愁、三保障"政策，贫困

户的温饱问题可以解决，但如果要建房、搞养殖，还是承担不起。

现在，郑枫村有扶贫驻村干部，提供了很多发展产业的有利条件，给村里很多致富路子，关照贫困户，发展养殖产业，党建扶贫工作做得很周全。

**乐居财经**：您个人的家庭情况怎么样？

**许正生**：我家里现在有六口人，儿子、儿媳在县城务工，孙子、孙女在兴国县小学读书，老伴在家操持家务。

老伴患有肺结核，儿子有心肌梗死。现在有党的好政策，我老伴和儿子享受健康扶贫，住院、医药报销比例达90%，自己只需要付10%，减轻了很大压力。

**乐居财经**：当上"老村长"前，您主要是做什么工作的？

**许正生**：以"种"和"养"为主。我以前一直养牛，保持着八九头牛的规模，同时还种了一些稻子。去年，我家开始种植白莲，今年李书记引进了多种经营，我又开始种植丹参、牡丹。但天有不测风云，今年雨水太多，我种的牡丹全都倒了。

**乐居财经**：您一天的具体工作怎么安排？

**许正生**：早上五点多钟开始干活，中午大概休息一个小时，晚上干到七点多。

我家里经济压力大，儿子不能干活，孙子、孙女还要上学。前些年，家里欠下不少债，我要想办法还掉。作为贫困户，我家享受了金融扶持政策，帮我筹集资金发展产业，现在已经到了还款的时候。

我年纪大了，不能外出务工，只能靠在村里劳动还债。我是1962年出生的人，争取在60岁之前把债务全部还清，让自己一身轻松地安享晚年。

**乐居财经**：家里人支持您当"老村长"吗？

**许正生**：十分支持。我是不怕吃苦的，有活儿就能拼命干，喜欢靠汗水换来幸福的生活。从贫困户走上致富道，发展产业养殖种植，一定要靠自己拼搏。

**乐居财经**：这一年里，您有没有遇到什么困难？

**许正生**：前年我申请金融扶持，儿子看病把这笔钱用掉了，现在农业投资，要买化肥、种子，经济压力很大。今年金融扶持贷款到期，我是"老村长"，不能拖着不还贷款，即使向亲戚朋友借，也要把贷款还清。"老村长"要起到引领作用，让贫困户自力更生、早日致富，不要等、靠、要。

**乐居财经**：碧桂园结对帮扶之后，村里有哪些变化？

**许正生**：这个政策是在实实在在地帮扶贫困户，关照贫困户。教育方面，碧桂园提供学习用品，给孩子们改善学习环境，给贫困户孩子发放助学金，走访贫困户，送米、送油、送书、送钱。有了政策扶助，村里的孩子五六岁都进了幼儿园，以前七八岁都上不了学。产业方面，除了发展种植、养殖产业，碧桂园针对劳动能力低的病、老、弱、残贫困户，提供生态护林员、环卫工等岗位，维护森林，打扫环境。

时间：2019年6月11日下午14:00
地点：兴国县枫边乡茅坪村

# 康世芸：竹挑重担

文/秦如东　图/刘西常

76岁的康世芸有两处宅子，一南一西，相距三五百米。

每天，康世芸都会遥望那座老宅，那是他曾经的骄傲。新旧两座宅子之间，小溪、田埂、农作物，勾勒出一幅绝美的田园风光。

老宅建于1973年，远远望去，就像一座城堡。老房屋后，翠竹林立，一眼永不干枯的泉水绕屋而下。"这全靠大家你一砖、我一瓦建起来的。"康世芸在村里的人缘很好。

抱着一种探秘的心理，乐居财经特意把专访康世芸的场地，临时挪到了老宅。已经很久没人住的老宅，院子里长满了杂草，但这里清幽安静，登上二楼，摄影师仍能清晰地拍摄对话的场景。

康世芸精神矍铄，头发花白、浓密，但脸上并没有写满沧桑，而是充满乐观。从16岁开始，康世芸就参加工作，从信用社会计到编外教师等"公干"，他一干就是60年。

如今，作为年龄最大的碧桂园"老村长"，康世芸依然在扶贫第一线奔波，他认为这是自己的责任，就像27年前的那次决定一样。

1992年，茅坪村村民开垦山地耕作，但收益很低，一年辛苦耕作，所得仅仅够糊嘴巴,村集体账上余额几乎为零,连村干部的工资都经常赊欠。为了摆脱困境,茅坪村民们想尝试产业发展。

只是谁来领头呢?"康老师可以带领我们搞!"一位村民提议,大家齐声响应。

康世芸层在村里教书整整15年!"康老师"早已成为村民对他最亲切的称呼,这也是他最喜欢的身份。村民们本着对康世芸的充分信任而强烈推荐他来带领村民搞产业"脱贫"。

在15年的教书生涯中,康世芸看到过很多学生因家境贫困而无法继续上学。他懂得,大家只有填饱肚子,才能让更多孩子安心接受教育。思考再三,康世芸决定挑起茅坪村脱贫致富的重担。

一开始,村里计划以种植油茶为主导产业。康世芸则认为,油茶、果树产量容易受天气影响。一下雪,树枝容易折断,影响树的成长、挂果。康世芸提议种植毛竹。

他算过,一根毛竹长一年,最少可以生出三到四枝新毛竹,如果按照三年生两次计算,生产效益会比种植油茶等更高,且更适合本地气候。结合本地自然环境,在分析比对了各种经济作物的生产效益后,康世芸力排众议,果断否决了种植油茶的提议,选种毛竹。

尽管通过康世芸合理的计算,种毛竹得到了村民的认同,但在实际的

种植过程中，康世芸还是遇到了不小的挑战。

刚开始种植时，由于村子附近没有足够多的毛竹种苗，导致了村民抢种苗的发生，有人把别人家刚种下去的毛竹挖出来，重新种到自己负责的土地上。

为避免这种情况，康世芸跟村民们定好规矩：如果将村里已经种植好的毛竹"挖稀"，那么每被发现"挖稀"一根，就需要多种两根。与此同时，康世芸带领村民去外地，寻找毛竹种苗，从根源上解决了这个问题的再次发生。

如今，茅坪村毛竹的种植面积从300多亩发展到现在的一千多亩，毛竹的附加产品——竹笋，也能额外产生收益。康世芸说："既然决定要做，就要克服一切困难，全力做好！"

2018年，康世芸被推选为"老村长"，成为碧桂园精准扶贫乡村振兴工作队编外公益岗位人员，这让康世芸多了一份帮助村里发展、实现全面脱贫的力量。康老师最关注的是村里小学的建设。教育扶贫正是碧桂园"4+x"扶贫战略的核心之一。康世芸协助碧桂园开展入户调研和筛查，精准锁定贫困学生，并通过碧桂园设立爱心助学基金，帮助贫困学生顺利完成学业。

为了增强村民的就业能力，康世芸向村民介绍碧桂园"菜单式"就业

培训，引导村民、贫困户有针对性地参加碧桂园举办的各项技能培训，让农村贫困户转型成为现代产业工人。于康世芸而言，这是一份沉甸甸的信任，他从不敢懈怠。

康世芸是个恋旧的人，他家里的客厅里还挂着一幅铁质挂历配件，这是1968年的老物件，边框上油漆斑驳，上面写着"为人民服务"的题词。为人民服务，这不也是康世芸一生的写照吗？

**乐居财经与康世芸对话精选**

**乐居财经：**能否介绍一下您的人生经历？

**康世芸：**我是1944年出生的，上小学上得比较迟，9岁左右开始上，15岁就毕业了。我没有上初中，1959年16岁就开始在大队里工作。之后分别做过村里的团支部书记、乡镇信用社的会计、教师等。其间，我教了15年书，教语文并兼任班主任。从1992年到2005年，任职村主任。2013年以后由于年纪大了，就没再工作了。2018年，碧桂园来到村里扶贫，村主任就推荐我做碧桂园"老村长"。

**乐居财经：**在您60年的工作中，哪件事让您特别感动？

**康世芸：**我自己觉得还是做老师的时候，带过很多学生。不少学生现在也小有成就。他们时时刻刻都记得我，说我对他们的影响比较大。

让我印象比较深的是一个姓陈的孩子,他上学的时候家里穷,经常没饭吃。我就把自己的饭给他吃。下雪天他要烤火,我就让他到我的房间来烤。还有一个孩子没有衣服穿,我那个时候刚参加工作有一定收入,就买衣服给他穿。

**乐居财经**:当您从政府部门、学校回到村里工作,心理有落差吗?

**康世芸**:没有落差,到了村里当村主任,是我个人的兴趣。更重要的是,有些人有困难我都可以想办法帮他们解决。

**乐居财经**:您当上村主任之后,帮大家做了哪几件比较有意义的事情?

**康世芸**:就是种植方面,种植毛竹,村里的毛竹大部分都是我任村主任的时候种下的,那个时候组里大力种植毛竹。以前村里想搞油茶,我就总结经验,发现种毛竹的生产效益更高。通过算账,老百姓认为你考虑得好、见效快,所以老百姓就很拥护。那个时候全村有300多亩毛竹,现在毛竹已经有一千多亩。

**乐居财经**:您以前是老师,在教育扶贫上做了什么?

**康世芸**:去年的教育扶贫,碧桂园给孩子们和贫困户送了日常用品,包括衣服、被子、水杯,等等。现在村里的小学生生活也不算很好,拿到生活用品之后他们都很高兴。

**乐居财经**:碧桂园聘请您做"老村长",对您来说有什么挑战吗?

**康世芸**:我很感动,我今年76岁了,这么大的年纪,对于一个企业来说,愿意用一个老人,说明这个企业很看重我。我要对得住人家,这是责任。我身体还可以,组织上需要我,我就去干。我觉得这是一个很荣幸的工作。

# "将军县"响起脱贫冲锋号

## 兴国县扶贫日志 ②

文/秦如东　梁争誉

远山、竹林、农田、流水、白墙、黑瓦，错落有致，绘就一幅怡然画卷。这里本是世外桃源，却因宛如道道屏障的绵延大山，贫困赶不走，小康进不来。

这里是中国苏区模范县、将军县，是红军将士工作和战斗过的地方。这里是江西兴国。

囿于群山险阻、交通闭塞，兴国县被列入国家扶贫开发工作重点县名单，深度贫困村36个，贫困人口逾万户。

2018年5月，碧桂园启动全面推进精准扶贫乡村振兴计划，与兴国县达成结对帮扶协议。万里长征路，里里兴国魂，久负盛名的"将军县"再度吹响脱贫攻坚的号角。

草木青青，山道弯弯。6月12日，乐居财经访谈小组分别走进兴国县杰村乡白石村、隆坪乡龙下村、杰村乡和平村，听"老村长"讲述那些鲜活的扶贫故事。

时间：2019年6月12日上午9:00
地点：兴国县杰村乡白石村

# 曾三月："游子"归巢

文/梁争誉　图/史　策

每年7月，是白莲丰收的季节。

站在白莲种植基地前，曾三月感慨良多："收成好的话，每亩产量可以达到100公斤，而每公斤的售价在60元左右。"他中等身材，黝黑而壮实。

今年，白石村的白莲种植面积达到了百亩，预期收入将达60万元。对于白石村而言，这是一笔不菲的收入。这也是白石村摘下"贫困帽"的有力支撑。

白石村是兴国县36个深度贫困村之一，全村102户中有10户深度贫困户。作为碧桂园精准扶贫乡村振兴工作队的编外公益岗位人员，"老村长"曾三月挑起了带领全村人摘下"贫困帽"的重担。

曾三月是一个有故事的返乡青年。他17岁离家南下，38岁北归回巢。在外漂泊20年，依然乡音难改。不论树的影子有多长，根永远扎在土里。

东南西北中，发财到广东。1997年，曾三月随姐夫南下广东韶关。"当时外出打工，好像有一种什么感念一样。"

制衣、刷漆、水电、木工……各行各业都在招人，曾三月进家具厂当起了学徒。后来，伴随着经济的起飞，无数高楼拔地而起，人们的腰包鼓起来,渐渐从瓦房搬进了楼房,装修市场开始活跃起来。脑子活络的曾三月又学起了室内装修。

"搞了20年装修,你说有趣的事情,不知道怎么形容。"哪有什么岁月静好?在外闯荡的每一天,曾三月想的无非是做得再好一点、再快一点,争取多赚点钱。"那个时候,不管工资多少,只要有活干就行了。上有老下有小,你不能挑剔。"每天早出晚归,活急的时候也做过通宵。

他乡虽好,终非故乡。二十载宛如弹指之间,曾经的少年郎已年近不惑。如鲑鱼逆水归巢,曾三月回到白石村,迎来人生的又一次大转弯——2019年4月,他有幸成为碧桂园最年轻的"老村长"之一。

"老村长"必须擅长与村民沟通和协调各方关系,对扶贫工作起着不可或缺的作用。上任伊始,曾三月挨家挨户走访了解村里贫困户的家庭情况。据了解,贫困户多是因为疾病造成劳动能力不足而导致生活困难的。10户贫困户中,多位"家庭支柱"都患有慢性肺结核或其他病症,因而部分或全部丧失劳动能力。

掌握到这个情况后,碧桂园兴国扶贫项目部结合实际,从产业、教育等方面因地制宜,先后落地了灰鹅养殖、竹鼠养殖、白莲种植等项目,帮助村民们脱贫致富。

好山好水养一方好物。兴国县属于丘陵地区,河流众多,气候温和,

雨量充沛,养殖历史悠久,素有"灰鹅之乡"的美称。在灰鹅养殖方面,碧桂园除了每户补贴300元,还无偿供应鹅苗,不定期组织养殖技术培训。有了如此坚实的后盾,村民们没有了后顾之忧,养殖灰鹅的积极性大幅提高。

除了灰鹅养殖,白石村还建了一个竹鼠养殖基地。目前,基地已经建起了500平方米的厂房,养了100对竹鼠。曾三月介绍,"刚刚开始养的时候,工人的技术还不太熟练,不过碧桂园组织大家去南雄培训,学习了养殖方法,接下来还要自己慢慢摸索。"

曾三月"上任"扶贫老村长三个多月,给白石村的扶贫工作解决了不少问题,有力推动了白石村的脱贫工作。如今,白石村的脱贫只是一个时间问题。这个时间,就是2019年底。

"如果给扶贫工作打分,您会打多少分?"乐居财经问。

"感觉还行吧。让别人打分才适合,哪有自己给自己打呀?"这个朴实的汉子不好意思地笑了。

**乐居财经与曾三月对话精选**

**乐居财经:** 听说您家里也挺困难的?

**曾三月:** 我家里7口人,大儿子上七年级,小儿子上六年级。我父母的身体都不是很好。我父亲患有慢性肺结核、股骨头坏死,办了二级残疾证。我母亲眼睛天生有点残疾。我父母基本都没有劳动能力。

家里的经济压力主要还是看病。孩子上学的生活费一个星期就几十块钱,还可以负担。看病的话就很难讲了,有的时候可能几千元,甚至几万元,钱花得比较多。

现在,两个小孩都有住宿补贴,我父母除了医疗保险还有新农保。以前的报销额度是60%左右,因为家里条件太差,经过"精准扶贫"可以报销90%,很大程度上减轻了家庭的经济压力。

**乐居财经**:您之前曾在广东工作过,能否讲讲这段经历?

**曾三月**:1997年,我去到韶关,在家具厂当学徒。从2000年开始,慢慢接触了室内装修。大概做了有20年,你说有趣的事情,不知道怎么形容。我自己住的地方是固定的,今天这一户人家有需求,就去这一户,一个月把他的活干完了,再去另外一家。每天都很辛苦。一开始我骑单车去客户家,最远差不多20公里吧,早上去,晚上回,每天都是这样子。2005年开始出现电车,可以走大概四五十公里,有了电车的话就没有那么辛苦了。2015年开始骑摩托车,跑得最远的也就40多公里的样子,比以前轻松多了。

**乐居财经**:在外面二十多年,为什么又想回老家了?

**曾三月**：现在装修不好做了，而且国家也在鼓励乡村振兴，有很多支持农民工返乡创业的好政策，原来在外地打工的工友不少都回老家发展了，自己当起了小老板。所以我也考虑该回老家做点什么事了。

我现在以养鸭子为主，大大小小有900只，养大了卖肉鸭，主要销往县城。每天起床第一件事就是喂鸭子，鸭子小的时候一天最少要喂三次，早、中、晚各喂一次，还要看鸭子的水够不够喝。鸭子大了之后，慢慢地可以一早一晚喂两次。

现在有一些人感觉外面自由自在，但慢慢地回乡的人就多起来了，因为将来我们这个村子会有很好的发展前景。

**乐居财经**："老村长"的主要工作是什么？

**曾三月**：先要摸底了解贫困户的家庭情况。在思想方面，要积极宣传精准扶贫政策。"扶贫先扶志"，贫困户也要勤劳致富，全靠人家帮扶也不行。

在产业扶贫方面，要做的是派水稻种子、组织灰鹅和竹鼠养殖技术培训，等等。在教育扶贫方面，4月份村里开会的时候，已经要求我们统计上学孩子的人数，按照政策规定，会有教育补贴款，我的两个小孩子就都享受到了住宿补贴。

**乐居财经**：您在外面闯荡多年，觉得现在的兴国有什么变化？

**曾三月**：兴国县比以前好很多了。我们现在去车站乘车，车站的各个方面都很好，以前哪里有这样的东西？现在县里的交通已经四通八达了。村里的变化也很大。以前的道路很窄，还坑坑洼洼的，都是土路，现在修了水泥路。卫生各方面也很好，哪里有垃圾，环卫员就去搞干净，每家每户都有垃圾桶。村民们建的房子也越来越好。村里也通了无线网络。

时间：2019年6月12日上午9:30
地点：兴国县隆坪乡龙下村

## 黄丕福：脐橙里的酸甜人生

文/秦如东  图/刘西常

"前方危桥，通往隆坪方向的车辆请绕行。"一块牌子立于大路中间。

这是前往兴国龙下村的主路。由于连日暴雨，有一座桥成为"危桥"，只能绕道而行，原本40分钟的车程，走了近一个半小时。

此番专访的主角是龙下村"老村长"黄丕福。他很精瘦，打扮很有年代感，穿一件蓝色的厚衬衣，胸前的两个兜鼓鼓囊囊，一支钢笔头露了出来。很像二十世纪七八十年代的知识分子。

没有参加高考，成了黄丕福一辈子的遗憾。1978年恢复高考，眼瞅着同学们积极复习备考，黄丕福有些羡慕。但考虑到家中的经济条件，还有三个弟妹，身为长兄，黄丕福选择了放弃高考，承担起养家的重担。

这也让他暗下决心，今后一定要与贫穷战斗到底。

1992年，黄丕福第一次出任村主任，彼时，龙下村没有道路，没有产业，只有一个矿，但矿是国有的，无法给村里带来直接收益，只能解决一小部分人的就业问题。村干部们也一筹莫展。身为村主任的黄丕福一语惊醒梦中人，他说，打工不是长远之计，只有建立村里自己的产业，才能带动经济的发展，才能让群众脱贫致富。

经过一番考察后,黄丕福决定在村里发展脐橙产业。可刚一开始,就遇到了困难。村民都有很严重的"小农思想",只想种好自己的"一亩三分地",其他的事情都不管不顾。黄丕福费尽唇舌,还是做不通村民的思想工作。

这下可愁坏了黄丕福。为了"开导"这些村民,黄丕福决定将这些"钉子户"带到做得较为成功的村庄去参观学习。这一招果然收到奇效。眼见为实,受到"刺激"的村民,不再固守老本,纷纷同意种植脐橙。在黄丕福的带领下,龙下村的脐橙产业迅速发展,从原来的200、300亩,发展到现在的超千亩,种植户基本上每户每年能赚到2、3万块钱。

很多贫困村在发展农产业的时候,经常会遇到销售不畅的难题。但是,黄丕福任村主任的龙下村却是个例外。他不仅通过镇上的"果茶站"打开了脐橙的销路,近些年,还与时俱进地发展了电商店铺。

当下,互联网正在改变着人们的消费方式,黄丕福审时度势,在保留"果茶站"的基础上,大力开展脐橙电商,通过网络,将村里的脐橙销售到更远的地方。同时,在他的带动下,越来越多的种植户加入了网络销售脐橙的行列。据黄丕福介绍,如今通过网购销售的脐橙,占总销售量的三分之二。

黄丕福不仅脑子活络,还是个有远见的村干部。2007年,他退出村

委会，做起了年轻干部的传帮带工作。因为他认为，现在的年轻人没有经验，特别是农村发展产业要靠脑子去想，所以必须要培养好产业接班人。

黄丕福之如此执着于扶贫工作，是因为他亲身体会过贫穷的苦。据他回忆，20世纪90年代，"那个时候我刚刚跟父母兄弟分家，没有吃的，也没有房，住在山沟里，要买一包盐、买一瓶油，都要老婆挑柴火去卖了换钱才能买，那个时候确实不容易。"

2014年，黄丕福觉得村里的工作可以放心了，就彻底退了出来，回归到家庭"经济"的发展上。后来，他和碧桂园扶贫办结了缘。黄丕福发现，在碧桂园扶贫办进入后，扶贫工作的宣传力度较以往更大了，同样品质的脐橙通过碧桂园的宣传及"线上+线下"联动的凤凰优选平台，往往能卖上更好的价格。由于省去了中间环节，更多的利润进了村民的腰包，村民的收入也随之提高。

因此，在接到碧桂园"老村长"的聘任后，年届60岁的黄丕福毫不犹豫地再一次奔波在扶贫路上。如今，村里正在做一个320多亩的蔬菜基地，到今年秋季就可以正式运行。未来，他还计划通过碧桂园平台，依托村里现有的脐橙等产业，发展深加工，增加产品附加值，并依托碧桂园庞大的销售体系搭桥牵线，把村里的脐橙等特色农产品推荐给江西的农副产品加工企业，让龙下村的脐橙有更多的出路，为村民带来更多的收益。

**乐居财经与黄丕福对话精选**

**乐居财经**：请介绍一下您的工作经历。

**黄丕福**：1990年开始，我做了两年会计，1992年开始做村主任。2007年开始，我又做村支部委员，一直到2014年，这段时间做年轻干部的传帮带工作，培养接班人。现在的年轻人没有经验，特别是农村的发展，要发展产业，就要靠脑子去想。如果有老党员、老干部传帮带，年轻人工作起来更容易上手和开展。从2014年到现在，我就在村里的矿厂工作。

**乐居财经**：您在村里工作20多年，哪件事让您印象最深？

**黄丕福**：像计划生育、脐橙产业、土地流转等这些事情的开展，还有跟村民做思想工作，都是比较困难的事情。就拿脐橙来说，一开始开展脐橙种植，我遇到的困难还挺大的。以前很多老乡有小农思想，分田到户，只种自己的地、种自己的山。怎么去集中搞产业？当时我跟村民讲，其他村已经搞脐橙基地，你们不要坐井观天，去看看外面的世界，人家都先发展起来了，我们还是老脑筋、老思想，所以一直发展不起来。人不怕穷，就怕志短。

后来，我们带困难户到外面去参观学习，回来以后他们的视野都开阔了，眼界也宽了，也有信心了，不再固守老本。他们到外面看了以后，觉得我们也确实有必要搞脐橙。毕竟先行种植的村已经开始有量产，并且有了一定的经济收入，我们还是迟了一步。现在我们脐橙产业发展得挺好，主要是选择的地形很好，全部是带酸性的土壤，最适合脐橙种植，结的果实也好吃。

**乐居财经**：在销售渠道上，您有没有引导一些创新？

**黄丕福**：我们乡里面有果茶站，就是专门推销这个产品的。现在网络发达了，在网上订购的客户也很多，占总销售量的三分之二。在网上订购卖得更快，因为没有中间差价，他们还愿意自己到网上发货，很多商户直接到基地来，果子又新鲜又好卖。

我们的作用主要是提高农户的收入。因为网购经过几年发展之后，很

多果农也有了丰富的销售经验，基本上现在都不用找乡里面的果茶站去推销了。另外，碧桂园进入之后，宣传力度更大，价格卖得更好。灰鹅基地的老板也曾对我说过，碧桂园的宣传力度就是不一样，养多少卖多少，供不应求，也能卖得更好的价钱。

**乐居财经**：苦日子让您学到了什么？

**黄丕福**：1990年左右是我家最艰苦的时候。那时，分田到户以后，我就在生产队里做了几年生产队长。当时，我刚刚跟父母兄弟分家，没有吃的，也没有房，住在山沟里，后来才搬到现在的地方。最艰苦的生活给我的亲身体会是，要买一包盐、买一点油，都要老婆挑柴火去卖了换钱，那个时候确实不容易。

**乐居财经**：您个人有没有比较遗憾的事情？

**黄丕福**：主要是没能参加高考。1977年我高中毕业，次年全国恢复高考，高中毕业以后我就回家种田了。毕业后有好多同班同学又奋斗了两三年，回炉再复习，有的人考上了大学。我之所以没参加高考，是因为本身家里缺劳力，我又是老大，还有两个弟弟、一个妹妹，家里负担很重。

**乐居财经**：对于村子的扶贫产业发展，您有一些什么样的想法？

**黄丕福**：我们村原来一无所有，村干部每次开会都要找我协商村里的发展，我就讲单纯靠打工不是长远之计，只有产业才能够带动经济的发展，群众脱贫致富也会很快。现在我们村的产业发展起来了，再加上碧桂园的支持，我们相信发展会越来越好，农民也会越来越富裕。未来，这些产业也要想办法增加深加工的能力，提高产品的附加值，才能提高利润。现在村里正在做一个蔬菜基地，320多亩，可能要到今年秋季正式运行，至于能产出多少收益，暂时还没有评估过。

时间：2019年6月12日下午14:30
地点：兴国县杰村乡和平村

# 张练功：传"稻"能手

文/梁争誉　图/史　策

江南的雨，淅淅沥沥地下个不停。斗笠、雨衣和胶鞋，张练功穿戴着这"三件套"在田埂上行走。

他手里拿着几株杂草，是刚刚从稻田里拔下的。这是一位64岁的老农，这身打扮，远远望去有点像武侠小说里的侠客，功夫深不可测。

自1984年起，张练功就出任村文书，一直干到2018年才退任。期间，给村里修路、通电、修房子、发展产业，他在基层岗位上"燃烧"了30多年。

去年，张练功刚从和平村村主任的岗位上退下来，就被碧桂园聘为"老村长"，继续发挥余热，挑起带领全村人脱贫致富的担子。

自2018年5月20日碧桂园与兴国县签署结对帮扶协议以来，扶贫团队在兴国大力推进党建扶贫、产业扶贫、就业扶贫、教育扶贫等多项扶贫措施。水稻种植基地的落地，就是其中一项重要的产业扶贫措施。

2018年7月，碧桂园携手兴国县成立水稻种植基地并在杰村乡举行签约仪式，向农户免费发放优质水稻种子，提供水稻种植技术培训。

"年初到现在，碧桂园一共发放了400多斤水稻种子，一斤得50块钱，

400多斤就是两万多块。以前每年都是自己买种子,每亩地每季差不多要300元,这样做减轻了很多负担,大家都很高兴。"和平村"老村长"张练功也很高兴。

在这400多斤种子中,还包括补发的稻种。最近和平村连日暴雨,田里一些秧苗还没来得及扎根,就被大水冲走了,补种耽搁不得,碧桂园兴国县精准扶贫乡村振兴项目部又及时派人到村里补发了一些。

和平村自然环境良好,海拔低,日照充足,土壤湿润,有利于农作物生长,可以种植双季稻,因此,水稻种植是和平村的"支柱产业",户均种植水稻3亩以上。张练功种了4亩水稻,从耕地、播种、插秧、除草、除害到收割,桩桩件件都亲力亲为,经验丰富。

以前,村民们种植的都是普通稻种,亩产量仅约600斤。去年,碧桂园水稻种植基地落户兴国后,无偿给农户发放优质的杂交水稻种子。"我们去农户家里了解到,起初他们都担心产量不高,所以种植的积极性也不高。后来,我们把种子换成了优质水稻种子——百香优125,200斤种子一天就发完了。"

百香优125是中国十大优质稻米品种之一,生育期短,分蘖早生快发,有效穗数高,抗稻瘟、白叶枯病指数高,是基地重点推广的稻种。张练功介绍,种植百香优125,亩产量能提高到1100至1200斤,比普通稻种收成

几乎翻番。

碧桂园水稻种植基地除了面向农户免费发放水稻种子,还定向回购,从产、销两端增加村民收入。此外,基地还优先雇用贫困户务工,增加贫困户就业渠道。

张练功的传"稻"之路并非一帆风顺。"以前村里还没通路,运肥料和交公粮都是用肩挑,十多里路,一大早就要起床。"通村水泥路修好后,真可谓"天堑变通途"。

和平村地处杰村乡西部丘陵山区,群山环绕,下辖的10个村民小组散落分布在弯弯曲曲的狭长山谷中,去往乡镇、县城要经过一条大河。山河阻隔,交通落后,村民的生产、生活十分不便。

"和平村的通村水泥路,此前也打过好几次立项报告,但这条水泥路依旧未能修通。下雨天,黄泥冲得到处都是,伸脚下去,根本没法儿拔腿。"

修路要涉及占用耕地等问题,群众思想工作难做。乡村教师出身的张练功重操旧业,通过不厌其烦的思想调解,啃下了这块硬骨头。"一次不行就两次,白天不行就晚上去。我们没有什么硬的办法,就是磨嘴皮子讲道理。"

在多方的努力下,和平村的最后一条通组水泥路终于在2017年底修通了。"要致富先修路。路修好了,大家要干什么都方便多了,修房子、运肥料都方便。慢慢地,大家生活条件改变了,买了汽车也可以开到家里来。"

目前,和平村因地制宜发展水稻、脐橙、肉牛、稻虾等扶贫产业基地6个,村集体经济收入从2017年的4.1万元攀升至2018年底的23.6万元。

此外,贫困户可通过林地流转、资金入股、务工就业等形式与产业基地捆绑发展,每个基地辐射带动15户至20户的贫困户增收,共解决全村150余人务工就业。基于此,张练功也定了一个小目标——争取2019年整村脱贫。

提到家乡,张练功想起了读小学时,老师让写作文《我爱我的家乡》,当时他不知道怎么写。如今,一辈子守护在12平方公里和平村的张练功,已经用实际行动写完了这篇文章。

**乐居财经与张练功对话精选**

**乐居财经**:请您介绍一下和平村的情况。

**张练功**:和平村是兴国县的深度贫困村,全村2380人中,467人为贫困户,贫困发生率达19.6%。2018年和平村已脱贫59户290人,到去年底贫困发生率降为7.4%。今年的脱贫目标是46户,还有3户是无儿无女的五

保户，预计年底能实现整村脱贫。

**乐居财经**：是什么原因导致了贫困？

**张练功**：108户贫困户当中，因病致贫的占39.8%，一部分是缺少资金去发展产业。好在如今有了新农合，医疗有保障，看病可以报销90%，贫困户看病没有什么经济压力，政府对他们有医疗保障。

**乐居财经**：您在村里当了三十多年的村主任，为什么退休后还愿意当"老村长"？

**张练功**：退休后会不会不习惯？老实讲，有一点吧，毕竟我在村里跑了30多年。当上"老村长"，我还可以帮助村民做一些事，发挥余热。

**乐居财经**："老村长"的主要工作内容是什么？

**张练功**：主要是做思想扶贫、教育扶贫、产业扶贫、就业扶贫。协助村里做思想扶贫。有些贫困户有懒惰思想，要开导他们，扶贫要先扶志，没有志气怎么脱贫？

教育扶贫方面，2015年我们争取资金，把原先的教室全部改建了，添置了新的课桌、办公桌，改善了校舍。以前学校最多的时候有200多个学生，现在很多孩子都跟着父母外出读书，只剩下40多个学生了，有4位教师授课。村里年年都培养出好几个大学生，现在一共有四五十个大学生了。碧桂园结对帮扶后，计划今年对建档立卡户的贫困学生进行资助，我已按照项目部的要求做了细致的调研和统计工作。

产业扶贫方面，我们重点发展水稻种植，每户人家种水稻3亩以上。碧桂园免费发种子，起初大家怕产量不高，后来把种子换成百香优125，200斤水稻种子当天就发放下去了，每户都需要这个种子，今年一共发了400多斤。原来的水稻种子亩产量只有600斤，新的种子产量能达到1100到1200斤。就业扶贫方面，优先组织贫困户去产业基地务工，比如除草、施肥，大家都很愿意去做。

**乐居财经**：和以前相比，和平村现在有比较明显的变化吗？

**张练功**：以前我们村比较贫困，没路没电，现在路也通了，电也有了。2017年底，村里的最后一条通组水泥路修通了。路修好了，大家要干什么都方便多了，修房子、运肥料都方便了。慢慢地，大家生活条件改变了，买了汽车也可以开到家里来。

**乐居财经**：接下来的工作计划是什么样的？

**张练功**：现在，我们的工作主要转向人居环境整治，省、市的领导到村里调研，希望我们和平村共同努力，成为全省的人居环境示范村。今年脱贫目标有46户，一定要争取实现整村脱贫。

# 舒城篇

　　舒城县位于安徽省中部,大别山东北麓、江淮之间,现今全县辖15个镇、6个乡,1个经济开发区、1个度假区,394个行政村,31个社区。舒城适宜松、杉、毛竹、茶叶、油桐、油茶等用材林和经济林的种植,主要特产为舒城小兰花茶叶。

# 穿越峡谷的生命力

## 舒城县扶贫日志

文/郭 军 陈 颂

恰逢梅雨时节,群山环绕的黄柏村水雾弥漫,给本来就寂静的山村增添了一份神秘感。从舒城县城赶往黄柏村,需要长驱40多公里山路,十分崎岖,像极了曲折的扶贫之路。

黄柏村伫立在山谷之间,一条峡谷和片片山林哺育着444户1700余口村民。这里的山林面积占总国土面积近90%,旱地不足百亩,因此,世代生活在这峡谷边的村民,依然没有完全摆脱贫困。

2018年5月20日,碧桂园集团组织召开精准扶贫乡村振兴行动启动会,与全国13县达成结对帮扶协议,其中就包括安徽省舒城县。扶贫政策红利袭来之时,舒城县抓住可以改善自身物质和精神面貌的各种办法,树立"一户一策"的扶贫典型。

一年后,黄柏村到底发生了怎样的变化?2019年6月20日,乐居财经访谈小组走进安徽省舒城县黄柏村和金东村,听听"老村长"们如何走出一条"靠山吃山"的自我创新扶贫之路。

时间：2019年6月20日上午9:00
地点：舒城县庐镇乡黄柏村

# 杜红旗：一把钥匙开一把锁

文/郭　军　图/刘西常

上任村书记不到一年，杜红旗已成为黄柏村里创新脱贫的典型代表，如他名字里的"红旗"。

他喜欢种茶养鹿，擅长在山路开车，乐于推广土特产。温文尔雅的他，穿着一件格子衬衫，戴着一副500多度的眼镜。在村里，眼镜代表着"有学问"。

杜红旗一边给一头梅花鹿喂奶，一边兴奋地介绍人工驯养梅花鹿带来的成效。"鹿吃的是青山绿水，产的是真金白银，是实实在在的'绿水青山就是金山银山'。"今年的鹿茸和鹿血已经被订购完了。梅花鹿浑身都是宝，一年可以割两次鹿茸，最高可以卖到每克4.4元。

杜红旗今年50岁，是舒城县黄柏村碧桂园精准扶贫点的一名"老村长"，既是任劳任怨的村支部书记，又是为脱贫工作奋斗了半生的"产业耕牛"。

"杜书记喜欢玩微信，发广告，你们要多帮他宣传宣传。"进村前，一位在村委会办事大厅的乡亲打趣道。

在杜红旗的朋友圈里，最新的一条就是他为返乡青年杜奎驯养梅花鹿发展特色养殖业发的一段评语，还配上了精心挑选的9张图。

他说，就靠着朋友圈和微信群，一年能为黄柏村的土特产增加50多万元的创收。2018年冬，杜红旗在微信群里联系上了一家蔬菜批发商，一次性就从黄柏村的合作社订购了500斤价值1万多元的手工山芋粉丝，单这一种土特产一年的社交渠道成交量就有16万元。

梅花鹿是国家一级保护动物，为获得特色养殖许可证，杜红旗跑了不下10趟。"为了带动青年返乡创业，省林业局很支持我们的这个决定。只有一个想法，一定要为精准扶贫、带动山区发展特色养殖业闯出一条路。"

回溯2014年以前，黄柏村还是个大山深处的贫困村，距县城有40多公里的崎岖山路，全村超过52%的家庭都是贫困户。面对这样的现状，杜红旗寝食难安。村里90%都是山林，耕地严重不足，寻找一条适合黄柏村多元化产业发展的脱贫之路迫在眉睫。

2015年10月，在县政府、扶贫办、林业局的指导下，经省林业局批准，杜红旗指导黄柏村青年杜奎投入了30多万元创立华盛鹿业，开启了整个黄柏村最具特色、投入最大、产值最高、以点到面爆破式扶贫最好的梅花鹿特色养殖业。

在黄柏村就业扶贫车间里，杜红旗指着俊美活泼的梅花鹿说，"这是全省领先、六安首家梅花鹿养殖基地。"

目前，黄柏村梅花鹿数量从14头已经繁殖至60多头，鹿茸、鹿尾、鹿血酒等鹿制品年收入达10万元以上，同时还解决了黄柏村十多位贫困户的就业问题，在精准扶贫格局上成为典型案例。

杜红旗认为，脱贫因人而异，充分调动贫困户的创业积极性、帮扶和支持有想法的脱贫思路正是扶贫政策的初衷。"扶贫不扶懒嘛。"

不过，驯养梅花鹿只是黄柏村产业脱贫的其中一个"抓手"，在杜红旗的带领下，钟灵毓秀的黄柏村还有更多脱贫的制胜法宝。

"我们最初还把基础产业瞄准了最适合山林地区的种植业，因为全村家家户户都有山头，家家户户也应该必有茶树，直到今天我依然是这个思路。"这就是被杜红旗封为"镇村之宝"的"两茶产业"——山茶油和茶叶。

杜红旗介绍，黄柏村的舒城小兰花茶叶和茶油种植面积突破8900亩，年销售总产值已经突破170万元，农户平均年增收0.2万至4万元。

为了提高茶油果和茶叶的产量，2019年4月，杜红旗联合碧桂园扶贫办邀请了省高校技术专家来黄柏村调研山林的土壤结构，除了可以让村里的两茶加工厂全部机械化高效运作外，还从源头上把两茶产业再推向更高的脱贫地位。

梅雨时节的黄柏村风景绮丽，接受访谈时，杜红旗一度咳嗽得厉害，连续喝了几口蜂蜜水才平缓过来，他说，这个蜂蜜也是咱们村自产的。

黄柏村27个村民组、241户贫困户已经涵盖山茶油、茶叶、山芋粉丝、传统养殖+特色养殖、光伏发电、养蜂、竹笋加工、经济苗木、产业加工、旅游开发等10多个脱贫项目，杜红旗已经把全村一户一策的脱贫产业做到了极致。

有资料显示，黄柏村全村已经发展油茶8000亩、茶叶900亩、竹笋园300亩、山芋200亩，有100多户加入土鸡养殖、黑猪养殖、梅花鹿养殖产业链，现在有茶叶加工厂3个，山芋粉丝加工作坊6个，正在建设山茶油加工厂1个，产品已经销往京、广、沪、江、浙等地。

早在2013年，杜红旗联合王金城、杜万福、杜万全等14户村民共同成立了三龙井土特产专业合作社,把村里所有贫困户的土特产统一销售。如今,碧桂园精准扶贫点进驻黄柏村后,又开拓了线上线下渠道,年收入增长10%左右,社员由当初14户发展到全村126户。2015年,三龙井土特产专业合作社被舒城县供销社评为全县"先进农民专业合作社",为黄柏村脱贫致富铺设了一条康庄大道。

**乐居财经与杜红旗对话精选**

**乐居财经**:你在黄柏村的工作经历是什么?

**杜红旗**:1996年,我开始在村里工作,担任文书一职,主要工作就是协助村领导干部整理档案、管理财务支出等,2005年通过评选担任了黄柏村村委会主任,村里大小事务十分繁重,2018年当选为村支部书记,扶贫工作正处在攻坚阶段。

**乐居财经**:你认为黄柏村这几年最大的变化是什么?

**杜红旗**:最大的变化就是黄柏村的"三不通"消失了,不通路、不通电、不通信的状况得到了根本性的解决,黄柏村1992年开始修路,一直修到1998年,27个村民组逐渐通路,2000年后全村架电,通信设备这几年才逐渐改善,这是我工作以来黄柏村最大的变化。

**乐居财经**:黄柏村现在有哪些产业?

**杜红旗：** 最早是板栗生产加工，这几年逐渐摸索出了生态养殖业、种植业、原材料加工业、服务业、旅游业等多个产业，涉及茶油、茶树、山芋粉丝、苗木、蜂蜜、黑猪、土鸡、山羊等多种农产品，村里一直在探索多元化产业发展的道路。

**乐居财经：** 您坚持在为黄柏村做服务工作，动力是什么？

**杜红旗：** 我和黄柏村有着极深的感情基础，工作这么多年和乡亲们打交道太多，互相之间太了解，在做任何工作时，我都尽最大的努力去争取做到最好，党建工作的完善、美丽乡村的建成、乡亲们都能脱贫致富奔小康，这些都是我想要看见的未来，每一个五年计划和愿景都是我继续做服务工作的动力。

**乐居财经：** 您做精准扶贫工作有哪些原则和办法？

**杜红旗：** "一把钥匙开一把锁"就是我唯一的原则，扶贫工作的办法绝对是因人而异、因户而异，全村1700多人，每个贫困户的情况不尽相同，把家庭情况和个人情况同他能干什么、想干什么结合起来，给每家、每户、每人找到脱贫的办法。虽然这需要花大量的时间去走访、协商、沟通，但效果很好，返贫的概率很小，长期可持续的脱贫才是精准扶贫的长远目标，我们的办法是让乡亲们自己想脱贫、想致富，全面调动他们的积极性。

时间：2019年6月20日下午 14:00
地点：舒城县庐镇乡黄柏村

## 王金城：宣传"步"长

文/郭 军　图/刘西常

从山里修出一条好路，王金城下了很大的决心。

最初，是为了方便孩子们上学。20年前，当那条唯一通往学校的泥巴路也被山石封住时，孩子们要走小路连续翻山越岭，最长需要80多分钟才能到达学校。

"如果不把路修得四通八达，孩子们的求学之路就不能解决，黄柏村的一切想法就是空中楼阁，扶贫更无从谈起。"彼时的王金城，是黄柏村退休的村支部书记。

他中等身材，穿一件淡蓝色的衬衣，脸色红润。岁月对他很眷顾，几无白发。实际上，他是一位64岁的"老村长"。

黄柏村是深度贫困村，全村444户村民，2014年有建档立卡户258户，精准扶贫政策实施后认定为241户，但仍有超过52%的人口在贫困线边缘挣扎。

黄柏村最大的困难就是修路。除了山区地势因素外，村民大多数住房都建在半山腰和河道旁，把路修到每家每户的路线规划十分复杂，成本也很高。另外，由于山区土质疏松和地质不稳定，路基的铺建更是难上加难。

修路前，黄柏村90%都是泥巴路。1997年，黄柏村只有一条庐姚公路贯穿村庄，因为地势原因，多发泥石流和滑坡威胁，频繁遭受地质灾害。村里的学校三次搬迁，都是因为山体滑坡，交通不便成了村里的顽疾。

交通不便带来的直接困难就是山里的人出不去、进不来，土特产也无法销售出去，不能增加收入来解决产业脱贫的困境。于是，王金城提出一个思路——开路脱贫。

1998年，经过河棚派出所批准，一批批用于开山的炸药运进黄柏村，令周边村邻不敢相信的是，黄柏村要在这90%都是山林的土地上，炸出一条脱贫的路来。

因为村里经费紧张，请不起工人，王金城就带领村干部自己动手炸山开路，最初的几个月，时常会听到来自黄柏村的炮声。过百斤重的大石头纯靠手工搬移，铺路用的水泥和黄沙也是靠王金城带领村民们一袋一袋地搬到山上去的。

"村里一个住在半山腰上的老乡笑话我们，这条路如果能再修3公里到我家，我就佩服你们。"因为一些村民家在山顶，把水泥路修到家门口所耗费的财力物力都是难以想象的，他们认为干部们不会这么有魄力。然而，不到3个月的时间，宽敞的水泥路直通山顶。"路修好后，老乡没话

说了，现在私家车都能开到家门口，他们都明白了'要想富，先修路'的道理。"

"我们为一个贫困户单独修过一条山路，花了6万元修路资金，如今，因为有了这条路，这个贫困户的养殖业和种植业都搞得有声有色，年收入从2000元翻到2万元，我们都感觉这6万元花得很有价值。"

不仅是修的路线规划、人手和资金问题，还有修路占用村民土地的补偿问题，也一度让王金城头疼。2017年，因为2亩征地的补偿问题，有位村民一直不同意签字。为了解决问题，王金城几乎每天都带着一大堆政策文件，到这位村民家里做工作，两个星期跑了20多趟。为此，乡亲们送了他一个宣传"步"长的雅号。

功夫不负有心人。截至2018年7月，全村27个村民组全部实现"乡道入村，村道入户"，237户村民全部受益。自此，黄柏村打开了养殖业、种植业、服务业的另一条创业之路。

17岁参加村里工作，从团干到文书，从主任到书记再到退休，王金城把一生奉献给了黄柏村。不过，在他看来，自己这辈子最大的成功，就是把黄柏村的路修到"户户通"。

退休后的王金城还是闲不住。他依然在为村里的扶贫工作操心劳神。他说："我最担心我们村的两茶产业，因为村里每家每户都在种植茶树、销售茶油，这项收入占总收入比例不小，如果哪一天不能再靠山吃山，我们就有返贫的危险。"

在他看来，除了扶贫政策能够稳定和持续，黄柏村乡亲们养成了劳动创造财富的好习惯才是最重要。

2018年底，王金城接受了碧桂园的聘任，出任扶贫"老村长"，重新回到了扶贫第一线。这次，他又有了新的精准扶贫思路："一户一策、一人一策"。

"碧桂园给村里贫困家庭的子女都给予了减免学费、享受高等教育的机会、就业方向、产业培训等帮扶，我们村180多个学生，现金就投入了10多万。"他说。

王金城担心的"两茶"产业也有了新希望。2019年上半年，王金城邀请安徽农业大学的专家们深入黄柏村进行山体土壤"富硒化"研究，希望在技术上提高两茶的产量。

从2018年下半年开始，黄柏村的茶叶、茶油、山芋粉的线上销售增长了近13%，而王金城断定，在可预见的两年内，包括养殖业在内的总电商额外增收每年可以达到15万元。

王金城也在琢磨黄柏村的新增长点——旅游业。"我们在不断招商引资，打破'想干不敢干'的陈旧思路。"王金城认为，在铺平了四通八达的山路后，脱贫的可持续之路就是发展黄柏村的旅游业，三龙井大峡谷、万丈崖等都是可以发掘和打造的景点。

**乐居财经与王金城对话精选**

**乐居财经**：您在黄柏村的工作经历是怎样的？

**王金城**：1975年我18岁，开始参加村里的工作，在团干的岗位上我工作了8年；1983年黄柏村成立村民委员会，我担任文书一职，同时做了7年的会计工作；1990年我当选为村主任；2002年接任退休老书记，一直在做扶贫攻坚工作，直至2018年7月退休。

**乐居财经**：40多年的工作中，最令您感动的一件事是什么？

**王金城**：任村主任期间，为了救助大病贫困户，黄柏村成立了一项大病救急基金，需要每家每户捐钱，我捐了500元，书记捐了1000元，没想到的是，村里家喻户晓的贫困户窦万权也捐了50元，他家总共五口人，三口人是老弱病残，是村里重点精准扶贫的对象。这件事让乡亲们极为动容，村干部也感动得落泪。后来窦万权说，是党和国家的扶贫政策切实让他走出了贫困，作为一名老党员才有这个举动。这个事情令我至今难忘。

**乐居财经**：哪一件精准扶贫工作让您印象最深刻？

**王金城**：是建档立卡期间和黄柏村独创的"一户一策、一人一策"。2014年扶贫工作正式开始，村民自主写申请，我们对扶贫的评级和政策都是一知半解的，首次建档后，444户里有256户都是贫困户，后期严格筛选后仍有52%因病、因残、因灾而入档。2016至2018年，扶贫对象人员确定后，我们开始正式扶贫。产业匹配、家庭情况、人口就业……根据精准扶贫补贴政策，我们因户制宜，把养殖业、种植业、外出务工等一家一户进行对比，定时定量走访，工作量极大，我们曾为一个贫困户一家五口分别安排了不同的扶贫方式，实属不易。

**乐居财经**：您最看好村里的哪个产业？

**王金城**：我最看好旅游业，我们引入了很多公司进村考察，有的公司对三龙井、万丈崖很感兴趣，旅游业一旦兴起，其他产业随之就会好起来。

**乐居财经**：退休后您还想做些什么？

**王金城**：公路已开通，这么多产业都在不断兴起，年轻人也越来越多地回来创业，趁我还能走得动，要和乡亲们一起努力，让黄柏村致富奔小康。

时间：2019年6月20日上午9:30
地点：舒城县百神庙镇金东村

# 潘忠余：知恩图报

文/陈　颂　图/沈佳晨

六月，进入梅雨季的舒城县金东村像泡在了水缸里，天气时晴时雨，正值小龙虾上市的好时节。

潘忠余沿着田埂走到他承包的虾田，鞋底粘满湿泥和碎草，只见他举着网，熟练地抛出一个弧度，兴致勃勃地打捞起一网小龙虾。

38岁的潘忠余，是金东村的扶贫"老村长"，他身上有一股现代人少有的侠气，如他的名字里带的"忠"字，性格爽朗，有忠肝义胆，也有知恩图报。

他脸圆圆的，留着平头，喜欢穿牛仔裤。与他作访谈，不用寒暄，很快就能进入正题。

金东村隶属百神庙镇，镇名因明清年代伏、坐、卧三虎会聚的传说得来，相传僧人塑神像百尊，因而小镇有百神护佑。即便如此，倒推回十年前，金东村仍是个道路不通、萧条破败的贫困村，与此时水泥路穿村而过、门前农田错落有致的情景有着天壤之别。

2008年，在外闯荡了十年的潘忠余目睹家乡的贫穷和落后，毅然辞职回乡，做的第一件事就是开挖虾田，承包了20亩地，每年放养1100斤虾苗，试图用自己的力量改变一点家乡的面貌。那一年，他27岁。

至于为什么会在村里最穷的时候放弃一切回乡，潘忠余提起了两个人。一个是他在职高学厨师时的第一任师傅。当时他没有落脚点，是那位老师给他租了房子，买了被子，买了电风扇，对此，潘忠余铭记在心。另一个是偶遇的一位陌生人，为没钱、没资源的他介绍了工作。

接受过他人帮助的潘忠余，从此便在心里种下了回报的愿望。"在最困顿时接受过别人的帮助之后，我也想帮助更多的人。"

"什么是扶贫？就是创造就业机会。'授人以鱼，不如授人以渔'。"就业，是潘忠余认为帮助他人最有效的方式，也是他说得最多的一个词。他感谢教他厨艺的师傅，感谢给予他第一份工作的陌生人。因为只要有了工作，一切问题都能解决，这是潘忠余最坚定的信念。

投放的是虾苗，收获的是产业。到2013年，潘忠余的养殖业已初见规模，也给越来越多的剩余劳动力提供了就业机会。要是遇到没钱的贫困户，潘忠余二话不说，会爽快地帮他垫付启动资金，自掏腰包买虾苗、买饲料。

同年，在村民的举荐下，潘忠余成了一名村干部。当时的金东村还属于贫困村，工资低、待遇差，但又亟须年富力强又眼界开阔的脱贫带头人。潘忠余没有推辞，得到村民和村部的信任，更激发了他为村里大干一

场的雄心。那一年，他32岁。

当时的金东村没有水泥路，泥路坑洼，村塘口长满了野草，荷塘里全是淤泥。"要致富，先修路。这是事实，也是困境。"钱，是摆在面前的第一道难题。穷乡僻壤哪里来的钱？2014年开始，潘忠余带人跑遍合肥、杭州、上海，四处求助有识之士捐资修路。

最终，通过走村串户，获得社会捐资30万元，加上财政拨款20万元，筹集到50万元启动修路。修路共花费90多万元，最后欠下40多万元债务。

2015、2016年两年时间，在潘忠余带领下，全村齐心协力，还清了修路款项。到2018年底，金东村已经基本完成了基础设施建设，每一户的大门口都是水泥路。

如果说修路是第一步，那么，农电整改就是迫在眉睫的事。潘忠余说："2015年以前，夏天村民用风扇随时会停电，居民的正常用电都保证不了。以前村里只有三个变压器，电不够用，现在好了，有五个变压器，不说开风扇，开空调也完全没问题。"

在2015年之前，村里没有自来水，全靠地下水。"地下水含碱量高，喝多了容易结石。"经过努力，如今的金东村早已是户户通水，和城里人一样喝上了自来水。

潘忠余带人跑资金、拉项目，修路、改电、通水，全年无休，忙得连轴转，仅用三年时间，就完全改变了村里的落后面貌。

"路、水、电都解决了，贫困户怎么脱贫？我们还能为村民做什么？"潘忠余没有停下脚步，除了开挖虾田，还种植苗木，开办养猪场。

2018年，碧桂园精准扶贫点落户金东村，这给潘忠余带来了更大的信心。潘忠余说，"给贫困户补贴钱，他们很快就会花光，给村里办产业，就是给贫困户更多的就业机会，贫穷就能消灭。"

碧桂园承包村里的土地，潘忠余挨家挨户去协调，说服那些一开始并不支持也不理解的村户。如今，碧桂园集中土地资源种植苗木，种植小黄姜，还开办了农家乐，为村里的剩余劳动力提供工作机会。家门口就能就业，村民们都十分愿意来干活。

据了解，目前全村440户，人口1605人，过去贫困户有71户，如今已脱贫90%，仅剩6户未脱贫。

曾在江浙一带打拼过的潘忠余，不仅目睹了家乡的贫穷、思维活泛的他，还看到了金东村与先进省份新农村建设的差异。他说，金东村对资源整合方面还不够，村户发展偏零散，未来，需要更多引导村民发展经济的意识，集中资源提高经济效率。

如同著名社会学家费孝通在《江村经济》中提到的，"中国的基本问题是农民的饥饿问题"，"志在富民"是一生的大梦，而在中国实现基本小康之时可算是"及身见梦"。

在潘忠余心里，下一步也有更恢宏的蓝图。"脱贫只是第一步，致富才是努力的终极方向。"

**乐居财经与潘忠余对话精选**

**乐居财经**：回村养殖小龙虾以前，您是做什么工作的？

**潘忠余**：初中毕业以后，我念的是职业高中，学的是厨师专业，在外面做了十年厨师。

**乐居财经**：您后悔当时回乡的选择吗？

**潘忠余**：不后悔，虽然说村干部待遇不高，但做的是有意义的事。做

村干部太忙，特别是前几年我们搞基础设施建设的时候，常常整夜不眠不休，现在看到修了路，通了水，整改了电，改变了家乡，我很有成就感。

**乐居财经**：扶贫工作最大的困惑是什么？

**潘忠余**：扶贫工作刚开始时，不是所有人都能理解，但是没办法，只能慢慢跟村民解释、做工作。比如宅基地纠纷或者是稻田灌溉，还有修路。特别是修路这一块，我们要做大量工作。平时要跟大伙沟通，一次、两次、三次，就这样不断地上门，不断地讲政策。基层工作不是说一天两天或者是再长时间就能做得好，这个工作真的很难，比我学厨师都难。

**乐居财经**：您认为扶贫最重要的是什么？

**潘忠余**：是就业，要有好的工作岗位，提供给贫困户，通过贫困户自己的努力，就业就能脱贫。仅靠政府的补贴，只能提供一时的方便，暂时缓解家庭经济困难，但解决不了根本问题。

**乐居财经**：碧桂园精准扶贫给村里带来了什么？

**潘忠余**：碧桂园带来的最大好处就是为贫困户解决了就业。你看下雨天都有人在苗木基地干活，高峰期有五六十人在里面，村里的闲余劳动力都能安排到这里上班。扶贫的根本就是就业。贫困户不拿工资，靠政府补贴的三五千元没有用，对一个家庭来说一两个月就用完了。只有通过就业，家里闲余劳动力有地方去工作了，才能解决家庭收入问题。岁数大的老人没有收入，到外面工作更不现实，碧桂园整合资源扶持产业，保证村民有工作、有工资，这个好处是最大的。

另外，碧桂园还经常组织培训，比如养小龙虾、种植苗木、种小黄姜，教村民怎么种、怎么培育，还会帮忙销售，碧桂园带来了很多现代企业管理的先进理念。

时间：2019年6月20日下午14:00
地点：舒城县百神庙镇金东村

## 蒋明艳：田螺姑娘

文/陈　颂　图/沈佳晨

　　6月20日，午后的金东村下起了瓢泼大雨，蹚过深深的积水，好不容易在村头的一个贫困户家里找到了蒋明艳。

　　她梳着利落的短发，一张明媚的脸庞年轻清秀，初次相见，很难将她和扶贫"老村长"联系在一起。

　　这是贫困户罗成阳的家，妻子有智力障碍，70多岁的老母亲瘫痪在床，膝下有两个正在上学的孩子。罗成阳是家里唯一的劳动力，蒋明艳正在和罗成阳拉家常，从日常饮食到孩子的学习成绩，事无巨细。

　　这样的走访，蒋明艳几乎每周都要来一到两次，风雨无阻。整个金东村过去有71个贫困户，每一户的经济情况甚至每一位家庭成员的健康状况，蒋明艳都了如指掌。

　　两年前，蒋明艳还在安徽省会合肥工作，身边的朋友陆续在大城市买房安家，而她，却看到了乡村振兴政策带来的希望，慎重考虑后，她放弃了城里的一切，返乡担任扶贫专干。

　　讲解扶贫政策，撰写申请材料，安排就业岗位，发放补助金，蒋明艳每天的工作很琐碎，却很重要。

"深入一线调查实情，精准链接贫困户"，这是扶贫"老村长"最重要的任务。在全国9省14县，碧桂园在每个县都设有专职的扶贫人员深入一线，入户走访，点对点提供帮扶。蒋明艳就是其中的一员。

在了解到罗成阳一家的情况后，蒋明艳为两个孩子提交了助学金申请，按政策每年发放6000元的助学金，同时还为罗成阳安排了一份护林员的工作，每个月都能为家里增加一笔工资收入。

蒋明艳生于1989年，今年刚至而立之年。虽然年龄不长，但对于"什么是扶贫"，她却有独到而深刻的理解。在蒋明艳眼里，扶贫首先就是"懂得"——懂得贫困户的苦，懂得他们背后的忧，懂得村民的不解，更懂得他们最真实的需求。

因为懂得留守老人的孤独，蒋明艳隔三岔五陪老人拉家常。一次，村里的留守老人陈本生高血压并发脑出血，幸亏蒋明艳及时赶到，火速将他送往县医院并办理住院手续急救。她说，村里的老人都把她当作闺女，甚至比亲闺女还亲，家里有事都会第一时间找她解决。

因为懂得村民的不解，她一遍又一遍讲解扶贫政策。扶贫工作更像一场不厌其烦的意识引导。一次，村里有位老人对蒋明艳的宣讲不耐烦，故意说他听不到。蒋明艳信以为真，一再提高嗓门，大声对老人又讲了一遍。旁人问她为什么这么大声，蒋明艳说老人听不见。旁人笑着告诉她被

骗了，老人耳朵灵着呢。这让蒋明艳哭笑不得。"但我觉得他们很可爱。"蒋明艳的眼里依然带着笑。

因为懂得贫困户的忧，她便像亲人一样对他们无微不至。村里有位老人患有心脏病，平时一个人在家，还要照看孙女。蒋明艳几乎每天都去看他。有一次，老人说眼睛看不见了。蒋明艳就带他去县里检查，根据鉴定给老人办了残疾证，平时还给老人做饭，帮忙干活。2017年，一场大雪压塌了屋棚，老人出行不便，独自在家里痛哭。蒋明艳发现后立刻将老人转移，并找人重新修好了房子。

"现在每次过去，老人家都要拉着我的手讲半天。"蒋明艳说，"通过一件件小事，我觉得我做的事真的非常有意义，我很开心。"

致贫原因多种多样，因病、因学、失业居多。蒋明艳深深懂得贫困背后的原因，所以她做扶贫更有针对性。时间久了，她就成了金东村的"管家婆""百事通"，也是村里人眼中的"田螺姑娘"，随时随地都有她的身影。

24小时待命是蒋明艳的常态，即便如此，她仍热衷于这份工作，满足感溢于言表。提起如何平衡工作和生活，说到动情处，蒋明艳不禁潸然泪下——5岁的儿子是她心中最大的软肋。

"以前在公司，下班还能回家陪孩子，周末也能双休。而村里的工作，随时随地，不分早晚，只能把孩子托付给老人。"

问她后不后悔,她说:"能为贫困户做些实实在在的事,看到他们接受帮扶后的笑容,我就觉得一切都值得了。"

2017年,蒋明艳被镇授予"2017年度脱贫工作先进个人"称号;2018年,在脱贫攻坚评选活动中,被评为"脱贫攻坚巾帼标兵"。

### 乐居财经与蒋明艳对话精选

**乐居财经**:您是哪一年到村里工作的?

**蒋明艳**:2017年7月回来的,之前在合肥。有一次我从合肥回来,村支书就跟我说,村委会正在招聘。我每次回来都感觉村里变化特别大,看到了希望,然后就回来了。

**乐居财经**:年轻人都在往外走,您回来后悔了吗?

**蒋明艳**:刚回来有一段时间还是挺压抑的,工资跟想象中相差太多,经济压力比较大。而帮扶贫困户这块,国家力度现在这么大,我感觉是一件非常有意义的事情,对这份工作"日久生情",所以不后悔。

**乐居财经**:工作中会觉得委屈吗?

**蒋明艳**:刚回来时很多人都不认识我,有的还以为我是骗子。我一进去,人家就说你是谁,你赶紧走。那个时候还是挺委屈的,自己放弃了那么高的工资,回到村里上班,却受到这样的对待。但是时间检验了一切,和村里人慢慢熟悉了,他们遇到什么事,慢慢开始找我。在路上看到我,还会说感谢我的话。他们说现在的国家政策好,而我们又帮他们解决了很多问题,所以他们对我心有感激。这让我很感动。

**乐居财经**:您做这些工作的时候家人支持吗?

**蒋明艳**:都支持,包括我五岁的儿子。他也慢慢理解了为什么妈妈总是不能陪他。有一次我听他跟他外婆说,妈妈还在村里上班,不能去找妈妈,妈妈工作忙。我听他这样讲,我觉得他是理解我的。

**乐居财经**:您平时还做了哪些扶贫工作?

**蒋明艳**:我们村里引进了碧桂园扶贫花卉产业基地,还有原先已有基础的小龙虾养殖,现在又种了七亩小黄姜。我们这一带的田地高高低低,面

积小，种庄稼收入低。目前还在试着引进小黄姜种植的生产线，要确保有销路。成功的话，可以让村里的闲置劳动力有地方工作，有稳定的收入。

**乐居财经**：碧桂园入驻后，给金东村带来了哪些变化？

**蒋明艳**：碧桂园来之前，我所能想到的扶贫无非是养点鸡、养点鸭什么的。碧桂园入驻之后，我觉得自己的思想还是挺狭隘的。产业扶贫不是说养几只鸡、几只鸭就叫产业扶贫了，碧桂园给我们村带来了很多先进的理念，比如他们以党建扶贫扶志、产业扶贫扶富为主，还有教育扶贫扶智、就业扶贫扶技，辅以其他因地制宜的自选扶贫模式，在我们村实行这一年，就带来了很大的效果。

具体说，比如花卉基地种植苗木，我们闲置的农田可以租给公司，村民收了租金还可以在里边工作，工作也解决了。如果自己想种，想挣得更多的话，还可以把苗木免费带回家，碧桂园教会村民怎么种，苗木长大了再卖给他们。可以说，农民完全受益了。

**乐居财经**：这两年您最大的感触是什么？

**蒋明艳**：前几年，村里贫困户有71户，到目前已经脱贫65户。脱贫只能说是其中一部分，现在有越来越多的年轻人看到家乡的变化，他们都回来了。他们不是因为贫困而回来的，而是回来了可以在扶贫产业基地上班，也是为建设家乡而回来，这个意义是不一样的。以前我们总鼓励年轻人出去打工，对吧？但是现在完全不同了，我们鼓励年轻人回来。

# 虞城篇

　　虞城县位于河南省东部，总面积1558平方公里，耕地面积138万亩，总人口108万。粮食作物以小麦、玉米、大豆为主，经济作物有棉花、花生、油菜、烟叶、大豆。主要中药材有小红花、留兰香、薄荷。土特产有贾寨豆腐干、陈店景泉麻花、虞城麻片。

# 不屈的黄金槐

## 虞城扶贫日志

文/王 芊　宗隆隆

作为国家级贫困县的虞城，豫东平原没有得到上天太多恩赐。

千百年来，黄河几易其道，不畏千山，不屈九曲。然而，留在虞城的黄河故道成为历史的化石，却一度让虞城饱受其苦。

曾经肆虐的风沙，让老一辈记忆深刻。在经历了长达二十多年的防风治沙后，虞城百姓才得以甩开膀子干起来。

而今，在通往虞城张庄村苗木基地的路上，环乡公路平坦宽阔、四通八达，延伸到各户门前；黄金槐在田野两侧摇曳，抽枝展叶向着蔚蓝的天空努力生长；农户种起时花发展庭院经济，古稀老妪一丝不苟地勾勒着布艺品。

地上无资源，地下无矿产，虞城人脱贫攻坚更多只能在农业上下功夫。许多村民自嘲"在家也是闲着"，于是，留守老人们开始探索通过种植业、养殖业实现脱贫。他们瞄准营养价值和收益价值双高的"保健蔬菜"，如芦笋、山药等，发展了苹果、梨子、桃子、葡萄等果树规模种植……

千百年来花木兰的忠孝节义故事广为流传，如今为攻坚脱贫，虞城也到处上演着一个个奋斗者的故事。一位位带动贫困户的"老村长"如同田野边一棵棵黄金槐，穿越风沙努力生长，逐步长得枝繁叶茂。

6月26日，乐居财经报道组在骄阳似火的暑季，分别走进沈集村、张庄村以及刘杨庄村，见证豫东平原上的一线扶贫带头人，倾听虞城"老村长"们在脱贫致富路上不屈不挠故事。

时间：2019年6月26日上午8:00
地点：虞城县贾寨镇张庄村

# 周敬坤：苗木力量

文/王 芊　图/史 策

在张庄村巷口，周敬坤骑着小摩托远远向我驶来。

64岁的周敬坤比同龄人看上去更显老。他长了一副地道庄稼人的脸，脸上的沟壑仿佛刀斧镌刻，肤色被日头镀染得炯红，一双犹如耙犁一般的大手，指缝里还夹着泥巴和杂草。

下车后，他有些不知所措地搓着双手，腼腆地反复说着一句话："采访我弄啥呢？"真诚、朴实的农民气息迎面而来。

这个农民不一般，他干的总是别人避之不及的"麻烦事"。

他每天深入田间地头、房前屋后实地查看，与村民促膝交谈，从吃饭、穿衣、住房、饮水、用电、房屋有没有漏水透风、看病是否有保障、孩子享受教育资助政策是否到位等各方面，他关心着村民生产生活中面临的种种困境。

每到一户，周敬坤都积极宣传扶贫、就业等各项扶贫惠农政策，鼓励他们振奋精神、坚持信念，要自强不息、勤劳致富、知恩图报。

在村里当了20年村干部的周敬坤，先后担任了张庄村村两委委员、村委会副主任、支部委员，现在还担任着乡人大代表。

2019年,周敬坤还多了一个新身份——碧桂园张庄村扶贫"老村长"。由于对村里大大小小事务以及每个农户的基本情况都了如指掌,周敬坤被碧桂园相中,而周敬坤自己也希望借助碧桂园的扶贫资源和扶贫理念,以"改变思想"为抓手,帮助张庄村人脱掉贫困帽。

周敬坤上任"老村长"后的第一件事,就是动员村里的贫困户加入碧桂园的苗木基地工作。

今年,碧桂园采用"公司+合作社+贫困户"的合作模式,在张庄村流转土地200亩,推广苗木种植产业,目前已进场种植金叶女贞16000株、红王子锦带11000株、黄金槐200株、丛生黄金槐2460株、白皮松216株、白蜡372株、朴树176株。值得一提的是,碧桂园在张庄村开展的苗木种植产业,所有种植苗木碧桂园都会进行回购,不让种植户承担任何市场风险。

然而,身贫好扶,心贫难治。周敬坤表示,一开始,有个别贫困户并不愿意来苗木基地工作,干了一天就抱怨辛苦。为此,周敬坤多次上门做思想动员工作,劝服他们不要抱有"等、靠、要"的思想,要以辛勤劳动为荣。

周敬坤希望借助碧桂园的扶贫资源和扶贫理念,以"改变思想"为抓手,帮助张庄村人脱掉贫困帽。

"在苗木基地,你日常就是浇浇水、施施肥、锄锄草,每天工资日结70元,一个月就是2100元,这笔固定的收入来源比以前种庄稼强多了。还有碧桂园的技术团队为我们提供种植苗木的培训,手把手地传授技术,不用花钱就学习和掌握一门本领。为什么不学呢?"周敬坤耐心地做贫困户的思想工作。

还有一名因病丧失劳动力的村民,常年不出家门,坐等扶贫小组主动上门,靠着底线政策苦捱生活。碧桂园河南区域扶贫工作小组得知这一情况后,和周敬坤一起多次走进这家贫困户。

"乡里乡亲都在苗木基地找活儿干,都挣了钱。你虽然身体有残疾,但还能动,总不能天天关在家里啊!"周敬坤苦口婆心地做该村民的思想工作,他将碧桂园探索出的"庭院经济"优先在该村民家落地,利用自家庭院种植小型苗木或时花,"碧桂园给你提供种苗,你就只管浇水、施肥、锄草,成苗后有公司来收购,你说哪儿还找得到这么好的活儿!"周敬坤说。经过一番说服,村民欣然接受,在参与庭院经济的三四个月时间里,不仅增加了一笔收入,人也渐渐变得开朗许多。

为了让更多贫困户参与到苗木种植大军中,周敬坤每天家访时,都会不厌其烦地宣传苗木产业扶贫的模式和好处。那些曾经不愿干活的贫困

乡里乡亲都在苗木基地找活儿干,都挣到了钱。

户,而今每次见到周敬坤都抢着要活儿干。而每个月最让周敬坤开心的时候,就是苗木基地给工人发工资时,贫困户拿到钱一脸满足,开朗大笑。

"这就是苗木力量。"周敬坤对张庄村脱贫攻坚充满希望。

**乐居财经与周敬坤的对话精选**

**乐居财经**:在碧桂园苗木基地建成之前,张庄村主要种植什么农作物?

**周敬坤**:张庄村一直以来以种植小麦为主产业,全村有3600亩小麦地,与虞城本地面粉厂签订了优质小麦收购协议,小麦收购价格要高于市场价1毛钱。此外,还种植了很多玉米、大豆和花生,现在村上还有农户在尝试种植葡萄。

**乐居财经**:您作为碧桂园"老村长"的核心工作是什么?

**周敬坤**:我平时的工作主要是给村民解决各种问题,当了碧桂园的"老村长"后,我身上的担子比以前更重了,特别是扶贫这块,党建扶贫、产业扶贫、就业扶贫、教育扶贫这几项,我都要去关心贫困户的情况。苗木基地建好后,我要鼓励贫困户去基地工作;还有教育帮扶、我对每一户村民的情况都很熟悉,哪些孩子家庭条件特别差,需要进行教育助学,发

周敬坤:"很负责地说,经我手的各种问题,都得到了百分百的解决。"

放助学资金，我都会去帮助他们走流程，去协调各种工作。

**乐居财经**：碧桂园苗木基地建好以来，对张庄村的改变是什么？

**周敬坤**：以前靠天吃饭，靠种庄稼为生，苗木基地建好后，贫困户多了一门挣钱的路子，大家的劳作积极性被调动了，都很愿意靠自己双手致富。2019年以来，碧桂园苗木已累计用工近千人次，发放工资15万余元，对张庄村的贫困户的收入改变非常明显。

**乐居财经**：您目前的家庭情况是怎样的？每天都干些什么？

**周敬坤**：我有三个儿子，现在分别在上海、昆山、河北打工。有三个孙子，也已经在虞城上中学了，周末才会回家。平时家里只有我和我老伴儿。我自己的地种了小麦、玉米，除了种地，我大部分时间都在走访村民、解决各种问题，每天还会去苗木基地看一看。

**乐居财经**：您解决过的各种村民问题，有没有非常棘手难办的？

**周敬坤**：我可以很负责地说，经我手的各种问题，都得到了百分百的解决。大家提出的问题，大到重病治疗，小到房子漏水，我都会找村委去协商解决，保证大家吃得饱、穿得暖、住得好，庄稼不受灾，孩子读得起书，老人看得起病。

时间：2019年6月26日上午8:00
地点：虞城县田庙乡刘杨庄村

# 薛永亮：老树新果

文/宗隆隆　图/刘西常

百里故道百果笑，万亩果园桃李香。曾经黄沙弥漫的黄河故道，如今已经被郁郁葱葱的果树林覆盖。刘杨庄村"老村长"薛永亮漫步在田埂上，望着硕果累累的果林，露出了丰收在望的喜悦笑容。

科技种植、改良品种、产销一体、果品加工……近年来，薛永亮带领刘杨庄村的群众摸索出了一条兼具经济效益和生态效益的果品产业可持续发展之路。

1983年，薛永亮当选为河南虞城县田庙乡刘杨庄村潘庄村民组组长，2006年进入刘杨庄村委班子，担任村调解主任。这三十多年来，薛永亮为改变村里经济面貌出了不少点子，干了不少实事。

刘杨庄村位于黄河故道腹地，已有近百年的果树种植历史。宋明之际，黄河夺淮，滚滚黄河水携卷泥沙从商丘南下，在豫东平原冲刷出了数百公里的黄河水道。19世纪末，黄河改道，黄河水北上，曾经的黄河故道逐渐荒废，仅剩下绵延数百里的黄沙。

沙土地昼夜温差大，漏水漏肥，不适合粮食作物生长，但是对于瓜果生长却十分有利，居住在黄河故道附近的农民便开始了果树种植。果树种植不仅能够糊口,还能防风固沙,很快成为故道农民赖以生存的农业生产方式。

近百年来,刘杨庄村的村民都是以种果树为生,房前栽满桃子、李子,屋后种遍柿子、梨子,是远近有名的"杂果之乡"。但近年来,村里有着近70年历史的柿子园却成了村民们致富的"鸡肋"。

这片柿子园始种于新中国成立前,最古老的柿子树树龄有70多年。由于品种老化,结出的果实又小又涩,口感极差,拉到市场上去卖,每市斤几毛钱都无人问津,经济效益很低,甚至连水肥和人工成本都无法贴补。而且这片柿子园占地80余亩,既不能产生经济价值,又占用大量林地,不少村民便自作主张把柿子树伐掉,重新栽种新树。

薛永亮听说之后,觉得这样老树轻易毁掉很是可惜。正赶上乡里积极发展旅游业,打造农业生态精品旅游乡,这样具有历史感的果树林,不仅仅是黄河故道百年历史的见证,更是刘杨庄村民果树种植文化、与黄沙做斗争的艰苦奋斗精神的传承。留住柿子园成了薛永亮的一块心病。

为把柿子园留住,薛永亮不知磨破了几双鞋,说了多少好话。他走家串户,晓以利弊,劝说村民不要私自砍伐老树;他请专家看诊,为老柿子寻医问药,他跑乡里走企业,为果树改良争取资金和政策。

种果树不仅能够糊口,还能防风固沙。

后来，碧桂园扶贫小组入驻了虞城县，对当地果农遇到的现实困难进行帮扶，特别是对水果品种改良、果质提升上，做了不少工作。薛永亮的"心病"正好碰到了碧桂园扶贫小组这位"良医"。碧桂园虞城县扶贫小组在了解实际情况后，出台了多种果品改良方案，对80亩老柿树进行了优品嫁接。曾经被村民当作柴禾砍伐的老柿树，终于重新焕发出生机。经济效益从之前的每亩百十块钱有望达到每亩数千元，再次成了村民的"香饽饽"。

老柿子园被"救活"之后，薛永亮深刻意识到了科技兴农的重要性，也对碧桂园这个远道而来的"客人"有了全新的认识。为了能为村民做更多事，为脱贫攻坚出更多力，薛永亮义无反顾地担任了碧桂园"老村长"。

薛永亮走马上任后的第一件事，就是要对村里的果树进行大规模品种改良。虽然刘杨庄村以种"杂果"出名，但是主要还是以桃和梨为主，间杂梨子、柿子等其他水果。为了打造刘杨庄村水果的竞争力、提升果品的市场占有率，薛永亮与村委班子，联合碧桂园开办了专家科技讲座，对果农进行种植培训。从浇水施肥、修剪树枝到预防病虫害，把科技种植的概念灌输到每一位果农心中。

碧桂园牵头盘活了村里的种植合作社，开展规模化种植。薛永亮和村

碧桂园虞城县扶贫小组对80亩老柿树进行了优品嫁接，经济效益有望达到每亩数千元。

委班子挨家挨户动员，小块并大块，杂树全都剔除，并对现有的油桃和梨树进行品种更新。半年时间内，刘杨庄村的果树种植已经实现规模化，品质也达到了优等水平。刘杨庄村的经济收入也与果品质量的提升齐头并进，村民人均年收入超过五千元。

如今，拥有悠久果树种植历史的刘杨庄村像是一棵婆娑老树，在薛永亮带领下的刘杨庄村村民以及碧桂园扶贫小组的帮助下，结出了新的果实。他们一道用勤劳和智慧，在豪气干云的黄河故道上，唱响了经久不衰的小康之歌。

**乐居财经与薛永亮的对话精选**

**乐居财经**：村里脱贫工作进展如何？

**薛永亮**：我们村是个大村，有5000多人，情况也比较复杂，经过一系列努力，扶贫工作开展得很顺利。现在村里还有12户兜底户，已经进行了对口帮扶，今年能够实现脱贫。

**乐居财经**：扶贫工作中哪些事让您记忆深刻？

**薛永亮**：村里有一个兜底户，他家三个女儿都在上学，媳妇跑了，他

如今，刘杨庄村的果树种植已经实现规模化，品质也达到了优等水平，村民人均年收入超过五千元。

还得照顾他八十多岁的母亲。除了种地,他养了几只羊,家里没有别的经济收入。去年年关的一天,我早上五点钟起来,检查村容村貌,路过他家,看到他蹲在门口哭。原来,他家养的几只羊夜里被人偷走了。马上就要过年了,全家都指望着这几只羊卖点钱过年,这下指望全没了。

得知这个消息后,我马上联系乡里和碧桂园扶贫小组寻求解决办法。本来他家就是贫困户,又遇到这样的情况,肯定是要帮扶的。碧桂园扶贫小组买了米、面、油,又带了过冬棉衣来他家里慰问。解决一时困难不难,难的是解决长久困难,考虑到他有养羊的经验,碧桂园又出资给他家添了四只羊。临走的时候,他握住工作人员的手,热泪盈眶。他的这两次落泪让我记忆深刻。

**乐居财经**:科技兴农是如何深入群众心中的?您都做了哪些工作?

**薛永亮**:村里留守人员比较多,年轻人都外出了,只剩下老年人和孩子。之前村里卖水果,都是几毛钱一斤,你家一筐我家一袋,每亩地能够卖个千把块钱已经算是不错了。后来,村委请来省里、国家级的专家开讲座,我和村委干部挨家挨户做工作,让他们参加培训班。施肥喷药,剪枝育种,村委干部先学,学会了之后对口帮扶群众,到他们果林里实地操作,一遍不会就两遍。慢慢地大家就都学会了。等到收果子的时候,果子

刘杨庄村请来专家开讲座,村委干部先学,学会了之后对口帮扶群众。

个大口感又好，能卖到两三块一斤。群众尝到甜头了，认识到科技种植的好处了，以后的科技讲座都抢着听。

**乐居财经**：您还邀请文化专家为村民开展文化讲座，这又是为什么呢？

**薛永亮**：物质扶贫很容易，文化扶贫却很难。群众的文化水平低，接受能力差，讲大道理不明白。榜样的力量是很大的，村委就想办法，在村里开展评选"好婆婆""好媳妇""好家庭"典型，让大家模仿学习，潜移默化地受影响。随后，我们又跟碧桂园一起，邀请文化专家开展讲座，用通俗易懂的故事给大家讲述尊老爱幼、邻里和睦等传统文化。如今，村里风气得到很大的改观。

**乐居财经**：在今后的扶贫工作上，您有什么想法和思路？

**薛永亮**：虽然说我们村现在的经济状况好转了，但是，还维持在比较基础的阶段。下一步，我们要探索果品深加工，依靠合作社和碧桂园的力量，开办果脯厂、罐头厂等，从单一的果品出口变成加工品出口。这样，才能获得更高的经济效益，群众的生活才能更好。

时间：2019年6月26日下午13:00
地点：虞城县沙集乡沈集村

# 徐中银：芦笋技师

文/王 芊　摄像/刘西常

　　初夏时节，草木勃发。广袤的豫东平原大地上，一派林茂粮丰的景象。2018年6月26日，风和日丽，一根根芦笋破土而出，在阳光的照耀下，似青竹、似"绿色毛笔"。它们长势正旺，农民们正在麻利地采摘着芦笋。在田地一侧有一栋一层楼平房，七八个村民正在忙着整理、挑拣、切割，修剪整齐后的芦笋，被一把把地码放在泡沫箱里，然后过秤。一旁有间17平方米的小型冷藏库，成箱的芦笋就暂存在那里面。24小时之后，这些断面上还流着汁液的新鲜芦笋，将被货车运送到山东日照。

　　种植芦笋，是虞城县沈集村近几年引入的新作物，还包括苗木。五年前，沈集村主要依靠种植玉米、大蒜，人均收入极其微薄。

　　一直以来，作为虞城县深度贫困村之一，沈集村总人口2530人，其中贫困人口313人，贫困发生率达到12.4%。戴着贫困的"帽子"，徐中银感到脸上无光，就一直想做点什么生意。

　　现年52岁的徐中银，自1993年起供职于沈集村乡供销社。2015年，徐中银在镇上做起了服装生意，但个体经商终究难做。2017年，他回到沈集村，承包160余亩土地，决心踏实务农，成为一名笋农，并很快在村里"冒尖",建了一个芦笋基地。2019年4月,徐中银被碧桂园聘为"老村长",成为碧桂园精准扶贫乡村振兴工作队编外的公益岗位人员。在乡合作社精准扶贫芦笋项目上,碧桂园给予了许多技术指导和资金支持。

"第一年产量不行,后来接受了碧桂园的培训才知道芦笋不能猛灌,要滴灌。"徐中银笑着说。碧桂园为他的芦笋基地设计和安装了滴灌管道系统,通过低压管道系统与安装在毛管上的灌水器,将芦笋所需的水分和养分一滴一滴、均匀而又缓慢地滴入芦笋根区土壤中。滴灌既省水,又适合芦笋灌溉,徐中银保守估计,今年芦笋收入有望达到30万元。

"最近气温在25℃到32℃之间,到了夏季芦笋的丰产期。一晚上长了4到5公分!"徐中银用手指比画着。

种植芦笋之前,徐中银没见过、没吃过,现在,他是村里芦笋产业的

挑拣、切割、修剪芦笋是徐中银经常做的活儿。

领头人。在田间地头，他搭起一间平房，放了一张1米2宽的床铺，衣食住都在基地。他是一个事无巨细的人。去芦笋地里查看时，尽管有十几个工人在收割，但他总是忍不住每走一步就要蹲下去检查，是不是还有漏割的笋。在整理台亦是如此，总会搭把手，自己亲自分拣、切割。

芦笋，这个不过20厘米长、约50克重的餐桌新宠，如今已累计带动沈集村40余人就业。其中，在6、7月的丰产期，徐中银的芦笋基地每天用工人数多达20至25人，极大地解决了当地贫困户"务工难、路程远"的问题，让贫困户在家门口就近上班脱贫。徐中银把村里贫困户都动员起来，这些平均年龄超过65岁，其中年纪最大都快80岁的村民，参与到芦笋的种植、采摘、整理和包装的全过程，一天的产量就可达到1000斤以上。

"芦笋种植让大家尝到了甜头。在家闲着也是闲着，笋农一天还能挣上40、50块钱！"最让徐中银开心的是，随着市场行情越来越好，芦笋的销路根本不用愁。每隔两天就有车来拉货，它们或进入超市生鲜，或加工成罐头，或制作成芦笋茶，品相好的芦笋还会出口。

有过经商经历的徐中银，显然不甘心只做原产品的输出，他对芦笋的深加工早已有了全盘考虑。他深知，仅凭一己之力，是无法扩大芦笋的种

他深知，深加工芦笋的前提是规模化种植。

植规模,而深加工的前提,就是规模化种植。为了增强村民种植芦笋的热情和能力,徐中银积极引导村民特别是贫困户去参加碧桂园举办的关于芦笋种植的技能培训。他也率先垂范,每每有村民来"取经",他都会毫无保留地分享种植技术,俨然成为一名"技师"。

"笋农越多,才能有足够的底气脱贫。"徐中银不悔三年前的选择。

**乐居财经与徐中银的对话精选**

**乐居财经**:在最近三年务农的经历里,让您印象深刻的事情是什么?

**徐中银**:有两件印象深刻的事情,一是去年7月,虞城发生了水灾。我地里10多亩的山药全部受灾,非常痛心!直接经济损失一万多元。二是今年碧桂园给我的芦笋基地安装了滴灌系统,通过对水肥的控制提高产量和质量,让我掌握到芦笋灌溉的核心技术,直接帮助我增收。

**乐居财经**:您是如何动员贫困户参与芦笋基地的工作的?

**徐中银**:沈集村的这些贫困户,都是与子女分了家的老人。尽管年事已高,但身体还利索,所以他们很愿意,也很主动、热心地来帮我干活。不过他们年纪太大了,收割芦笋又需要长期弯腰工作,夏季收笋气温又高,担心他们身体吃不消,所以每天我安排大家上午7点到11点、下午3

"笋农越多,才能有足够的脱贫底气。"徐中银不后悔三年前的选择。

点到7点工作,其余时间一律休息。

**乐居财经**:目前在芦笋种植上,您还有哪些困难?

**徐中银**:目前还缺一个大冷库,我们已经向合作社申请了。我们种植的芦笋、大蒜、上海青这些,可以根据市场供需关系选择入库保存,再选择合适的时机出库。一来可以延长蔬菜的保鲜时间,二来可以卖出更好的价钱,冷库直接关系到种植户的收益。

**乐居财经**:对于沈集村的芦笋扶贫产业发展,您有一些怎样的想法?

**徐中银**:有规模才能产生更多效益。我想带动更多农户一起种植芦笋,芦笋不仅具有经济效益,还具有生态效益。在我们这里种植芦笋,不仅可以带动农民增收,还可以涵养土壤、防风固沙。目前沈集村的土地规模还不够,未来需要规模化种植和产业化运作。

时间：2019年6月26日下午15:00
地点：虞城县田庙乡刘杨庄村

# 牛玉平：林下鹅倌

文/宗隆隆　图/刘西常

　　对鹅的喜爱，古时有李商隐《题鹅》诗中的"眠沙卧水自成群，曲岸残阳极浦云"，有杜甫《舟前小鹅儿》描绘的"鹅儿黄似酒，对酒爱新鹅"。时至今日，还有年届六旬的"老村长"牛玉平林下养鹅，书写出一段快乐的养鹅脱贫故事。

　　清晨四点，晨曦微露，牛玉平已经早早起床。他推开鹅圈门，拌料、喂食、赶鹅，手脚麻利地开始了一天的忙碌。四周都是牛玉平的果园，枝头果实累累，树下鹅叫此起彼伏，一只只肥硕的大白鹅漫步林间，三五成群，憨态可掬。

　　"要趁早上凉快把鹅赶到果园里，这个时候虫多草肥，正好吃个饱，天热了鹅就不吃食了。"这是牛玉平总结出来的"养鹅经"。

　　牛玉平高兴地向我们介绍，"今年的行情好，一只鹅蛋能卖到十几元，整只老鹅能卖100到200元。"他家有6亩地，养了1200只鹅，加上果子收入，去年的经济效益达到了40多万元。

　　林下养殖，让牛玉平家的经济收入翻了好几番，还带动村里人开始了这种全新的尝试，这在过去是想都不敢想的事。

1978年，不到20岁的牛玉平应征入伍，1992年复员，回到家乡进了村委班子。2000年他被选为刘杨庄村的村委会主任，2006年担任村党支部书记。牛玉平回忆刚回村里时的情景：当年的刘杨庄村，黄沙漫天，道路泥泞，村里人种植果树糊口，也都是靠天吃饭，旱涝不保。因为交通条件差，客商不愿意来，果子运不出去，甚至在丰收年，村民的经济收益也是差得一塌糊涂。

"要想富先修路"，这是牛玉平当年决定做的第一件大事。"必须不惜一切代价把老百姓的'致富路'打通。"说干就干，他带头争取资金，联系工程队，多方协调筹措，修路很快提上了日程。

在修路过程中，一开始困难重重，遭遇了各种各样的阻挠。比如，有一户村民的宅基地被路基摊了半尺，村民便阻挠施工，甚至躺在施工车辆面前。牛玉平动之以情晓之以理，耐心相劝。"修路是为大家，不是为个人，路修好之后，客商进村收购就方便了，村民种的果子就不用烂在地里了，销售肯定没问题。"牛玉平不管风吹日晒，都忙活在修路工地一线，村民们看在眼里也记在心里。最终，大家都理解了牛玉平，阻挠也变成了支持。很快，村里通往外地的道路修通了。

如今的刘杨庄村，外地前来收购水果的客商络绎不绝，水果销售远到

林下养殖，让牛玉平家的经济收入翻了好几番，还带动村里人养鹅。

黑龙江、北京、内蒙古，近到青岛、临沂，牛玉平当初给大家的承诺也得到了兑现，村里的水果再也不愁销路。

水果虽然卖出去了，却卖不上好价钱。即便进行品种更新，本地产的梨和邻县宁陵、砀山的梨虽然在口感、品质上已经差别不大，还是卖不上价。油桃也很难打进优质果的行列。这让牛玉平头疼不已。

到底是哪里出现了问题？爱琢磨的牛玉平四处走访，又与碧桂园扶贫小组的工作人员实地调研，终于发现了问题所在：他们的果子没有品牌！

品牌不是面子活，而是一种约束力。没有品牌意识，很多果农以次充好，果子品相参差不齐，导致好果子卖不上价格，客商对果源地也难以形成良好的印象。

在牛玉平的努力下，刘杨庄村引入碧桂园扶贫的自有品牌"碧乡"，对村里的水果进行统一包装，对果品进行严格筛选。碧桂园制定标准，优质果能卖到3.5元一斤，次级果卖1元一斤，这样一来，价格差距拉开了，一百斤优质果比三百斤次级果的收入都高，群众为了获得更高的经济效益，主动筛选优质果出售，果品的质量提升了，客户的满意度也提高了，刘杨庄村水果的品牌也打响了。

牛玉平介绍，"碧乡"紧跟碧桂园的扶贫步伐，助力产业扶贫，也实现了碧乡的使命——让农户没有卖不出去的好农品让更多人一起来"消费扶贫"。

据了解，为推动消费扶贫工作，碧乡带动全国9省14县滞销农产品产销对接，链接更多贫困户，通过消费扶贫搭建通往致富的桥梁，这一举措全国都可以复制，效果显著。

如果说通车修路、打造水果品牌只是对刘杨庄村固有经济收入的一个提升，那么，带头林下养殖则是牛玉平为村里打开了一扇新的致富之门。

林下养殖是什么？村民和家人都不理解也不支持，毕竟是"新手上路"，没有经验，而且禽类容易生病，不好养，风险太大。有一次，牛玉平进了2000只小鹅苗，养了没两天，鹅苗就染了病，禽类疾病传染很快，不到一个星期，2000只鹅苗就全部病死了。牛玉平的直接损失有3万多元。

大家更是强烈反对。牛玉平偏不信邪,他找养殖专家学经验,找兽医专家学治病,就是这股子老牛一样的韧劲,让他坚持了下来。

如今,他家的1200只成鹅养在果园里,鹅吃草,节省了果园的除草费用;鹅的粪便是果树优质的天然肥料;鹅蛋、鹅肉都有很高的经济价值,充分利用了果园的树下空间。老鹅一斤可以卖到10多元,一只鹅平均在10多斤,好的时候可以卖到160至170元;一个鹅蛋可以卖10到11元,在产蛋的高峰期,一天可以捡500多个鹅蛋。

牛玉平把自己从失败中摸索出来的经验推广到全村,目前在刘杨庄村开展林下养殖的群众已经多达三十多户,最多的年收入达到百万元。

牛玉平总结了自己的养殖种植经验,无偿传授给村里的所有人。老骥伏枥,志在千里。牛玉平说,"要继续为刘杨庄村的脱贫致富而努力,做一个任劳任怨的搬砖人。"

**乐居财经与牛玉平的对话精选**

**乐居财经**:养鹅失败后有没有想过放弃?您已经到了退休颐养天年的年纪,为什么还要吃这些苦呢?

**牛玉平**:当兵苦不苦?我坚持下来了!修路苦不苦?我坚持下来了!

目前刘杨庄村林下养殖多达三十多户,最多的年收入达到百万元。

相比之下，现在国家政策好，还有碧桂园帮扶，我哪里能说苦呢？顶多是受点累，能为群众蹚出一条致富路，我累点儿也是心甘情愿的。

**乐居财经**：对于林下养殖，您总结了哪些经验？

**牛玉平**：我这个人就是喜欢总结，比如这个养鹅，这个禽类一旦生病就会快速蔓延，稍一做不好，就会全军覆没。只要疫苗打好了，基本上不会有啥大问题，我是定期的，三个月防疫一次，比如75天了，天气比较好，我就开始找人做防疫，基本上两三天这个防疫就做好了。

在梨树林里养殖鹅，不用给它搭棚，鹅不怕淋，冬天也不怕冷。产蛋的时候，用草给它整个窝，它每天都会去那里产蛋，捡蛋非常容易。梨树剪枝剔果的时候，这些剪下来的树叶和小梨果就给鹅吃了。整套下来，操作很简单，也容易复制，很快就推广到全村了。

**乐居财经**：在经济效益提高之后，如今村里有哪些改变？

**牛玉平**：经济效益好了，群众心情好了，就开始重视村容村貌和精神生活了。你看从环境治理这一块、大气污染这一块、乡村美丽这一块，村里都有大提升。很多外地回来的村民，都说村里这几年变化大。原来尘土满天飞，坑塘里全都是垃圾，现在你看到处都变好了。如今，家家户户有垃圾桶，有专人负责运往垃圾处理站，整个的环境卫生都大大提高了。

**乐居财经**：最近刘杨庄村正在搞乡村旅游，您都做了哪些工作？

**牛玉平**：今年是脱贫攻坚的最后一年，在发展果业的同时，我们村还要发展旅游业。各级政府都比较重视这一块。我们是黄河故道，有着天然优势，又有万亩果园，春天赏花，夏天避暑，秋天采摘。包括我们的老柿子园，还有很多上百年的老果树，都是旅游资源。目前，我们举办了采摘节、黄河湿地徒步大会等。知名度有了，村民也多了一个收入来源。

**乐居财经**：在扶贫工作中遇到过哪些困难？

**牛玉平**：遇到的一般困难也都能克服，最困难的就是为水果打开销路。有了碧桂园的帮助，水果不仅卖出去了，而且卖的价钱好，卖的层次

2019是脱贫攻坚的最后一年，在发展果业的同时，杨庄村还要发展旅游业。

高。养鹅最困难的时候也过去了，现在有了经验，轻车熟路。目前，最大的困难，就是想办法把我们村的旅游搞上去，基础设施建设搞上去，这是下一阶段村里的头等大事。

# 新河篇

  新河县位于河北省南部,邢台市境东北部。全县辖2个镇、4个乡,169个行政村,行政区域面积366平方公里,常住人口17.43万。新河县主要种植红枣、葡萄和黄冠梨等果品,其中红枣久负盛名,多次荣获红枣展评奖牌。

# 在烈日和暴雨下坚守

## 新河扶贫日志

文/王泽红　郭晓涛

暴雨过后的新河县气温直逼40摄氏度，小暑节气就有了三伏天的体感。汽车行驶在被太阳晒得发光发烫的柏油路上，两旁是东倒西歪甚至被大风连根拔起的树木，这里是暴风雨过后的河北省邢台市新河县。

新河县地处华北平原腹地，位于邢台、石家庄、衡水三市交界处，是河北省首批的"千年古县"，也是曾经国家扶贫开发工作的重点县，一直以来被冠以"人口小县""经济弱县""财政穷县"的标签。

脱贫攻坚是一场没有硝烟的战斗，更是一场必须胜利的战斗，身处基层扶贫的"老村长"是战斗中最坚实的堡垒，他们是永不撤离、永不懈怠的战士，是暴风雨后第一个站出来的尖兵。

7月3日，乐居财经"中国老村长"报道小组来到第七站河北省新河县，分别走进菜园村、殷家庄、宋亮庄村和荆庄村，见证奋斗在扶贫一线"老村长"的生活，倾听他们扶贫路上倔强不屈的故事。

时间：2019年7月3日上午9:00
地点：新河县白神首乡菜园村

# 焦志良："车间"主任

文/郭晓涛　图/刘西常

暴雨过后，河北省新河县又迎来似火的骄阳。在菜园村的道路上，还蒸腾着前一夜未完全退去的雨水。在村扶贫开发办，村支书焦志良刚干完手里的活，衣服湿透了，额头还淌着汗。

相传东汉末年袁绍部大将军颜良曾在此种菜，故名菜园村。全村一共786户，两千多口人。

"全村情况我心里都有数！"从培训种食用菌、协助土地流转、招工入户调查，到苗木扶贫农场落地，焦志良14年来带领两千村民大步迈在脱贫致富路上。2018年村里贫困户101户，2019年仅剩8户。

"今年争取再让3户脱贫。"脱贫，是焦志良的头等大事。在2018年，菜园村用一年时间实现了93户脱贫。1985年底，焦志良从部队转业回村时，就立志要带领全村人摆脱贫困，一起富起来。从那时起，他自费去河北省保定卫生研究所学习食用菌、药用菌的栽培。

这是一门反季节培养的种植生意，核心门槛是掌握技术难，对培养环境严格。每年6月中旬开始制母种，经历15天试管培养，再开始转接原种，30天后转接栽培种，这又需要40天时间。这个过程中，所用制种原料都要高温灭菌，并且在无菌接种箱内操作完成。

"要是管理不好出现杂菌污染，损失会很大。"焦志良干脆主动当起了培训师，让所有种菇户把自己需要的制种原材料都集中到一起，由他统一管理、技术培训，一户一户地指导制作栽培菌袋。

刚开始的两年里，他主要是传授制种和栽培技术，后来规模发展得越来越大，就分组制作。培养室对光线、温度、湿度、通风都有严格的要求，但农村基础条件差，大多是利用闲置的房子培养菌种，有的种菇户由于管理不善等原因出现了如菌种、菌袋杂菌污染、缺氧菌丝变异等情况。于是，焦志良除了要培训指导，还要经常奔走于种菇户之间，积极采取补救措施，减少他们的损失。在任村支书的14年里，他成功带领村民走上了种菇的产业扶贫之路。

"就业是最简单、最直接的脱贫方式。"这是他多年来做扶贫工作的心得。2018年，新河县供销社与碧桂园新河扶贫小组共同组建了扶贫车间时，焦志良积极拥抱这个新产业，当起了"车间"主任，后来又光荣地成为碧桂园"老村长"。这一角色，在他带领农户种蘑菇时，已经上岗多年。

这个扶贫车间的主要内容，是进行儿童玩具和生日蜡烛的组装工作。这让焦志良找到了为贫困孤寡和留守老人增加收入的办法，并亲力亲为地

从部队转业回村后，他自费学习食用菌、药用菌的栽培，再培训村里人。

为扶贫车间取货、送货、收货和验收等每一个环节进行把关。

现有的扶贫车间设在已经废弃的菜园村小学,教室就成了村民们的培训室。在没有厂家人员培训时,焦志良就亲自担当培训老师。"错了改,改了再错,教老人有时像教孩子一样。"他笑着说。有的贫困户岁数大,听力和视力都不好,他要手把手地教上好几遍。

"因病致贫、返贫是我们扶贫工作的拦路虎,"焦志良语重心长地说。去年,菜园村有一户家中因24岁的儿子突患白血病刚脱贫又返贫。患病不但会发生治疗费用,还会因为病人丧失劳动能力而直接影响家庭收入。"不能让一人患大病,全家都倒下!"焦书记除了调动各方力量采取医疗救治,减轻他们的就医负担,还在扶贫车间为他们安排了工作。

在贫困户照顾病人或雨雪天气不方便出门时,焦书记就亲自把手工活送到他家里,保证贫困户每天都能有收入。

菜园村扶贫车间自创立以来,大大缓解了村里贫困户的贫困现状。只要能让村民们有活可干、有钱能赚,焦志良说,他付出再多都值。

平日里,他还走村串巷入户,分析村情民情,哪家老人缺人照顾,哪家孩子小父母外出打工,哪家冬天取暖困难,他样样都牵挂在心。尤其是村里的孤老户,无人陪伴且性格倔强,要是在冬天一日没在村里见到,他

现有的扶贫车间设在已经废弃的菜园村小学,教室就成了村民们的培训室。

就要上家里看看，不光要给老人生火取暖做饭，还要做通思想工作。

其实，焦志良自己也已年近花甲，在带领菜园村村民脱贫致富的路上，一走就是半辈子。他常说："只有掌握技能，才能斩断穷根。在日常帮扶中，必须结硬寨、打呆仗，下苦功、用实招。"

**乐居财经与焦志良的对话精选**

**乐居财经**：您既是村支书，又担任碧桂园"老村长"，您是不是特别辛苦？

**焦志良**：习惯了就不觉得辛苦了。菜园村是个大村，有两千多口人，没有人比我更了解这里的情况，这个职位只能我来干。

**乐居财经**：扶贫车间在村里起到了什么作用？

**焦志良**：作用太大了，一方面，这给贫困孤寡和留守老人增加了收入，补贴了生活；另一方面，让村里的闲人有事干了，打牌聊天的人也少了，让贫困村民有了干活的动力，村风都有了明显的改善。

**乐居财经**：去年93户贫困户脱贫，主要靠的是什么？

**焦志良**：有多种途径，比如扶贫车间，勤快的人一天可以增加六七十元的收入，村民还可以在碧桂园的苗木扶贫基地干零活，通过土地流转有

焦志良常说："只有掌握技能，才能斩断穷根。"

还有租金收入，除了这些，每年村里的光伏发电量有50万千瓦，村民都享受分红。

**乐居财经**：您觉得扶贫工作最困难的是什么？

**焦志良**：扶贫工作既是头等大事也是头等难事。各个贫困户的情况都不一样，如何对症下药、如何精准帮扶是最让人费心的事。当初土地流转时，我带着村干部挨家挨户地跑，做村民的思想工作，那是，最艰难的一段时期。现在对贫困孤老户的关注也不能马虎，他们倔强得很，犯起脾气来不吃不喝，要守在他们身边做思想工作，直到做通为止。还有些贫困户是因病致贫的，要想办法为他们打通医疗救治的渠道。菜园村是县里的大村，各种情况都很复杂，这些都给扶贫工作带来了难度。

**乐居财经**："老村长"的工作您会一直坚持做下去吗？

**焦志良**：我身体好得很，家里有老伴照顾，我投入村里的工作没有后顾之忧，儿女们也都大了，在菜园村生活了几十年，让村里人的日子越过越好就是我的目标，我要一直干下去，十年、二十年都行。

时间：2019年7月3日上午9:30
地点：新河县荆庄乡荆庄村

## 孙书寿：荆庄"挖井人"

文/王泽红　图/莫少衡

初夏时节，一场暴雨刚过，被大风刮断的树枝残留在街道两旁。

我们走进新河县荆庄村的一家"扶贫小院"，里面时不时传出笑声阵阵。在不足五十平方米的农家小屋里，气氛融融，十几个村民正在手工安装轻便简易的音乐生日蜡烛部件，他们个个脸上洋溢着满足而幸福的笑容，其中大部分人是建档立卡的贫困人员。

说起这里颇有特色的扶贫小院，就不得不提到孙书寿。组装数字蜡烛，正是他排除万难从邻村引进的扶贫增收项目。

今年64岁的孙书寿，此前担任荆庄村村支书。2018年他从村支书的岗位卸任，之后发挥余热，接任碧桂园"老村长"职务，负责碧桂园在荆庄村的扶贫工作。同时，他被荆庄乡政府返聘，做一些公益工作。荆庄乡政府正好位于荆庄村内，敬业爱岗的他两头工作都不耽误。

北街居民周一、三、五用水，南街居民周二、四、六用水，全村南北隔天轮换吃水，家家户户院子里都备有一个水缸或水桶用来储存水，这是荆庄村的吃水现状。

"虽然隔一天才能用到水，但是现在全村吃水已经不再困难了。"说起荆庄村的苦,绕不开村民的吃水问题。孙书寿说,水,就是荆庄村的命。

而在8年前,荆庄村村民吃水却没有这么容易。彼时,荆庄村有3500多口人,却只有一口深水井,地下水管业已老化,水管经常崩坏,村民经常三五天吃不到水。"安全饮水"成了荆庄村的"心病"。

2011年2月,孙书寿刚刚担任荆庄村村支书。正值寒冬时节,来村委会提诉求的村民越聚越多,从几个人增加到三十多个人。刚刚担任村支书的他,脸上并没有喜悦之感,反而愁容满面。

"那会儿大家情绪比较激动,由于全村都是饮用深井水,要没有水就都没有,想去邻家接点水都不行,总是去邻村打水也不是个办法。"

"再打一口深水井,修复地下水网管道。"孙书寿把心一横,一边为村民提供解决办法,一边劝说村民耐心等待。工程推进需要时间,并非一日之功。

但是,一些村民并不听孙书寿的解释,对他还颇有微词。"这是你上任后办的第一件事,如果这件事办不好,你这村支书就不合格。"有些与孙书寿关系比较好的,也当面对他说,"你上任就是为大家办实事的,一定要把饮水问题解决好。"耳提面命之下,孙书寿不气不恼,反而更觉得责任重大。

组装数字蜡烛,是孙书寿排除万难从邻村引进的扶贫增收项目。

作为土生土长的荆庄人,对于饮水的困难,孙书寿有切身体会。而令孙书寿最难过的是,"有些村民竟然怀疑我别有用心,其实我家里条件挺好的,自己经营了一家电缆厂,当村支书只是单纯想为村里做点事。"

争议归争议,孙书寿立即向村里申请"打深井修复水网"项目。在他的极力推动下,不久后,项目获批,村里的打井工作紧锣密鼓地开展起来。

在修复地下管道水网时,村里资金紧缺,为了不拖延工程进度,孙书寿甚至自己垫资5万元。这件事让村民深受感动,村民打趣道:"办实事的来了,咱村要幸福了。"

为了不让全村断水,在改造水网时,孙书寿采取了"修哪儿停哪儿"的策略,修到哪条街,就停哪条街的水。停水的街道居民,可以去没有断水的邻居家打水,这种状态持续了半年。半年后,地下水网管道改造完成,荆庄村又多了一口400米深的"深井"。

如今,两口深井每天源源不断为荆庄村3500多人供水,当初水管破裂、崩坏的情景已经不再,村民再也不用为饮水而发愁了。

解决了饮水问题后,孙书寿又先后修路,整治环境卫生,进行土地修复,让荆庄村的面貌焕然一新。2018年,他卸任村支书的职位。在担任村

在修复地下水网时,为了不拖延工程进度,孙书寿个人垫资5万元。

支书的8年时间，荆庄村的贫困户从170多户减少到目前的17户。

据了解，新河县通过协调场地、帮助办理工商注册登记、落实补贴政策等措施，引导爱心企业和人士办起居家加工的"扶贫小院"。

担任碧桂园扶贫"老村长"之后，孙书寿看着村里的落后面貌，也琢磨着从邻村引进这项产业。

"乡里有很多家儿童玩具、生日蜡烛等零部件的代加工点，吸纳了上百户贫困户就业，现在我们荆庄村也有，这样的'扶贫小院'就有四五家。"孙书寿介绍。在他的带动下，由村里牵头，组织各加工点与生日蜡烛厂家对接，也有了稳定的加工"活"源，慢慢地培育出了具有本地特色的扶贫模式。

孙书寿说，"扶贫小院"吸引了农村剩余劳动力就近就业，现在越来越多农村青年人才都回来了，这在以前想都不敢想。

如今，孙书寿还依然奋斗在脱贫攻坚第一线。十几平方米的空间，既是办公室，又是休息室。担任碧桂园扶贫"老村长"，了解贫困户信息，帮助碧桂园资助贫困学生上学，是他在荆庄村的重点工作。

在孙书寿的办公桌上，有一份全村贫困学生的名单，他每天都会翻看一遍。看着村里的贫困学生在碧桂园的帮助下能够继续上学，他脸上洋溢着开心的神情。"教育是一件大事，村里的小虎家里很贫困，他上学很紧张，有了碧桂园每年资助的学费，他家负担减轻不小，小虎也能继续读书了。"

"解决村民安全饮水、修复村容村貌，还能帮助贫困户就业脱贫，为村民做实实在在的事情，我很自豪！"孙书寿说道。

**乐居财经与孙书寿的对话精选**

**乐居财经**：解决饮水问题后，您做的第二件事是什么？

**孙书寿**：第二件事就是整治村里的环境卫生。我们是从2012年下半年开始整治的。那会儿，村里街道是典型的脏乱差，柴禾在街上乱堆放，水缸到处可见，衣服也在室内晾晒，土台占用街道面积过多等，街道上连汽车通行都保证不了。所以,我们决定整治环境卫生。

**乐居财经**:整治过程中,遇到了哪些困难?

**孙书寿**:当时很多村民并不配合,拒绝清理自家的物品。为此,我在村委会大喇叭上广播了整整两天,但是还有一户居民拒绝清理电线杆上晾晒的衣服,最后我只能上门去做工作。我到他家时,只有他妻子在家,她很痛快地答应要清理,可是清路工作到了他家门口时,他拒不让清理,甚至还对我推推搡搡,万般无奈之下,我只能寻求派出所的帮助。

我们本来关系挺好的,因为这个事,从此有了隔阂,再也不像从前那样可以想说啥说啥了。这也是无可奈何的事情。

**乐居财经**:之后,您又做了哪些事?

**孙书寿**:之后,就是修路。那时候条件很差,街道全是土路,并没有用水泥硬化处理,街道两边也没有铺彩砖。所以,我们就每年修一条街,总共修了差不多3000平方米的街道。到2017年,村里所有的街道都返修了一次,差不多有31条街道,共修了12公里左右。另外,在2016年,我们还进行了农田的提升改造。2018年,我们做了一个项目,叫作"土地修复",就是把被污染的土地修复好,用于重新耕种,这个项目做完以后,我就卸任村支书了。

在孙书寿的办公桌上,有一份全村贫困学生的名单,他随时都会翻看。

**乐居财经**：您对碧桂园的扶贫工作怎么看？

**孙书寿**：碧桂园对村里帮助很大，贫困户的孩子会给助学金资助，小学和初中生每年1000元，高中生每年2000元，大学生每年3000。碧桂园还开展了暖冬行动，给村里的贫困户送被子和大衣等生活用品，在冬天很实用。另外，他们给贫困户购买了人身意外防贫险，如果家里大人发生意外，孩子还有个保障，这一点做得非常好。

时间：2019年7月3日下午15:30
地点：新河县寻寨镇殷家庄

# 王虎坡：三十年的坚守

文/郭晓涛　图/刘西常

    正午，烈日下，一位身材高挑消瘦、略微背驼的老人骑着一辆老式二八自行车赶来，他右手握着车把，左手拎着三个马扎。停下车，他单腿撑地，还没下车就把车筐里两个板凳递了过来："都别站着，快请坐下！"他操着乡音，周到热情又动作敏捷，简直与其古稀年龄不相配。

    这是6月中旬一天，在新河县殷家庄村田间地头，我们与当了31年村支书的王虎坡聊了起来。

    1968年当兵入伍，1974年进村支部，1988年任村支部书记，然后这一干就是30年。去年9月，69岁高龄的他卸任村支部书记，次月就被碧桂园聘请为殷家庄村扶贫"老村长"，具体的工作是"殷家庄村扶贫微工厂"的统筹人。

    "殷家庄村扶贫微工厂"由碧桂园新河乡村振兴办公室和新河县供销社在2018年11月共同组建，主要进行儿童玩具和生日蜡烛的组装工作。

    "微工厂"手工原料的每一次进货王虎坡都亲自去取回的。除了结算，连搬运的活儿他都亲自上。跟年轻的小伙子们一起，他把货从村外的工厂五楼搬到一楼，再装上货车。近一米见方的大箱子，他双手向后托着，一弯腰就扛在了背上。累了就单手抓住楼梯扶手停一下，向上颠一颠箱子，松开手继续走。每一次去工厂取货，这一上一下他就是十几趟。干完活儿，年轻人累得都驼腰许久，而他的腰这一弯就半天直不起来。

在王虎坡看来，碧桂园把扶贫、脱贫的产业带进了村里，他就要负责带进村民的家里。只有贫困户的收入增加了、生活改善了，他才算把工作落到了实处，才不枉"老村长"的职责。

王虎坡其实患有严重的腰肌劳损。2004年手术，住院两周后出院，村里大大小小的事务让他挂念着放不下，修建、挖渠、建路灯……庞大的工作量加重了他的腰肌劳损，加之手术后没有得到充分的休养，他的腰因为病痛始终无法完全直立起来。

4400米长、17000多平方米的路修好了，900米的灌溉水渠挖通了，村里的路灯前后修建了3次，如今古稀之年的"老村长"又在忙"微工厂"里琐碎的活儿。

除了取货送货，王虎坡还要负责制作辅料。比如，生日蜡烛的组装需要将一颗一厘米长的小蜡烛插入底座上固定，这就要预先打好糨糊。这个工作看似简单实则并不容易。北方的冬天，糨糊经常被冻硬而无法使用，

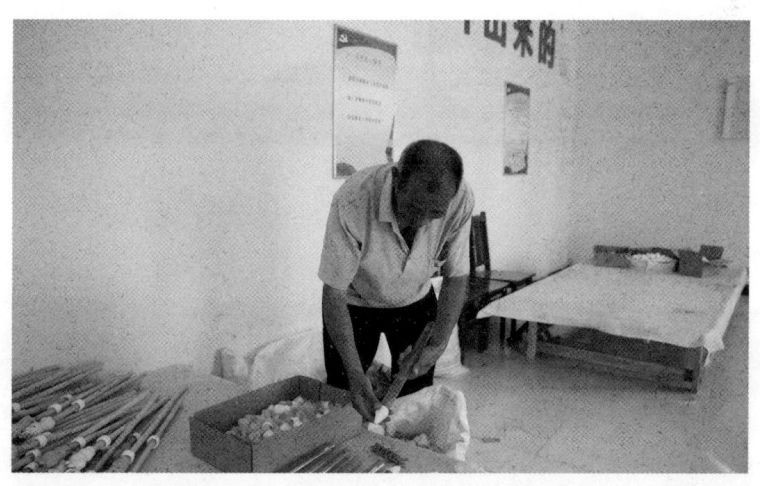

路修通了，灌溉渠挖了，路灯修好了，王坡虎又在忙"微工厂"里的琐碎活。

需要搬到暖和的屋里先软化，再用棒子反复搅动打散，直到把浆糊打到足够软才能把活分下去。为了保证贫困户干活不受阻，"老村长"王虎坡就是这样在冬天里"任性"地为村民打糨糊。有很多次，为了让糨糊尽快软化不耽误使用，他搅动过猛，还打裂了浆桶。

取货、送货、收货、验收、打浆糊……王虎坡跟三十年来的工作一样，亲力亲为，又干得清清楚楚、井井有条。别小看"微工厂"工作内容是玩具和蜡烛的组装，这个小小"工厂"大大激发了村民的劳动热情。王虎坡说，村里一些"老弱病残"等贫困劳动力有了工作，增加了收入，甚至村风村貌也因此而改变：过去，这个村常有三五成群的人在村口打牌，三三两两聊闲天的现象很常见。如今，大白天玩牌的很少见了。县供销社驻殷家庄扶贫工作队队长王子明说："王虎坡是让人最敬佩的老支书！"

**乐居财经与王虎坡的对话精选**

**乐居财经**：请您介绍一下碧桂园"老村长"的工作职责。

**王虎坡**：我虽然从村支书职务退下来了，但工作一直没停下来，现在担任碧桂园"老村长"，我主要负责"殷家庄村扶贫微工厂"的统筹。工

王虎坡说，"微工厂"让村里一些"老弱病残"贫困劳动力有了工作，增加了收入。

厂所有物料取货、送货、收货、验收一条龙的工作都我负责。账单也是我记录，乡亲们干活计件、发工钱，我都记录得清清楚楚。

**乐居财经**：请您介绍一下"扶贫微工厂"吧。

**王虎坡**："扶贫微工厂"是2018年11月由碧桂园新河乡村振兴办公室和新河县供销社共同组建的，主要进行儿童玩具和生日蜡烛的组装工作。同时，作为培训基地，"扶贫微工厂"号召乡亲们加入学习。

**乐居财经**："扶贫微工厂"在村里起到了哪些作用？

**王虎坡**：扶贫"微工厂"的作用可大了！它不光帮助"老弱病残"等贫困劳动力找到了工作，为他们脱贫增收，还激发了村民的劳动热情。过去，这个村三五成群的人经常在街口打牌，三三两两聊闲天的现象很常见。自从有了"扶贫车间"，老百姓尝到了甜头，有活儿干有钱赚，大白天玩牌的少了，村民的日子也越过越好了。

**乐居财经**：您70岁高龄还身兼数职，您感觉累吗？

**王虎坡**：累，但习惯就好了，就不觉得累了。看到村民的日子越过越好，我心里就高兴。干了一辈子村支书，我也闲不下来了。村里大大小小的事年轻人解决不了。

**乐居财经**：您干了31年村支书，村里变化大不大？

70岁高龄的他誓言两年内让村民的胡同里铺上柏油路。

**王虎坡**：变化太大了。我主持村工作期间，为村里修建连村路4400米长，面积达17000多平方米；挖通灌溉水渠900米；三次搭建、更新村里的路灯。我要一直干下去，我还有目标没实现呢。

这两年，我计划把连村的路灯再延500米，一下雨就泥泞的胡同里铺上柏油路。排水土沟也得改造了，殷家村还缺一个供村民遛弯的小公园。

时间：2019年7月3日下午16:00
地点：新河县新河镇宋亮庄村

# 邢金岭："黄韭"带头人

文/王泽红　图/莫少衡

一夜狂风暴雨洗礼后，宋亮庄村显得很清新，雨水冲刷过的街道很干净，在蓝天白云映衬下，两旁树木更加翠绿。从村西往东走，墙上的"宋亮黄韭，菜中珍品"几个大字很醒目，再往东走，就来到了宋亮庄村的黄韭大棚种植基地。

虽然戴着草帽，但是汗水还是沿着脸颊一直往下滴。刚过晌午时分，气温高达41度，几个村民在大棚基地劳作，有的正在用砖块铺路，有的正在将折叠的塑料膜展开，搭到大棚铁架上。

他们，正在搭建黄韭种植大棚。

"现在大棚没有种植任何蔬菜，因为黄韭是春天育苗，冬天才入棚；夏天大棚就闲着，种植其他作物，怕给土地带来病菌，到了冬天会影响黄韭的长势，"宋亮庄村村支书邢金岭解释道。

黄韭，也称韭黄，富含丰富的维生素A、B、C，糖类，蛋白质等营养物质，并含有抗菌物质。黄韭既可作为调味香料，又可煮、凉拌或做汤用以佐餐，饺子馅搭配黄韭尤其清香可口，宋代诗人曾写下"断觉东风料峭寒，青蒿黄韭试春盘"的诗句来赞美它。

"用黄韭包的饺子特别香。我们都是将种植的黄韭放到盆景中，然后再往外卖；一年能收割两三茬，很受欢迎。"而今，黄韭已经成为宋亮庄村脱贫的支柱性产业。

但是，在四年前并非如此。虽然村民也有种植黄韭，但是并未形成产业，也没有带来明显的收益。2015年，邢金岭接任宋亮庄村村支书的职位，彼时，全村164户共440口人，建档立卡的贫困户就有72户，如何带领全村摆脱贫困，是摆在邢金岭面前的一道难题。

"一亩园十亩田，种植黄韭比种植庄稼收入高多了。"担任村支书之前，邢金岭一直在做家具生意，有着灵活的商业头脑，他看准了宋亮庄村种植黄韭的优势，想要通过发展黄韭产业来带领全村脱贫增收。

宋亮庄村有黄韭种植的优势，是全县的黄韭种植基地。2015年，邢金岭刚刚上任，就利用扶贫资金10万元，以两户贫困户建一个大棚的方式，建了10个黄韭种植大棚；2016年，以一户贫困户建一个大棚的方式，再次建了13个大棚。23个大棚，共带动了33户贫困户的发展。

"前两年，黄韭市场很好，供不应求，村民种植的黄韭都能卖出去，一亩地能出黄韭盆景250到300余盆，每盆能卖到70元左右，一亩黄韭的毛收入有2万多元，刨去成本8000元，每亩净挣1万多元。"

在邢金岭带领下，黄韭已经成为宋亮庄村脱贫的支柱性产业。

如今，已经四年过去了，宋亮庄村的黄韭种植规模已经达到了60多亩。"现在，全村贫困户基本全部受益，贫困户数也从四年前的72户减少为现在的14户，"邢金岭骄傲地说道。

但是，在最初发展黄韭产业的时候，贫困户参与的积极性并不高，有人担心销路打不开，有人怕种植有风险。为鼓舞村民的种植信心，发展产业脱贫增收，邢金岭宣布为村民兜底。村民种植的黄韭如果卖不出去，他就个人出资全部收购。有时收购回来的韭黄卖不出去，邢金岭就会独自承担损失。

"今年收购的黄韭，就有400多盆卖不出去，全都腐烂了。"邢金岭坦言，他个人赔了不少钱。

但是，一定要保证持续的种植，客源才会源源不断。"如果'三天打鱼，两天晒网'，就很难形成产业规模。"邢金岭说，"大家的难处我理解，如果种植以后市场不好，卖不出去，种植户会很揪心。所以，我决定为大家兜底，让他们可以放心地种植。"

为了鼓励村民坚持种黄韭，邢金岭自己也承包了一个大棚。他认为，只要自己带头干得好，群众看到后自然会跟着干；如今，他已成为一位资深的黄韭种植者。每年收割季节，在大棚中都会看到邢金岭的身影。

今年，已经66岁的邢金岭正式退休，但他还继续奋战在脱贫一线。2018年，碧桂园来到新河县扶贫，聘任他为"老村长"，负责碧桂园在宋亮庄村的具体扶贫事项。作为老村长，他的工作是走访贫困户，帮助碧桂园解决村里贫困户的困难，开展精准扶贫。

"碧桂园来村里扶贫一年，村里变化不小。通往村里公路两旁的树，都是他们栽种的。大学生毕业，他们也会帮着安排就业。另外，他们还会给贫困户找一些力所能及的工作，帮助贫困户增加收入。""今年的黄韭收割完以后，碧桂园也会帮我们销售。"这让邢金岭尤为高兴。

谈及接下来的工作，老村长邢金岭告诉我们："现在，我们正在建4个日光温室大棚，除了种植黄韭，未来还会种一些草莓和西红柿，把这些大棚做成观光采摘园。"

村民种植的黄韭如果卖不出去,邢金岭就个人出资全部收购。有时会独自承担卖不出的损失。

邢金岭对未来充满期待。

**乐居财经与邢金岭的对话精选**

**乐居财经**:您当上村支书做的第一件事是什么?

**邢金岭**:管理农村工作,让老百姓都过上好日子,就像管理企业一样,首先要解决的是水电路的问题,让村民出行方便。我上任后的第一件事,就是修路,先是将村与村之间的路全部修通了,然后又将田地间的道路也修好,大概一共修了3公里。村东街口往北以前没路,如今,环村路四通八达,一律修到4米宽。我刚刚上任时,村里用电也有问题。电线有很多处裸露,外部的保护皮也有很多破损,我就把村里其中的一个100千伏变压器换成了200千伏的变压器,又将所有的破损电线换成了全新带皮的电线,在解决了用电问题的同时,也避免了不必要的安全隐患。另外,我还带领村民还修了两座桥、涵洞6个、扬水点6个。

**乐居财经**:在修建过程中,您有没有遇到什么困难?

**邢金岭**:主要是修建扬水点的时候,遇到了一些问题。比如,水管要从村民的耕地通过,这些村民就不同意,这样就需要多做思想工作、多协调。修建村民活动中心的时候,也遇到了同样的问题。

**乐居财经**:当初您是如何解决这些问题的?

**邢金岭**：其实就是多做工作，要学会换位思考，不能让老百姓吃亏；不能觉得烦，做协调和思想工作的时候，要有耐心，时刻牢记党"不忘初心，牢记使命，全心全意为人民服务"的宗旨，多为农民谋福利。

**乐居财经**：黄韭是什么时节移栽大棚种植的？

**邢金岭**："立冬不砍菜，莫把老天爷怪。"黄韭是每年农历十月一日后往大棚里移栽，冬天黄韭入棚，春天育苗。所以，夏天黄韭大棚就会闲置着，也不能种植其他蔬菜，怕有病菌。

黄韭主要是包饺子、做馅饼等，我们还会将黄韭做成盆景进行销售，既方便运输，也不易腐烂。

**乐居财经**：黄韭产业带动了多少贫困户脱贫？

**邢金岭**：村里贫困户基本上都受益了，大棚用人多，冬天有时候还需要从外面找人来干活，大概每人每天50元的工资。

**乐居财经**：除了种植黄韭，村里还有其他产业吗？

**邢金岭**：有，主要是养鸡、养羊。还有一个眼镜盒厂，只是才刚刚起步。另外，我和前任村支书还共同出资，养殖了1300只非洲雁和200只鹅。其中，四只公雁需要与一只母雁搭配，主要是为了下蛋。不过，现在还没有什么收益，我们想再为宋亮庄村寻找一个可以增收的产业。

邢金岭当上村支书后解决了村里的水、电、路问题，还修了两座桥。

# 平山篇

平山县地处河北省西部,太行山东麓,全县辖12个镇、11个乡,717个行政村。全县总面积2648平方公里,人口46万,是中国革命圣地——西柏坡所在地。初步探明矿藏51种,总储量约60亿立方米,现已开发利用矿藏23种,被评为"中国石材之乡"。

# 拼搏在革命圣地

## 平山县扶贫日志

文/林振兴 张 丹

小暑未至,热风携热浪已扑面而来。地貌繁杂的河北平山县在41度的高温下,散发着夏日独有的魅力。时而绵延山峦,时而开阔平原,大自然的鬼斧神工在这里表现得淋漓尽致,平山县2648平方公里的面积同时拥有平原、丘陵、低山、中山、亚高山五种地势。

西依太行、东接平原的平山县历史悠久,既是古今文人吟诗作赋之所,又是革命人不屈奋斗之处,中国革命圣地——西柏坡就位于这里。

全身流淌着红色血液的平山县,带着革命人的拼劲与不屈,在2018年9月终于摘掉了贫困的帽子。如今的平山县正在摸索如何走好脱贫之后的路。

7月5日,乐居财经访谈小组来到"中国老村长"系列对话第八站河北省平山县,分别走进下东峪村、郝家洼村、邾坊村、枣洼村,见证奋斗在扶贫一线"老村长"的日常,倾听他们扶贫背后的心路历程。

时间：2019年7月5日上午9:10
地点：平山县苏家庄乡下东峪村

# 闫廷锁：核桃砸出幸福花

文/张　丹　图/刘西常

    提起核桃，人们很自然地会想到河北平山县——这个被中国经济林协会命名的"中国核桃之乡"。而在平山县里说到核桃种植和加工，就不得不提苏家庄下东峪村。

    下东峪村是平山县有名的"核桃加工专业村"，全村172户几乎家家户户都加工核桃，年收入百万元的至少有10户。然而，以前的下东峪村连温饱问题都没有解决。

    1988年，33岁的闫廷锁担任村主任，回忆起那时的下东峪村，他颇有感慨："90%的村民填饱肚子都是个问题，更别提有什么发展了。"下东峪村人多地少，光靠种庄稼是不行的，作为一村之长，他得做点什么来改善村民的生活，最起码要把温饱问题先解决了。

    平山县有种植核桃的传统，在乡村沟谷山间，零星或小片核桃树到处可见。当时，村里也有人种核桃，富余的就拿出去零卖，闫廷锁就在其中。几年的时间，他蹬着三轮车往返各地摆地摊，提着小杆秤一斤一斤售卖。随着接触的人越来越多，信息也就越来越广，了解到外面市场对核桃加工需求比较大，他跟村里5户人家东拼西凑地凑了5万元，这对于当时年收入几千元的农民来说,相当于"巨资"。有了启动资金,闫廷锁和村民便开始在村子里做起了核桃加工。

闫廷锁介绍道:"我们当时主要做的工作就是对接好需求,在村里收购核桃,然后将核桃进行初加工后再销售。"随着核桃市场需求的增加,收购的核桃量大了,村里核桃加工点也多起来了,对剥核桃的劳力需求也有所增加。

"村民们不用四处奔波,在家剥核桃就能挣钱。"闫廷锁有点自豪地说。就这样,靠着核桃加工,村民的腰包也渐渐鼓起来了。

下东峪村对核桃的加工目前主要是初加工,对成熟的青皮核桃进行剥皮、烘干、剥仁、烘干、分级,进行包装后卖到批发市场。闫廷锁略带遗憾地说:"其实我们曾经考虑做核桃深加工,只是当时跟企业没有谈好合作细节,这事后来就搁置了。"

2018年碧桂园精准帮扶项目进入下东峪村,不仅为现有的核桃加工提供了新动力,也积极地推动了核桃深加工。闫廷锁说道:"的确,核桃初加工附加值低,只给别的厂供应核桃原料,受限制多而且赚钱太小。"

"剥核桃是个手工活,在没有核桃夹子之前,全部靠手剥。"闫廷锁介绍道,为了减轻村民的劳作强度,碧桂园平山县扶贫组在村里建起了帮扶

闫廷锁告诉我们,当年跟村里5户人家凑了5万元,这在当时相当于"巨资"。

核桃加工包括剥皮、烘干、剥仁、烘干、分级。

车间,并且提供了5台剥皮机。一来村民有了稳定的加工车间,二来剥皮机节省了劳力,提高了劳动效率。

闫廷锁边介绍边带着我们进入加工车间。七八个工人正有序地忙碌着,有的分拣核桃,有的在烘干核桃仁,有的负责装箱。闫廷锁抓起一把正在称重的核桃仁介绍说,这些核桃还需要再烘干才能卖,榨油、做核桃露、磨核桃粉都行。

稳定的销路是收入的保障,抱着"打一枪换一地"的想法,收入高低不定。这也是闫廷锁的担忧,他说道:"如今,下东峪村的核桃加工摊子铺得很大,村民以核桃加工为主业,很少有人外出打工。核桃销路如果打不开,村民收入就很难保证。"

碧桂园精准帮扶项目多次进乡了解情况,根据村民实际需求,帮助闫廷锁及村民积极拓展销路。闫廷锁透露,不久前,在碧桂园的帮助下,下东峪村已与广东佛山一家核桃加工公司签订了合同。此外,关于核桃深加工的事也在商讨中。

51岁卸任村主任一职,63岁的闫廷锁因碧桂园帮扶项目再度回到"老村长"公益岗位上。如今,64岁的他仍然奋斗在核桃加工的一线,种植核桃、收购核桃、加工核桃。闫廷锁爽朗地笑着说:"帮助村民脱贫致富是件多好的事,我要活到老干到老。"

**乐居财经与闫廷锁的对话精选**

**乐居财经**:在您当村委主任的18年间,村里发生了哪些大的变化?

**闫廷锁**:1988—2006年我在村里当村干部。我觉得最大变化是温饱问题解决了,2001—2002年,下东峪村的贫困人口下降到50%,村民的生活越来越好了。还有,我们把以前的土路变成水泥路,也解决了水源问题,耕地产量有所提高。

**乐居财经**:当碧桂园精准帮扶项目的"老村长",您的主要工作是什么?

**闫廷锁**:首先会将解碧桂园精准帮扶项目详细地讲给村民听。经常了解村民的需求以及遇到的困难,并想办法帮他们解决。同时,把解决不了的困难,跟碧桂园扶贫小组沟通,寻求更有效的解决办法。我们村以核桃加工为主业,但是我觉得收入来源太单一,目前正和碧桂园平山县扶贫小组商量还有哪些可挖掘的致富渠道,来增加核桃加工的附加值。

**乐居财经**:下东峪村目前的情况如何?

**闫廷锁**:下东峪村目前有172户,共652人,核桃加工是主业,村里

碧桂园精准帮扶项目多次进乡了解情况,帮助闫廷锁及村民积极拓展核桃销路。

下东峪村核桃加工全县有名,如今不少周边邻村都会把核桃送到下东峪村来。

外出打工的人很少。下东峪村核桃加工全县有名,不少周边邻村都会把核桃送到我们村来。如今,村民的收入有所提高,从以前的"吃得饱"逐渐开始思考"吃得好"。

**乐居财经**:目前下东峪村的核桃种植情况如何?

**闫廷锁**:下东峪村人多地少,目前有100多亩的核桃种植地。核桃耐寒抗旱,比较容易栽种。不过,在种植核桃后需要3到5年才能形成产量,有时候需要到山西、甘肃、云南等地调货。

时间：2019年7月5日上午10:00
地点：平山县合河口乡郝家洼村

# 郝东风："拯救"故乡

文/林振兴　图/莫少衡

"如果故乡没了，根就断了，何以安身立命？"

7年前，郝东风选择"往回走"，开始实施"拯救郝家洼村计划"。他曾在县城经商20余年。白天，他要巡视村中的山山峁峁；夜晚，他是村庄的"哨兵"，机警地倾听着村里的一切声响，执拗地坚持着留住郝家洼村的梦想。

连续两年的除夕夜，郝东风都留守在村里，一来冬季防火压力比较大，二来陪着村里3个孤寡老人一起过春节。他包好饺子、烙好馅饼，做了一桌子丰盛的饭菜，用仪式感来追溯记忆中的年味。

郝家洼村位于合河口乡西部，距平山县城106公里，海拔1100米，夏季凉爽，曾有300多人在此安家落户。由于山多林少、缺水少地、水旱灾害频发，近几年来，越来越多的村民搬迁至平山镇，现在村里仅有29户，共72人。随着人口的逐渐外流，村里十室九空，外围的土坯瓦房悉数坍塌，杂草在碎石路缝中肆意生长，空荡的四合院落内灌木已齐人高。

"自从郝村长回村，委任支书兼村主任后，村子完全变了。"一位村民感慨。郝东风鼓励百姓返村"盖房子"，统一规划，将原来破旧散乱的泥砖房改建为二层小洋房,并配套完善了道路、供水、电暖、排污、绿化、休闲、通信等设施,彻底改善了村容村貌。

他将一片菜地和河道改造成了大公园和广场,这些工程不对外承包,而是带动本村贫困户和青壮年劳动力参与,每人每天120元。

为了不拖欠村民的工资,很多笔项目款项都是郝东风自己先垫付的,近三年陆陆续续垫资了30余万元,媳妇对此多有抱怨,"好好的生意为啥不去经营?倒是把90%时间都花在村上。"

他决心打好乡村旅游这张"生态牌",将农民的小洋房发展成客栈、民宿和农家乐,不仅可以通过收取房租来增加村民的收入,还可以念活"发展经",向客人出售生态鸡肉、猪肉以及土豆、豆角等绿色食品,实现传统农村"农+旅"的华丽转身。

"村民加上外边的游客,不超过300人是最好的,一旦超过300人村里就会过于喧闹,会产生很多噪音。"他对来村的旅客进行限流,要保证村容村貌起码的安静整洁。

正当郝东风带领大伙风风火火搞旅游时,碧桂园给郝家洼村来了个锦上添花,联合成立了土豆种植示范基地,将村口10亩的荒地盘活,种植有紫土豆和夏土豆,引入山泉水灌溉。

郝东风决心打好乡村旅游这张"生态牌",将农民的小洋房发展成客栈、民宿和农家乐。

2019年清明节前后,碧桂园平山扶贫项目部全体队员和当地村民一起将4000斤的土豆种子播撒下去。郝东风每天跑到这10亩地上查看土豆的生长情况,从翻地、种地、管理到收获他都亲力亲为。

土豆种植基地现有固定员工11名,郝东风选用村里及周边有劳动能力的贫困户,通过劳动力用工及订单式种植的方式带动贫困户增收。再过一个月,土豆就可以丰收了。喝着山泉水,吃着自己种的土豆,郝东风没有具体地想过自己坚守的意义,只是觉得在山里睡得踏实,星星也显得更加明亮。

他有个小小的心愿,等郝家洼村一间间农家乐兴建起来,土豆成为产业,到时候在外打工的年轻人也会陆续回村效力。

这很像是在寻找自己的翻版故事。

**乐居财经与郝东风对话精选**

**乐居财经**:郝家洼村的现状如何?

**郝东风**:郝家洼以前称"郝家凹",因村中郝姓居多,且村庄位于半山腰凹中而得名,后因笔误而写成"郝家洼"。郝家洼村原有西串和牛圈沟两个自然庄,大约300口人。1978年,牛圈沟山洪暴发形成泥石流,侥幸逃生的村民因无法生存而搬迁至合河口村。2004年,平山县对深山区贫困村实施扶贫搬迁,郝家洼村10户41人搬迁至平山镇的王平村北岭,与其他几个搬迁村组成了王平新村。

**乐居财经**:您为什么从平山县回到郝家洼村?

**郝东风**:我想把村搞得再繁荣一些,不能让咱们村消亡。其实,繁荣不是说要把村庄变得像大都市那样,而是让村民回归,让走出去的人回来。我是2012年1月回乡的,担任村党支部书记兼村委会主任至今。1996年至1999年,我在平山县温塘宾馆工作,1999年至2001年在平山县温塘交通宾馆工作,之后在平山县锦绣山河会议接待中心工作,一直工作到2012年。

**乐居财经**:当时回来之后的想法是什么?

**郝东风**：那时候想把郝家洼村打造成景区，准备开发旅游，我的微信号就是景区名称，公司已经注册下来了，叫翠松山。从沟里边往里走，海拔最高是1500米，广场海拔是1070米，最适合人居住。剩余的老房子全部拆掉，建一个社区，或者搞成类似于丽江古镇那种可以居住也可以参观的房子。

**乐居财经**：您对郝家洼村是否有新的规划？

**郝东风**：因为政府对国家自然保护区管理比较严格，我现在换了思路，鼓励村民"回归"，支持他们盖房子。一方面鼓励他们自己居住，另一方面鼓励他们尽量弄成民宿、农家乐之类的。现在主要是先搞村里基础建设，下一步也在修点登山设施，避暑的客人可以来散散步、登登山。

**乐居财经**：村民重新翻修房子需要多少费用？

**郝东风**：平房盖一平米的话，一般1200元，如果瓦房，一平方米差不多1800元。基本上一户能盖二层，差不多160平方米，一层可能就是80平方米。如果是资金困难的村民，村委就按照成本价借款，没有利息，如果村民三年还不起钱，可把时间延长至5年。

**乐居财经**：您是从什么时候开始做碧桂园"老村长"的？

**郝东风**：去年10月开始，我担任了碧桂园"老村长"，主要起到一个桥梁的作用，协助当地的碧桂园帮扶小组人员与村民沟通，将资金、政策、脱贫意志带到每家每户。碧桂园与平山翠松山农业旅游开发有限公司联合开发建设了土豆种植示范基地，把10亩荒地利用起来，发展特色土豆种植，通过辐射周边贫困劳动力用工及订单式种植的方式带动贫困户。现在，一个人在土豆基地的工资差不多有4000块。

**乐居财经**：郝家洼村的脱贫情况如何？

**郝东风**：本村共有建档立卡贫困人口21户、45人。2015年脱贫户1户1人，2016年脱贫户5户8人，2017年脱贫15户36人，2018年脱贫2户10人。

**乐居财经**：扶贫过程中，有哪些印象深刻的人？

**郝东风**：我们村委员闫云良家庭困难，他本人骨头坏死，媳妇40多岁时得癌症去世了。他家有三个孩子，大闺女在唐山学院，二闺女今年高

郝东风鼓励村民"回归",一方面鼓励村民自住,另一方面鼓励他们做民宿、农家乐。

考,儿子现在小升初。家庭重担都压在他一个人身上,关键他还有一个聋哑兄弟,他还不得不照顾他兄弟的两个孩子。他家孩子上大学,我资助了1000块钱,上高中我资助500块钱,我鼓励他养牛羊猪,争取多增加额外的收入。

**乐居财经**:碧桂园有没有通过什么措施帮扶这个深度贫困户?

**郝东风**:党建扶贫方面,碧桂园平山扶贫工作组开展了暖冬行动,为闫云良送去了御寒军大衣;产业扶贫方面,为闫云良免费发放6只猪仔,然后按定价回收,他本人也经常到土豆种植基地打工;教育扶贫方面,资助闫云良家三个孩子,资助金额分别为3000元、2000元、1000元,总计6000元;健康扶贫方面,为闫云良免费购买了防返贫意外保险。

时间：2019年7月5日下午15:00
地点：平山县大吾乡郏坊村

## 曹建花：村里的"铁娘子"

文/林振兴　图/莫少衡

滹沱河两岸，芦苇荡迎风招展。溯流往南，一个山坳形似一摞盘子，东侧的冲积滩平展肥沃，依山傍水。这里，便是人杰地灵的平山县郏坊村。

在郏坊村，逢人便会提起村里的一位女村委主任。有人说她雷厉风行，有人说她面和心善，也有人说她敢拼敢干。

利落的短发，黝黑的肤色，不喜欢佩戴饰品，常年穿一双30元左右的黑色老布鞋，第一次见到曹建花，就留给人深刻的印象。

一旦和曹建花聊起天来，很明显感觉到她和村里的其他女人不太一样。她有着"政治家"的气质，心直口快，带着一身正气的爽辣劲儿。"一个女人想给村里干点儿事很难，但只要是看不惯的事，我就会去说、去做。敢和一群大老爷们竞选，这是我做过的最骄傲的事。"提起竞选村长的经历，年过五十的曹建花双眼发亮，这种眼神中的光彩，只有经历过田间地头的风霜才能打磨出来。

1965年出生的曹建花，和大多数中国农村女人一样，村里生，村里长，18岁从港南村嫁到郏坊村，转眼间半辈子就过去了。曹建花能干，甚至开得了拖拉机，但村里女人当"家"，却似乎没有那么容易。村长、村委主任由村里统一选举产生，这一制度自1986年开始实行，至今已经33年，而通过投票选举出来的女村长、村委主任从来都是凤毛麟角。

2018年，又是一年村委换届选举。曹建花做出了最勇敢的决定——竞选郏坊村村长、村委主任。她说，没有那么多剪不断、理还乱的利益网，有一颗为民办事的心，就足够了。

几天之间，曹建花成了村里茶余饭后的舆论焦点。一个外地嫁过来的媳妇要竞选村长村委主任，这个消息就像平地一声雷，村里的老百姓炸开了锅。"一个想干点实事的人总是非议多，一个想干点实事的女人非议会更多。"对这些，曹建花已经做好了充分的心理准备。

但她往日里的一举一动，村里人都看在眼里。曹建花曾六天六夜帮助近百户村民浇灌白菜地，"早上开始浇地，开了机子就不停，一直到浇完为止，累了就留在地里，躺下就睡着了。"村民回忆道。

手里拿着精心准备好的规划书，曹建花显得一身孤勇，与她同台竞选的则是两名正当壮年的男性村民。最终，她以超过半数的投票，从三个候选人中成功脱颖而出。

"外村嫁入的女性当选村委主任，这是村里有史以来第一次，也代表了村里人对我的信任。"竞选成功后的曹建花有些羞涩，也更坚定了她为村里干实事的决心。

曹建花记得很清楚，去年四月初七，她正式担任村主任。上任的第一天，她就开始履行自己的竞选宣言和实施郏坊村的发展规划。

郏坊村是历史上有名的文化村，有尊师重教的传统，虽然自己只有高中学历，但曹建花深谙教育的重要性，知道"再苦不能苦孩子"。

去年7月，碧桂园来到平山县开展党建共建，捐赠30万元为郏坊村援建了办公室，村里的两委班子才开始有独立的办公场所。此前，这个地方曾是一片200平方米的荒地，零星散落着村里几户人家的猪圈。

当得知村里的微信群有人反映家里娃娃没有幼儿园念书时，曹建花综合考虑各方因素后，带头劝说其他村委领导，将刚建好的办公室改为幼儿园使用，不收任何租金，并且幼儿园的学费还要低于其他村子。这一举动

| 平山篇 |

曹建花以超过半数的投票,从三个候选人中成功竞选而出。

让村里人都对她心服口服。

曹建花和同事们又回到了郏坊小学办公,那是20世纪80年代盖的老砖房,不足40平的狭小空间,被分割成两个房间,陈旧昏暗。

外屋是村委干部集体办公的场所,桌椅是乡政府捐赠的;内屋是驻村工作队休息的地方,摆放着三张床铺和几床被褥。对此,曹建花满不在乎,在她心里,孩子的教育总是第一位,在旧房子里办公又算什么呢。

今年2月,命名为"郏坊村启航双语幼儿园二幼"的新幼儿园正式开园,当地的18名儿童有了宽敞明亮的新教室,村里的老人们再也不用在寒冷的冬季里,骑上电动车到3公里外的邻村送孙子、孙女去上学。

幼儿园的东侧留了一间60平方左右的房间,专门用来做老人活动室。去年重阳节,曹建花和村干部专门给30位75岁以上的老人庆祝节日、煮长寿面,为此她还自掏腰包,亲自到平山县城买了热菜热饭,让老人们度过了一个热闹的节日。

一位年近古稀的老人拉着她的手,激动地说道:"我在这个村活了一辈子,从没想过大家伙能聚在一起吃顿饭,你还想着把整个乡都组织起来为我们这些老太婆、老头子过节,真是不容易。"

今年的重阳节,曹建花想组织一场规模更大的老年人聚会,让60至

80岁的老人都来参与,她甚至还想把这个模式推广到平山县的每一个村子里,传承"尊老爱幼"的文化传统,让老人们老有所乐。村里大部分都是留守老人,"老人孤独。"曹建花深深懂得这一点。所以,她隔三岔五就到各家坐坐,带点吃的用的,陪他们拉拉家常。

整个邠坊村有贫困户11户15人,对每一户的经济情况以及他们家庭成员的健康状况,曹建花都了如指掌。村民刘江龙是曹建花的邻居,在贵州打工时不慎从高处坠落。曹建花坐班车到县城,第一时间帮助他联系保险公司,向保险公司索赔。此前,碧桂园平山扶贫工作组为100户重点帮扶的深度贫困户购买了精准防返贫保险,刘江龙也是100户深度贫困户之一。除了工伤保险报销外,防返贫意外险还为刘江龙提供每天50元的住院补贴和意外伤残补贴。

上任村主任仅一年零三个月,曹建花的体重从158斤掉到138斤,她就一个心思,"将工作干好,尽力去做事,不要想着发财。"对于村里一年胜似一年的变化,曹建花备感欣慰。心中有格局的她,还悄悄埋藏着一个"华西村"的梦想,那是她无意间在电视上看到的。对曹建花而言,"平山华西村"的梦想无异于天方夜谭,但毋庸置疑的是,竞选村长、村委主

曹建花说服其他村委把刚建好的办公室改为幼儿园,村里的老人再也不用送孙子、外孙女到3公里外的邻村上学了。

任,立志为村民做事,这是曹建花拿出所有勇气做过的最轰轰烈烈的事情,这也是一个农村女人与住了半辈子的村子进行的一场时代互动。

**乐居财经与曹建花的对话精选**

**乐居财经**:女人担任村长、村委主任很不容易,您是如何坚持下来的?

**曹建花**:我既然担任了村长、村委主任,就应该尽心尽力办事。我从之前的158斤瘦到138斤,压力特别大,我办的每一件事考虑的都是老百姓,可是还有人不理解。一开始,我家里人都不理解我,这么大的村子有多少钱也不够往里贴。我一直跟他们讲道理,现在家人对我给村里贴钱已经慢慢接受了,也可始支持我了。

**乐居财经**:在您的竞选宣言中,印象最深刻的是什么?

**曹建花**:我承诺老百姓,一定要让他们吃得上自来水。冬天,我坐班车来回往返县城去挑选和采购水管,把之前村里埋放的细水管统一换成粗管,之后去家家户户检查水管是否畅通。我每个月工资750元,全部都贴进去了,前前后后贴了六七万元在村里的项目上,比如给全村的800亩地浇水,水坝一年放四次水,一次需要15000元的费用。此外,谁家有结婚

心中有格局的曹建花,还悄悄埋藏着一个"华西村"的梦想。

的，或者有人盖房子需要浇地，我们也给他供水。

**乐居财经**：可以介绍下村里的引水上山开荒项目吗？

**曹建花**：去年，我为山地的水利设施到处跑，向水利局等部门争取了95万元的项目资金。如果我们村的水利设施可以建成，1700多亩山坡地能够浇上水，合作社可以在地里种上苹果、梨子等经济作物，这对脱贫增收的意义是非常大的。目前，引水上山工程已经完工，正在等待验收。现在，我们正在筹划一条8米宽的景观路，在发展旅游业的同时，结合水利设施，更好地盘活1700亩地。

**乐居财经**：现在邦坊村基本情况和脱贫情况怎样？

**曹建花**：邦坊村位于大吾乡最西部，现有2000人，住房占地面积400亩，村民沿着公路居住，像细长条一样。脱贫方面，去年脱了两户人家，现在就剩七户未脱贫，今年让他们成为低保户，就可以脱贫。

**乐居财经**：扶贫过程中有哪些印象深刻的人？

**曹建花**：88岁的任瑞姐是村里的贫困户，家中有个儿子因车祸去世了，儿媳妇带着孩子走了，家中只剩下高龄的她。去年9月，她不小心摔了一跤，只能在床上躺着。为了帮助任瑞姐尽快恢复，我经常过来看望她，给她提供饭菜和生活用品，还给她买了个沙发，协调她和儿媳妇之间的关系。能帮助她们，我自己也感到幸福和安慰。

时间：2019年7月5日下午 16:50
地点：平山县上三汲乡枣洼村

# 杨二会：不负似水年华

文/张　丹　图/刘西常

　　进入7月，阳光带着几分灼热，正是小憩的午休时间，河北平山县枣洼村却不时传来"嗒嗒"的机器声。循声而去，我们来到了村里的衣物加工车间。碧桂园"老村长"杨二会带我们走进车间：五六个女工正在机器前忙碌着，还有三个女工正拿着尺子、粉笔在布上操作着。

　　今年2月，在碧桂园平山县扶贫组的帮助下，村里建起了扶贫车间，主要加工衣服、布鞋面等产品。女工笑着告诉我们："计件做工很自由，时间不固定，不出村就能挣到钱还能照顾家，挺不错。"

　　枣洼村的青壮年目前多外出打工，村中常住人口以老人、孩子居多。还有一部分为了照顾老人和孩子留下来的妇女，从前业余时间只能"打打牌，看看电视"。去年8月当上"村长"的杨二会考虑，如果将村里妇女的闲置时间有效利用起来，可以帮助她们贴补家用，又可以让她们的生活更加充实。

　　碧桂园平山扶贫组在了解了杨二会的想法后，带着他去了不少地方考察项目，最终双方一致认为，服装加工的项目最合适。在当地党和政府的积极支持下，村里的加工车间在短时间内便落成了。"给村里的妇女们所找的工作，一是需要时间灵活，能让大家兼顾到家庭；二是技术门槛不高，大家学习起来不吃力。"杨二会解释道。

14岁就离开枣洼村的杨二会，在阔别老家17年后于2018年5月回乡。一瞬间，他有追忆逝水年华的感动，但更多的，则是五味杂陈。十几年间，外面的世界日新月异，可自己的家乡却连一幢精美的二层小楼都看不到。31岁的枣洼娃子杨二会希望带村里叔叔阿姨、兄弟姐妹们，走出一条康庄大道。

"之所以辞职回乡，我的想法很简单，就是想帮助村民做自己力所能及的事，让他们过得更好一些。"杨二会挠挠头，这个高高壮壮的平山青年，有些不好意思。

碧桂园给了杨二会实现理想的一个绝佳机会——担任平山县枣洼村的"老村长"。在当地党和政府的支持下，碧桂园平山县扶贫组的工作进展得很顺利。为枣洼村扶贫车间提供缝纫机设备，帮助对接上游企业订单，还带着村民们去工厂培训学习，杨二会由衷地感叹：碧桂园平山扶贫干部对这个加工车间真的没少费心。

"从一开始什么都不会，到现在能熟练上手，大家学得都挺快的，这不，今天上午又刚接了一批加工衣服的活儿。"一位女工说道。

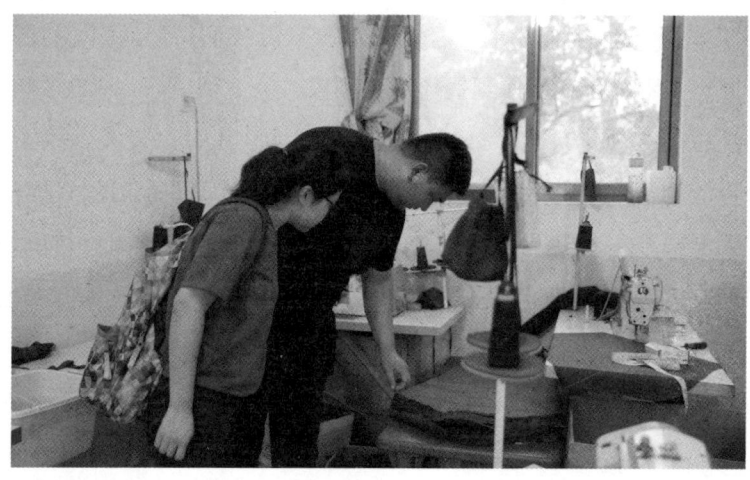

"给村里的妇女们所找的工作，一是需要时间灵活；二是技术门槛不高。"杨二会解释道。

杨二会介绍说，目前加工车间有12台电动缝纫机，长期工有20人，临时工人数不等，前来学习的人不少。加工车间的机器很快就不够用了，他正在规划着10月份再增加一批缝纫机。

解决了村子里妇女的工作问题之后，杨二会又开始想，要把耕地好好利用起来，提高村民的整体收入。"光靠农作物是不行的，一定要有经济作物才能让村民收入更稳定。"杨二会解释道。

2018年，在当地党和政府的推动下，在碧桂园的穿针引线下，杨二会到保定阜平县参观考察学习酸枣树的种植技术。在了解了酸枣种植的发展前景，并和专家讨论了枣洼村的气候特点、土质、地势之后，2019年4月，杨二会决定在村中种植200亩酸枣树作为试验。

"虽然酸枣树生命力强、繁衍力强，但是它也需要管理，尤其是在前期的培育阶段。"杨二会说道，他优先考虑的劳动力是本村和周边的贫困户。

"目前酸枣树还属于幼苗，到明年才能结果，到时候才能看出收成如何。不过，碧桂园目前已经帮助我们联系了不少酸枣收购、加工的渠道。"杨二会充满信心地说道，未来，村里还要打坝引水，规划建筑用地，发展

碧桂园为枣洼村扶贫车间提供缝纫机设备，帮助对接上游企业订单，还带着村民们去工厂培训学习。

垂钓、采摘等产业。

"虽然我们很想尽快帮助村民脱贫致富,但是这需要时间,要慢慢来、一步步走。"辞职回乡的杨二会有太多的感触。他觉得,已经脱贫的枣洼村接下来要做的是致富,这不是一蹴而就的事,需要脚踏实地地进行。

**乐居财经与杨二会对话精选**

**乐居财经**:在担任村主任之前,您主要从事什么工作?回乡收入情况如何?

**杨二会**:在当村主任之前,我在钢铁公司负责运输。在公司工作的收入要比村主任多,不过,我回村时没有考虑钱,就想着尽自己所能,为村里办点实事。两种工作的价值感是不一样的。

**乐居财经**:在脱贫攻坚战中,您印象最深刻的是什么?

**杨二会**:我是2018年8月当上村主任的,让我印象最深刻的是有一家老母亲半身不遂,儿子精神不太正常,正常生活都比较困难,我感触很深,必须帮乡亲们摆脱贫困。

**乐居财经**:目前,枣洼村的整体情况是怎样的?您每天的主要工作是什么?

他觉得,已经脱贫的枣洼村接下来要考虑的是如何致富。

**杨二会**：目前枣洼村有161户，共597人，老人、孩子相对多些。我每天的工作除了想方法改善村民现有的生活条件，比如修路、贫困生资助等，也会经常走访看望贫困户，了解他们的需求和当下遇到的困难，并想方设法帮助解决。

**乐居财经**：未来，您对枣洼村的致富规划是什么？

**杨二会**：我对枣洼村的未来规划主要有三个方面：一是耕地方面，将村里现有的300亩好好规划；二是打坝引水及蓄水，一方面解决农作物种植所需用水问题，另一方面也考虑发展水产养殖和采摘；三是对建筑用地的规划和利用，目前村里有将近300亩的建设用地，我计划开办加工厂，提升农产品的附加值。

# 田东篇

　　田东县位于广西壮族自治区西部,地处右江河谷腹部,右江河从西至东贯穿其中。全县总面积2816平方公里,辖10镇1乡167个行政村(街道、社区),总人口43万人,是一个以壮族为主体的多民族聚居县。境域版图颇似一只巨大的芒果,恰与被命名为"中国芒果之乡"巧合,物华天成。特色食物有田东芒果、田东香米、田东香鸭等。

# 突破群山"包围圈"

## 田东扶贫日志

文/王泽红

　　田东县位于广西西部，地处右江河谷腹部，土地肥沃，光照充足，雨热同季，是个巨大的天然温室，是全国杧果之乡。由于境域版图颇似一只巨大的杧果，恰与其"中国杧果之乡"之称巧合，物华天成。

　　九月的田东，杧果已经过季，取而代之的是香蕉。道路两旁的树上挂满了还未成熟的绿色香蕉，为了催熟，很多香蕉被套上了蓝色塑料袋。除了特产杧果之外，田东县还是广西第二大香蕉种植基地县。

　　但就是这样一个富产水果之地，仍然有不少人被贫穷所困。连绵起伏的山脉中，散落着田东县的多个村庄。龙冲村是一座位于石头山中的村庄，抬头便是陡峭的山峰。架龙村和三百村则被层层群山包围。受制于地理环境，这些村庄被分割成多个自然屯，交通不便，生活贫困，但总有一些令人感动的身影，在默默地付出。

　　2019年9月5日，乐居财经访谈小组再次走入田东，探访处于大山深处的中国"老村长"，发现他们带领村民脱贫的故事。

时间：2019年7月9日下午16:00
地点：田东县江城镇架龙村

# 周言将：养猪合伙人

文/王泽红　图/莫少衡

　　大山深处，只有一条宽约3米多的水泥路，道路两旁平地里种植的多是玉米，坡地种植的则是杧果树，从国道243岔进前往架龙村的山路，都是这般景色。

　　沿着山路继续向西南方向行进，就来到了架龙村那坤屯。道路的右侧，房舍依山而建，大多数是三层建筑，由下及上，很容易看清全貌；道路的一旁有一小片空地，是村民的公共活动区域。

　　下午4点左右，有不少村民坐着小板凳，在阴凉处闲散聊天，跟随主人而来的小狗懒散地卧在一旁，目光跟随着不远处觅食的家鸡，一派安逸的景象。周言将也坐在树荫下，抬头望着道路上过往的车辆，看到我们到来，他立即起身相迎。

　　48岁的周言将，显得比实际年龄要年轻不少，白色T恤搭配牛仔裤，显得很精神。

　　周言将曾是架龙村最年轻的村干部，被那坤屯村民视为"贴心人"。

　　架龙村分为7个自然屯10个村民小组，共有330多户人家1650多口人，而贫困户则高达140多户。2005年，34岁的周言将担任村委文书，按照村委分工,主要负责那坤屯日常事务。

那坤屯的年轻人大部分外出务工,因此,照看村内的留守老人也成了周言将的日常工作之一。村里一对70多岁的留守老人吴大爷夫妇,身体差,且行走不便,每次回家时,周言将都会绕路去特意探望。

一次傍晚时分,周言将到来时,看到两个老人正在翻箱倒柜地找东西,吴大爷踩着板凳,双手在柜顶缓慢地摸索着,双腿不住地微微抖动,身体也跟着一摇一晃。这一情形让周言将很是心惊,他立即跑上前,将吴大爷扶下了板凳。

问及缘由,原来吴大爷夫妇在翻找户口本,要寄给外地的儿子用,没想到户口本丢失了。望着焦急的老人,周言将二话没说,次日便跑到镇上帮老人补办了户口本。看到周言将风尘仆仆地赶回来,吴大爷很感激,抱起一堆柴禾就要留他吃饭,周言将二话不说,马上撸起袖子,给吴大爷夫妇做了一顿晚饭。

"我知道他们也没有吃饭,我留下来,只是想给他们做一顿饭;两个老人身体不太好,平时都是将就着吃,"周言将回忆道。

周言将尽自己所能照看着村里的老人,而他的贴心,也得到了很多村民的赞赏。2011年,他被选举为村委副主任。谈及此,周言将的笑容更盛,他用手指着背后的上坡说道:"你看,坡地上种植的全是杧果。"

"那个山坡上，是我自己种植的杧果，数量在1800株左右。"谈到杧果，周言将有些激动，他认为种植杧果可以为村民带来不少收入。2014年，在政府的帮扶下，架龙村引进了10万株杧果树苗，而周言将正是这些幼苗的分发者之一。

处于"杧果之乡"，他深知发展杧果种植业，能够一定程度上改观村民的生活质量。因此，在分发幼苗时，他更是用心。周言将解释道："杧果树幼苗的分发，是根据每家每户坡地亩数而决定的。坡地多的，分到的自然也多，但务必要保证各家有苗可分。""去年，杧果树开始大面积地挂果，开始为大家带来收入，"周言将开心地说道。

本打算在村委的岗位上一直干下去，但是一场大病让周言将开始力不从心。2015年，因为冠心病，他不得不接受了心脏搭桥手术，身体耐受力受到了影响；再加上家中高龄母亲身患白内障，越来越离不开人贴身照顾，周言将在2017年抱憾辞去了村委副主任的职务。

然而，"闲不下来"的周言将没多久又搞起了养殖。与村里的四户贫困户一起开办了养猪基地，成了"养猪合伙人"。

在离他种植杧果的山坡大概150米远处，就是养猪基地。周言将的养猪基地正在扩建，之前有两个养猪棚舍，养殖900头猪，现在大棚已扩建到三个了。下一步，周言将和他的搭档们准备扩大养殖至1200头猪。

如今，周言将已经从一个养猪的外行人变成了"养猪能手"。而这个过程，对于他来说并不顺利。"最开始的时候，我连给猪打针都不会，经常被棚舍里的猪撞到，或者踩到脚；被踩得严重时，脚指头肿得好几天不能走路。"

养猪最怕的就是猪生病。为了及时发现患病的猪，周言将和他的搭档们经常彻夜轮岗，照着手电筒，半夜12点以后还要查看所有猪的状态。"现在，我已经修炼出了一种本领，根据猪的呼吸就能判断出它是否生病。"

"不过，就算如今会打针了，也经常会被猪撞到或者踩到，特别是清理猪舍的时候，"周言将笑着说。

跟着周言将进入养猪棚舍后,笔者却没有发现一头猪,每个猪舍格子里都是空的。"每一个猪舍格子大概是7平方米左右,能够养22头猪。不过,眼前上一批猪已经全部卖完,下一批幼猪在10月初才会运过来;我们5个月能出栏一批猪,一年能出栏两批。"

"养猪是个辛苦活儿,"周言将解释道:"每天早上起床的第一件事情,就是清理猪舍;然后是喂饲料,一整套流程下来,半天时间就没有了。特别是清理猪粪,需要先要将猪粪扫到一块,然后用手推车将每间猪舍的猪粪推到分房中,用分离机进行分离。"

虽然很累很辛苦,但是周言将觉得很值得。因为分离之后的猪粪,是很好的农家肥,村民可以用来给杧果树施肥。另外,通过养猪,周言将与他的四位合伙人每年都能分到至少3万块钱。

今年,周言将接受碧桂园的邀请,担任了"老村长"一职,协助碧桂园扶贫工作人员走访贫困户,号召贫困户积极参与政府和碧桂园的就业招聘和技能培训,并落实碧桂园帮扶贫困学生上学的事项。

"前不久,我们刚刚组织了一批村民参加碧桂园的焊接培训;培训结束之后,碧桂园还帮他们找了一份合适的电焊工作,"周言将说道。

除了协助企业的扶贫工作之外,他也在用自己的方式帮助村民。在周言将的带动下,那坤屯不少村民开始养猪。从猪崽进入养猪大棚开始,

从最小的6斤多猪崽养到250多斤再出栏,其中的每个环节周言将都了然于胸。他还经常亲自前往养猪户家中,将自己的养猪技巧和经验分享给他们。

"他是一个好人,很热心。我家也是养猪的,遇到问题经常给他打电话,他二话不说就过来帮忙,从来没有推辞过;刚开始养猪的时候,猪崽生病了,都是他过来给打的针。"一位村民这样评价周言将。

**乐居财经与周言将对话精选**

**乐居财经**:现在杧果一年能收入多少钱?

**周言将**:去年杧果一共收入了4000块钱左右。我们这边的杧果种植不是太好,大家还是缺乏技术;种植杧果,管理很重要,最难的是施肥和修剪,特别是修剪程度的把控,直接关系到杧果树的高度和杧果个头的大小。

**乐居财经**:当初为什么会选择养猪?

**周言将**:我自己也是贫困户之一,经济并不宽裕,上有老人需要照顾,下有孩子正在读高中。另外,我血脂高,需要经常吃药,这都需要用钱。所以,我一直在寻找能够养活全家人的营生,后来,我们几个合伙人就在一起商量,最后决定养猪。

**乐居财经**:猪的主要销售渠道有哪些?

**周言将**:我们养猪模式稍有不同,相当于是帮公司养的猪。公司将小猪崽卖给我们,一头500块钱,然后免费给我们提供饲料,我们养5个月之后,公司再按照合同规定的猪肉价格整体回购,所以不存在销售难的问题。但是,我们需要自己投资养猪棚舍。

时间：2019年7月10日上午11:00
地点：田东县坡塘乡龙冲村

# 吕有文：石山"开路"

文/王泽红　图/莫少衡

　　处在"杧果之乡"，却不能种植杧果。地处大石山区，土地的贫瘠使得龙冲村与田东县可以种植的所有名贵水果均无缘，包括桂圆、百香果、荔枝等。

　　通往龙冲村的公路，可以称为"挂壁公路"，特别是临近村庄的那段山路，高高地挂在半山腰。由于房屋都建在山脚下，站在3米宽的公路上，整个村庄的概貌一览无余，村庄四周全是陡峭的石头山。

　　有限的平坦土地，使得龙冲村的房屋建设得很紧凑，村子里的道路只有50厘米宽左右，摩托车也进不了村。沿着狭长的道路，在当地人的带领下，穿过弯弯绕绕的巷子，笔者一行人来到了吕有文家。

　　只见一位身形有些佝偻的老人正站在大门口，头上戴着一顶草帽。"他就是吕有文，"碧桂园的扶贫工作人员说道。看见我们一行人的到来，他摘下草帽，立即走过来与我们握手，说道："我们这里的路不好走，辛苦你们大老远跑来。"

　　近距离细看，他头发花白，脸部褶皱层层；握手时，可以明显感觉到他手上厚厚的老茧；蓝色衬衫已经洗得泛白，脚穿一双胶皮鞋，给人一种朴素的感觉。可以看出,他是一位长年累月下地劳作的老人。

龙冲村是田东县的深度贫困村,全村辖5个自然屯,11个村民小组616户,共2502人;其中建档立卡贫困户有299户,贫困人口1298人。吕有文为龙冲村脱贫打好了基础。他是村里的老干部,从1996年至2014年,他先后担任龙冲村的村民委文书、村委副支书和村民委主任。其中,担任村主任的时间长达13年。虽然今年已经66岁,但是回想起自己曾经的岁月,他仍然记忆犹新。

"让村里实现水、电、路皆通,是我做的最有意义的事情,"吕有文说道。龙冲村的水资源极其贫乏,村民们吃水需要步行爬山,到几公里外的山上挑水,一来一回需要三个小时左右,如果一天挑水两次,那么大半天时间就过去了。回想起那段翻山挑水的岁月,吕有文深有感触。

吃水艰难,还引发过严重的事故。吕有文的舅舅就是在一次上山挑水途中不慎跌落悬崖而丧命的,痛失亲人的刺激让吕有文下定决心解决龙冲村饮水的问题。为了避免更多村民受难遇难,吕有文刚刚上任,便动员家家户户打水井,虽然地底铺满了硬质岩石层,但由来已久苦于吃水难的村民们,用原始的工具将石层一层层刨开,终于打通水井,不用再外出挑水了。

虽然水井打通了,但是受制于水资源的匮乏,龙冲村直到如今还存在

一定的饮水难问题。"水井遇到下雨天才有水。村里几乎家家户户都有个大水桶,都是用来储存水的,"吕有文解释道。庆幸的是,即便水井中没水,龙冲村村民也不用再去挑水了,在政府的帮扶下,有源源不断的水从村外运进来。

除了解决吃水、用电的问题,吕有文在任期间做的最耗时耗力的一件事,便是修路。谈到这里,本来就话语不多的他,突然陷入了沉默,脸上常挂的笑容也消失了,气氛一下子沉重了起来。

"修路期间发生过一次重大事故,死了两个人。"短暂的停顿后,一句话瞬间打破了片刻的安静,说话的是龙冲村的扶贫信息员吕艳鸿,她对村里发生的事情很清楚。听到这句话后,吕有文也不再沉默,他摇了摇头,叹息不止。

对于龙冲村,修路是一项艰巨的工程,处于大石山深处,想要在岩石上开辟出一条道路绝非易事,必须有愚公移山般的决心和毅力。吕有文始终很坚决,村民们也知道,要想富先修路,于是,龙冲村的修路工程便开启了,吕有文是发起人和组织者。

拿着铁锹,背着铁锤,村民们日复一日地开山凿石,在20世纪90年代,他们没有先进的工具。在工期进行到一半时,事故发生了。在一次作业中,山坡山石头滚落,砸中了正在埋头苦干的村民,砸死两人,重伤

三人。

"修路,我从来没有后悔;但有村民因此而丧命,总觉得心中有愧啊。"至今回想起来,吕有文仍难以释怀。

此次事故对龙冲村的修路大业带来了一定的打击。有村民开始退却,吕有文也迟疑了,走在已开辟的一半道路上,望着贫困的村庄,吕有文心有不甘。他痛定思痛,在心中不断地警醒自己,"路一定要修完,龙冲村的面貌一定要改变。"去医院看望受伤的村民后,他继续带头修路,暂时中断的修路作业再次启动。

耗时近8年后,一条7.8公里长的盘山公路竣工了,直通思林镇。这条蜿蜒绵长的水泥公路,彻底终结了村民的"步行"时代,村里贫穷的面貌也随着交通的便利而开始改变。

时隔多年,望着道路上来往的车辆,往昔修路的艰辛画面仍时常出现在吕有文的脑海里。但是,他觉得很值得,修路是脱贫的基础,现在龙冲村已经逐渐开始发展自己的产业了。

如今,吕有文再次投入到了扶贫工作中,只不过不是以村干部的身份,而是以 碧桂园"老村长"的身份在帮扶村民。在政府的扶贫政策下,企业作为补充力量加入其中,吕有文利用多年来在村中的工作经验和人脉积累,协助碧桂园扶贫办工作人员,根据各家情况提供就业机会,鼓励村民接受技能培训,并为贫困家庭的学生落实上学的事项等。"现在,我们村还有40多户贫困户,计划今年全部脱贫,"吕有文开心地说道。

**乐居财经与吕有文对话精选**

**乐居财经**:通电的时候,遇到了哪些困难?

**吕有文**:电线杆的运输,很难。当时,为了保障电力覆盖面,很多电线杆都需要立在山上,没有合适的机器运输,只能村民们一根一根搬上去,每根杆需要20个人才能扛动,大家扛着重物还要爬山坡,真的很难。

**乐居财经**:学校也是您在任期间新建的?

**吕有文**:是的。当初,是我号召大家,在全村集资建设的。之前的学校是泥土和木材搭建的茅草屋，风吹雨打多年已经成了危房，为了让孩子们可以更安全地上学，我们才建了这所学校，我个人还垫资了1万块钱。

**乐居财经**：村民的房屋是何时新建或者翻新的？

**吕有文**：2014年前后，村里的大部分房屋是在政府的补贴下新建的。之前村民居住的大部分是石头屋和土屋，危房很多。虽然新建了房子，但是大部分村民家中经济条件很差，没有钱装修和装饰内部，所以墙壁都是砖头和水泥的原色。

**乐居财经**：全村脱贫主要靠什么？

**吕有文**：村里家庭脱贫主要靠外出务工。我们这里水少、土地贫瘠，种植不了柑果之类的水果，田地里种植的大部分是玉米。另外，我们村的耕地面积也很少，人均耕地仅0.39亩。想要在山上开垦土地也不行，村子周围全是石头山。

**乐居财经**：村里有发展自己的产业吗？

**吕有文**：我们村正在发展脐橙和山茶油的产业。目前，全村共种植脐橙614亩、山茶油636亩。另外，近期还引进了养猪合作社方式，带动了100户贫困户养殖母猪。另外，目前还在摸索养殖兔子等专业合作社形式。

时间：2019年7月10日下午16:00
地点：田东县思林镇三百村

# 岑日升：苦尽甘来

文/王泽红　　图/莫少衡

挥别8月的酷暑天，9月的广西田东县并没有初入秋的清爽，夏日的味道依然浓厚。驱车个把小时，一路穿过群山与盆地交织的风景，便来到了田东县东北部的思林镇三百村。

还未进入村里，便被成片的甘蔗林吸引，那阳光下尽情地伸展着的甘蔗叶，似乎在向我们招手问好。沿着水泥路径直往前，三百村的面貌逐渐在眼前展开。三层小楼错落有致地分布在道路两旁，骑着摩托车的村民时不时停下寒暄，一派热闹的幸福生活场景。

可谁曾想，多年之前，身处大山深处的三百村常年戴着"贫困村"的帽子，甚至连最基本的生活用水、日常用电都是问题，更别提如今的小楼和平整的水泥路。"我刚当上村长的时候，村里吃住行都很困难。现在路修了，楼盖起来了，村民们渐渐富起来了。"见证着村里点滴变化的岑日升颇有感慨。

40岁开始担任村民委文书的岑日升，可以说亲身经历了三百村从无到有、从贫困到富有的全过程。回忆起当时竞选村干部的初衷，他说道："当贫困村的干部很苦很累，但是，村里需要一群能够带领群众向前走的干

部,我就报名了。"

当上村干部容易,帮助村民脱贫却不容易。不过,农民出身的岑日升知道一句话"要想富,先修路",所以上任后就开始发动村民修路。在他看来,路不修,村子就封闭,农产品就很难往外销。

1997年,已是村委主任的岑日升,在当地政府政策的支持下,带领全村村民开始修公路。因为是正常用地没有任何补偿,不少村民表示不同意,修路还没开始便遇到了阻碍。作为村干部的岑日升知道,必须跟村民们做好思想工作,否则修路这件好事就要变成"闹事"。

"那时候,我给一个个村民轮流做思想工作,有时候饭也顾不上吃就去到村民家中做工作。"岑日升回忆道,一个群众至少要谈1个小时,碰到思想偏执的村民有时要好几天,甚至好几个月,而最长的思想工作做了一年之久。

思想沟通工作只是修路的前奏,耗时近两年的修路,更让岑日升印象深刻。"从三百村到思林镇的这条长达几十公里的路,是村委带着全村村民,用最原始的铲、铁锹、锄头开挖,用牛、骡马搬运建好的。"如今回想那个场景,岑日升仍有些激动,路修得很不容易,这条路到1999年才修完成。

路通了,三百村与外面的世界连接上了;可是电不通,三百村对外面世界的认知被蒙上了一块布。解决了"路"这个老大难问题,生活用水、日常用电则成为三百村亟须解决的另一个困难。

为了能够让村里通上电,岑日升四处奔波,去电力局做上报相关材料,缺啥材料赶紧补啥材料。获批之后也面临着不少困难。第一件苦恼事就是电线杆怎么弄到村里各处。"那时候每家每户都参与搬电线杆、立电线杆,20多个人扛一条电线杆,就这样一条条将电线杆立到村里的各个角落。"岑日升感慨道,一年之后村里通上了电,再也不用煤油灯来照明了。

解决了村里通电问题,岑日升又想:如何让村民在家门口就能有水喝?为了喝口水,三百村的村民都要挑着担子去山下挑水,辛苦奔波一次挑的水只够半天用。规划好路线与水位,岑日升便带着村干部们开凿水井,搭建水塔,每家每户铺设水管,将泉水分流道村民家门口。在当村干部的12年间,岑日升帮助村民做了太多的好事,可是回想起来,大多他已经不记得了。他说最值得骄傲的是,在他当村干部期间,帮助村里解决了出行、喝水、用电的问题,使村民的基本生活需求得以维持下去。

经历过贫困的三百村,在政府政策的推动下,农业、养殖业齐发力,在2016年底,三百村在思林镇15个贫困村中率先脱贫"摘帽"。

岑日升介绍道,三百村400多户人家,超过90%已脱贫。如今的三百村,村民们发挥地势所长,忙农业、忙产业,致富的方式多种多样。"村

里种植的农作物以甘蔗为主,正常情况下,一亩地能产2吨甘蔗,收入很不错。"岑日升解释道,现在村里有8、9间猪场,每间养了1800头猪;除了养猪外,现在村里还养有10000只鸡。

2006年,52岁的岑日升从三百村的村干部岗位上退了下来,开始了他的退休生活。不过,忙了大半辈子的他,却怎么也闲不下来。退休后,他在村里经营起了一间小卖部,他感觉跟村民的联系还如往昔一样紧密。

如今,退休13年的岑日升已是67岁高龄,但在2018年碧桂园扶贫小组进三百村时,岑日升踊跃报名竞选"老村长"岗位。今年9月,岑日升被选为碧桂园扶贫小组驻村公益"老村长"。对于这一岗位,他充满期待,也充满信心。在他看来,帮助村民致富是一件好事,是一件值得一直去做的事。

**乐居财经与岑日升的对话精选**

**乐居财经:**请您简单介绍一下您在三百村的村干部经历?

**岑日升:**我是1953年出生的,1993—1996年任村民委文书,1996—2002年任村民委主任。期间,也就是1997年加入了中国共产党,成为一名党员;2002—2005年任村支书。

**乐居财经:**如何当好村干部,您的心得体会是什么?

**岑日升**：我觉得，想当好的村干部，最主要就是要走群众路线，多跟群众沟通，对有不同想法的群众，提供不同的解决办法，比如，有的村民想养猪，作为村支书、村主任，就给他提供养猪的知识和帮助。

**乐居财经**：您退休之后再次担任碧桂园扶贫公益"老村长"，您的想法是什么？

**岑日升**：最主要的想法就是想帮助村民一起富起来。以前有当过村干部的经历，对村民的情况比较了解，最主要跟村民沟通起来比较方便。另外，碧桂园扶贫是件好事，是帮助村民的好事，我应该积极参与。

时间：2019年7月11日上午10:00
地点：田东县作登瑶族乡梅林村

# 阮世伯：让幸福来敲门

文/远　闻　图/刘西常

　　一个微雨的夏日，在广西十万大山中的梅林村里，我们见到了斗笠蓑衣、年逾五十的"老村长"阮世伯。

　　令人有点惊讶的是，在陪同我们的一天里，阮世伯没有紧张和自抑，而是始终透出平静和自信。

　　尽管贫穷，但阮世伯和他的乡亲们的精神世界不乏精彩和快乐，因为他们首先是一群歌手和舞者。梅林村隶属的田东县是壮族"嘹歌"的发祥地，阮世伯是村主任村长，也是金锣舞艺术团团长，而且是瑶族金锣舞的传承人。

　　据阮世伯介绍，每年的农闲时节，特别在大年三十晚上，村民欢聚开锣，先由老人敲金锣，然后按辈分年岁轮流敲锣跳舞到天亮。

　　"大家认为这样可以祈求来年吉祥如意。"对于梅林村村民来说，歌舞不只是娱乐和生活的点缀，而是幸福快乐的生活本身。所以，从孩提时代起，梅林村民人人就会跳金锣舞。

　　在阮世伯家里的墙上，贴满了与家人、村民外出演出获奖的照片和剪报。多年来，曾获多项自治区、市、县各级文艺表演的奖项，甚至上过央视军事农业第七频道,阮本人亦曾获年度"最美瑶乡人"称号。现在,他仍然每年都率村民演出团赴外演出100多场。"行百里路,唱千首歌",赴外演出可以让村民广见世面,吸取营养。

圣贤祖先孔子痴迷音乐,在齐闻《韶》乐,三月不知肉味。这是老人家困厄一生,仍不堕青云之志的重要支撑。而始终保持乐观和上进,应与阮世伯一生挚爱壮歌瑶舞有关。尽管天性快乐、予人快乐的阮世伯和他的乡亲们一直过着贫困的生活。

为逃避战乱,阮世伯的祖辈在清末从江苏远迁而来。"当时为求安全,跑得越远越偏越好。"阮世伯说,于是跑到了田东县深山里的梅林村。田东县是国家级贫困县,而作为县里8个深度贫困村之一的梅林村,"既无梅,亦少林,还缺水",梅林村人均只有0.3亩贫瘠的土地,本县特产芒果都不能种,只能种玉米和豆类,"种出来也只够自己吃"。据阮世伯记忆,在他的孩子长大过程中,没见过100元钱钞票,"因为当时做零工,一天才一块八。"

最大的瓶颈还是交通。全村16个屯之间不通公路。"走山间小路担水,每个来回要3个小时"。不止取水,只要是"出村"才能办的事,都至少需要3小时,基本上一天就搭进去了。"好不容易养头猪,也卖不出去。300斤的猪,要6个人抬着,走几十里山间小路,才能走到国道。"

贫困会使人靡顿，但也会使人变得更加上进、坚韧和成熟。在与我们交谈时，阮世伯口中不乏主流、应时的词汇，如生存环境、生态文明、产业培育、订单模式，等等。这与他虽然自幼贫困但始终保有脱贫上进的志向和努力有关。

在接近赤贫状态的20世纪80年代初，他坚持在乡里读完了初中；在年过四十后，他仍坚持在广西农业广播电视学校读完畜牧水产专业，在广西广播电视大学百色民族分校读完农村行政管理专业，取得了大专学位。这种人生态度，对于阮世伯和梅林村未来，非常重要。

初中毕业后，具有突出文艺才能的阮世伯，很有可能借此走出乡村，获得脱贫机会。但他仍坚持留在梅林村，从屯组长干起，历任村调解主任、治安特派员、村民委副主任、村主任兼民兵营长等。在脱贫之初，阮世伯带领村民在村里进行了愚公移山式的基础建设，初步解决了"路、水、房"三大难题。他们把大雨一来就溃流的泥巴水塘改成了水泥筑就的蓄水池，又发动村民自己修路，一个屯到屯之间分工协作一米接一米，锲而不舍。还将村里的大部分茅草房都更新成砖瓦房。

之后，他们又实施了大学生村官制度，进行包括产业拓展在内的综合治理。除了原来的玉米种植，还从邻县和外地引入经济作物种植和养殖业，如猫豆种植、养蚕、瑶山土鸡和山羊养殖等产业。

除了这些可见的收入，阮世伯还带头将村民的个体经营进行整合，以取得协同效益，扩大市场规模，比如，他曾带动10户农户开展了订单模式生态土鸡养殖，共养殖瑶山土鸡近10000羽，力争建立稳定的销售渠道，形成"公司+农户+基地"的发展模式。

山河不移，岁月无声，而梅林村的脱贫成果斐然。以一户普通脱贫人家为例，阮世伯算了一笔账。2018年的年收入：猫豆做药材3500元，养蚕15000元，三头牛18000元，土鸡30000元，一年三批猪（一批10头）45000元……至此，脱贫已取得重大阶段性成果。下一步的工作是彻底消除贫困代际传递和脱贫后的"返贫"，将"授人以鱼"变成"授人以渔"。

时间：2019年7月11日上午11:00
地点：田东县朔良镇那加村

## 张寿荣：人生的"三座桥"

文/卢韵如　图/史　策

铲车铆足了劲，卷起半人高的泥浆，终于把轿车给拉了出来。雨中焦虑等待了两个小时的人们，纷纷地向司机、路过帮忙的村支书周作练和村民道谢。张寿荣又踩了踩刚刚垫在轮胎下的石头，拔起黄泥地里的三把铁锹，转身去还给山坡上的农家，没有说一句话。大多数时间里，他就是这样微笑着，默默地干活。

从县城到那加村，百度导航显示43公里，行驶时间3小时。上山后，沿途至少看到12个"前方滑坡，谨慎慢行""前方落石，谨慎慢行"的警示牌，而大大小小的滑坡，其实比警示牌数还要多。不时有村民骑着摩托迎面驶来，好心地提醒我们前面道路无法通行，不是因为大水漫过桥面，就是因为滑落山体和树枝挡住了路。

1964年，张寿荣就出生在朔良镇那加村，1994年被任命为村委会副主任，如果再算上之前在屯里当组长的时间，村干部已经成为他人生中一半时光的主题。"务实""温和""善解人意"，碧桂园田东扶贫队员黄保强用这三个词来形容他印象里的张寿荣，他也因此被推荐为碧桂园"老村长"。

他话极少。"发动群众"这句话却说得多，似乎他所做的一切都平凡得理所当然。当车辆驶过村里的那座石桥时,他罕有地主动开口:"这是村里人一块一块石头自己建的桥,有了这座桥,每年送甘蔗就方便多了。"

山里的村落多建在稍微平坦一些的避风坡上。车开不到的地方,就靠马把甘蔗一捆一捆地往外驮,有了这座桥,人和马都少绕很多弯路。

除了看得见的桥,张寿荣还为那加村修了一座看不见的桥。

张寿荣兄弟姐妹7个,有两个因为读书多一些,如今都在田东县城工作生活,他只读到初中,在那加村待了整整一辈子。对儿子,他从小就教育,要想改变自己的命运,只有读书。今年29岁的张海杰,是村里第一个考到百色的高中生,也是村里第一个重点大学生。在张海杰之后,那加村有40多个孩子考进大学,全都是二本以上的大学。如今,那加村的孩子从村小学毕业后就往田东县中学考,初中毕业后就往百色中学或者百色民族中学考。

田东是中国杧果之乡,但在那加村,遍布漫山遍野的却是糖料蔗。"糖料蔗效益快,2月种,12月收,520块钱一吨。"这是那加村最重要的经济来源,除此之外,还有养猪、板栗和山茶油的收入。在那加村传统的扶贫政策里,这些产业可以"以奖代补",用张寿荣的话说,就是"只要你愿意做,就会有人帮你脱贫。"

碧桂园"老村长"则是传统扶贫的另一座桥。在那加村村支书周作练

看来，碧桂园扶贫服务很周到，而且更能体现企业特点，比如，碧桂园会向村民提供包括电工、月嫂、养老等门类的技术培训，达到用工的水平，还可以招工，"之前村里就有一家三口被招工到广东养老院工作，收入很快就大大提升了。"

离开那加村的时候，张寿荣站在新村委办公室的门口，车越走越远，回望过去，他像是一棵树，渐渐融入山中，蓦然无声。像张寿荣那样的"老村长"，终其一生，都在默默守望着山路深处的村庄。他们以最平凡的微光，照亮中国大山最深处的人群。

**乐居财经与张寿荣对话精选**

**乐居财经**：那加村的贫困，您认为主要原因是什么？

**张寿荣**：主要是因病、因残、因学。

**乐居财经**：还有12户没有脱贫，原因是什么呢？

**张寿荣**：原因有很多。有些贫困户是老人，因为残疾而丧失劳动力，以奖代补的政策对他就不适用，只能用低保来保障，或者让他加入合作社来带动他脱贫。村里有些零工也可以干，一天几十块，一天干几个小时就会有些收入。

**乐居财经**：现在的扶贫和以前有什么不同？

**张寿荣**：现在一般不直接给贫困户发钱，主要是政策扶贫，比如产业扶贫是以奖代补的方式，只要你愿意做，大家都会帮忙。贫困户孩子读书上学有"雨露计划"，都不收学费，自己家出点伙食费就行了，贫困户大病报销最高比例达到90%。

**乐居财经**：听说您的两个孩子特别优秀，您是怎么教育的？

**张寿荣**：我的两个小孩都上了大学。老大1990年出生的，已经参加工作了，前段时间单位支援国外项目，现在人还在国外。老二本科毕业考上了公务员，现在一边上班一为读西南政法大学的在职读研究生。

**乐居财经**：您会因为学习问题对他们发火吗？

**张寿荣**：不会。凶也没用，小孩子骂他也不听，慢慢教育还是听的。

**乐居财经**：您怎么看待碧桂园"老村长"的工作？

**张寿荣**：我还是蛮喜欢这个工作的，我当"老村长"之前跟我大儿子说过这个事，他还挺自豪的。他现在的工作也会接触到扶贫，也会走访贫困户，看到扶贫对农村的改变很大。通过这份工作，我想让更多人知道，中国还有大量的农村人口，还有无数的农村问题没有解决，留守老人、留守儿童，以后怎么办？我们还有更多工作要做。

# 滦平篇

　　滦平县位于河北省承德市西部，处于京、冀、内蒙古的省市"金三角"交汇点。总面积2993平方公里，辖20个乡镇、1个街道，总人口33万人，以满族为主的少数民族34个，是河北省政府确定的全省三个民族县之一。受国家保护的野生药用植物有6种，包括胡桃楸、刺五加、野大豆等。

# 养好燕山下每一分地

## 滦平扶贫日志

文/潘宇凌　黄凌燕

从北京出发,沿东北方向行驶三个小时之后,我们到达京、冀、内蒙古三省的交汇处的滦平县城,这里气候干爽,四季分明,距离承德避暑山庄只有65公里。

滦平多为满族,清朝皇家文化积淀深厚,金山岭长城雄踞此处,流经县域内的潮河、滦河,更是京、津两市的重要水源地。

滦平是"普通话之乡",乡音跟普通话相差无几,村庄散落在燕山山脉脚下,公路虽都通了,但"八分山一分水一分田"的山区地势让滦平县直到2019年5月5日才摘下贫困县的帽子。这里林业资源丰富,也有多种受国家保护的野生中药材,这里的"老村长"正在竭尽所能寻找一条"兴村致富"之路。

7月18—19日,乐居财经访谈小组来到"中国老村长"系列对话第十站河北省滦平县,与碧桂园扶贫志愿者一起,两天时间分别走进营村、奎木沟村、孙营村、涝洼村,见证奋斗在扶贫一线"老村长"的日常,倾听他们扶贫背后的心路历程。

时间：2019年7月18日下午14:30
地点：滦平县平坊乡于营村

# 陈永：归乡"创业"

文/黄凌燕　图/刘西常

绿色的秋葵秧苗长在地里两个月了，根茎已经粗壮，到了膝盖这么高，邻根开出了白紫色的花，茎干上长出了宝塔尖般的细长果实，每棵秧上少则都有七八根，等到像手指那么长时，就可以采摘了，再长哪怕一天也就老了，这是秋葵。这个夏天，只要保证每天六小时的日晒和合适的照顾，茎干上果实生长的位置，会一茬接一茬地"钻"出来，这种生长不息的养生保健蔬菜，能给于营村带来不错的收益。

陈永在他的十亩秋葵试验田里一边比画一边跟我们介绍说，这些秋葵种是从日本进口的五角品种，最高能长到1.5左右，现在这十亩地每天可以采收80~100斤，未来高峰期产量每天超过200斤。现在每天采摘下来的秋葵，直接送到县城里的超市去卖，未来打算进入电商平台，而眼下，最紧要的事就是赶紧和会计去农业农村局办理电商的登记注册。

今年57岁的陈永，回村已经近14个年头，于营村土生土长的他自小离家，面对记者的镜头时坦言自己对农活并不精通，直到现在，他家的大棚也都租出去的。早年的陈永跟着亲戚去了包头当工人，有过流落街头一天一夜没有饭吃的经历，也有过因就职工厂结构调整而不得不另找工作的时候。而每次出门在外遇到难题的时刻,他都能遇到老乡伸出援手及时解困。说起这样的往事,陈永到现在依然记忆深刻。

44岁回到于营村,在村主任、村书记一肩挑之前,在滦平县城创业多年的陈永已经有所小成,在记者问到为何"弃商返乡"时,陈永说,他擅长创业但不善守业,回到于营,一方面是想着能回报多年前承受的恩情,另一方面是他觉得于营村是有机会的,他一定能找到那条"兴村致富"的道路。

于营村共有307户村民,建档立卡贫困户有93户,2018年底实现脱贫92户。这个数字的背后,有着陈永十余年奋斗的点滴艰辛。这些年,为了给村里修路通电竖路灯,陈永想了不少办法也拉了不少资源,但真正寻找到产业兴农全村脱贫的路,还是在村里派下来了一位"第一书记"之后。光伏扶贫、产业扶贫、试点果园菜园,这些政府指导的扶贫资源的落地,带着于营村走出了致富路。

陈永还记得2018年碧桂园苗木基地来于营村谈合作的时候,涉及村户有20多户,有的村民误以为是要做房地产开发,有的是不信任,直接拒绝合作。陈永在听了碧桂园苗木基地的合作计划之后,认为它能很好地解决村民在家门口就业的问题,对大部分劳动力是老人和妇女的于营村来说,这是一个很好的机会。于是,陈永挨家挨户上门跟村民去谈话,最终这个

他"弃商返乡",想回报多年前承受的恩情。

碧桂园于营村苗木基地已解决十余个村民的就业问题。

苗木基地落地了，而如今，苗木基地已经解决了十余个村民的就业问题，每人每天能收入80~100元，而涉及用地的村民，每年每亩能有1000元的土地流转费。

2017年的光伏扶贫项目也经历了这样的过程，因为村民的不理解、不信任，项目也曾一度中断，陈永当时第一时间冲到了现场，跟村民摆事实、讲道理、想办法，才解决了光伏入于营的问题。村民出租山场，每年能拿到3000元左右的租金。

如今，村里近百亩的果园也刚刚搭起来，秋天就能有收成，而这村民眼中的宝贝疙瘩"秋葵"，也将成为于营村民接下来的主要产业。

现在，陈永的心里还在琢磨一件大事，于营村以前有中草药种植的基础，现在村容、村貌治理得也不错，村里长寿老人不少，在村的130户村民，80岁以上老人就有8位，加上交通便利，陈永希望未来于营村能搞特色旅游，村民整理好的庭院也可以做民宿，为了于营村有更好的未来，陈永会继续努力下去。

**乐居财经与陈永对话精选**

**乐居财经**：先请陈书记介绍一下于营村的情况吧。

**陈永**：我们于营村有300多户，人口将近900人，到2018年底，我们建档立卡的93户贫困户已经脱贫92户。于营村离县城较近，好些人都不住村里了，现在有差不多130来户，有6个学龄前小孩在村里的学校上学，有两个教育局分配过来的老师，这两个老师，明年就都该退休了。

**乐居财经**：您是什么时候开始做村里工作的？

**陈永**：我18岁就跟着村里人去包头工作了，那个时候在包头市阀门厂上班，后来回滦平，我做了十几年生意，做过学校的后勤工作也搞过批发。2007年，我开始担任于营村村主任。一回来我先想办法修了路，你看到的这个3.5米宽的路就是那个时候修的，说起来还很对不起我那个同学，当时路修到最后钱不够了，我就找了我的一位同学，让他帮我们村修路，十几万元到现在也还没有给他，以后，以后一定会还上的。

**乐居财经**：接任碧桂园"老村长"之后，您做了哪些事情？

**陈永**：做了碧桂园"老村长"，我们先做的是碧桂园的苗木基地，这片苗木基地用了20多户村民的耕地，当初，也是磨破嘴皮子、挨家挨户上门做工作，跟他们摆事实、讲道理，才谈下来的。这个苗木基地不需要强劳动力，妇女、老人都可以做这个活儿，能让村民实现家门口就业。每天用工人数都在10人以上，每人每天可以拿到80~100元。之后，我们的村

未来他希望于营村能搞特色旅游，村民庭院做民宿。

民活动中心也想请碧桂园帮忙设计。

**乐居财经**：我在您办公室看到一张于营村规划图，您对于营村的未来规划是什么样的？

**陈永**：你看吧，我们这个光伏和苗木基地都稳定了，现在这个秋葵生意也不错，我现在要做的是跟会计去把这个电商的事情给做了。我上次跟我们第一书记吕书记去了趟北京密云，我觉得我们于营村也可以搞一搞民宿旅游。

时间：2019年7月18日下午15:00
地点：滦平县奎大屯满族乡木沟村

## 马发：修最好的路

文/潘宇凌　图/莫少衡

　　山坡很陡，大概45度。68岁的马发，一身灰衣，背微驼，只见他"噌噌噌"地毫不停顿，只几步便走到坡下，不禁让人想起小说里轻功卓绝的高手。等他回望时，发现身后几个年轻人还在左支右绌慢慢下坡，于是又返回坡上接我们。

　　山坡下是一条路。路不宽，但足够两车相向而过，非常平整。马发指着这条路说，他当年写过一副对联，至今仍记得："铁臂凿通万重山，汗水融化千层石。"马发眼中闪烁着骄傲的目光。这就是马发带领村民齐心协力修出的路，也是马发带领奎木沟村脱贫之路上的一桩大事。

　　大约在35年前，那本是一道梁，长满了山林野草，还有几户人家垦荒的几分地。在村里大队赶了六年大车的马发，受大伙信任，被推举为组长，那一刻，他就有了一个最大的愿望：把这条梁修成一条路。从奎木沟村走大沟到滦平要40公里，如果打通这条梁，走小刘沟到滦平只要13公里。村里要脱贫，就要先修路。小组长马发决心带领组员开山平梁修路。

　　他憋足了劲，把大伙召集起来，开始了思想动员："路通了，出村卖个豆角都方便，这是为生计；路通了，看病少走几十里路，这是为性命。"

简单的几句话一说,大伙就团结在了马发身边。

于是组员们家家户户出劳力,推着小车上梁去。但要修路,困难很多:这条路上有4户人家涉及土地补偿,共3600元。村里没钱,马发就借了钱,事后慢慢地用村里的每年结余还上。后又涉及林业局的土地,经马发反复沟通解决了纠纷。有人担心夏天下雨会把他们秋收后修的路冲毁,马发说:"不怕!至少我们冬天能走人,夏天修补一下就行。"就这样,马发既解决实际问题又给大家信念和信心,他做了三年组长,修了三年路。一条一米多宽的小土路修通了,马车、驴车走得顺溜。

实干家马发借此获得了村里人的信任,一举当选为村委主任。这一当就是连任6届。在18年任期内,马发带领村民打井、通自来水、换电、建大棚、养鸡养牛,但他最骄傲的事情还是修路。

2001—2016年,国家引导农村公路建设,加快农村公路建设步伐。滦平所在的承德市所建设的农村公路同5年前相比增长了20倍。正当任职村委主任的马发借着这股东风,给村里引来政府拨款,让山窝窝里的奎木沟村与外界的道路开始全面翻新。

路修通的那一天,滦平县交通局领导来村里视察,对马发说了一句话:"你们修的路,在'村村通'里质量最好!"这句话马发至今仍记得

68岁的马发上下45度的山坡如履平地。

当年马发最大愿望就是带领村民修一条通往滦平最短的路。

清清楚楚。

在路通以前，因为交通闭塞，奎木沟村办小学的教师变换频繁，孩子们的上学问题一直是村民的心病，通村油路打通后，为孩子留住了老师，孩子们也获得了正规的教育。村民们感谢马发，更感谢政府的政策和资金支持。

如今马发已卸任村委主任，但仍担任村副主任一职，2018年他又被碧桂园聘请为村里脱贫攻坚的"老村长"，稍稍空闲下来的他又忙碌了起来。碧桂园联合县里发起设立了300万元防返贫基金，针对有重大疾病家庭能给予最多2万元报销补助。熟悉村里各家情况的"老村长"会上报重大疾病村民情况。马发说，他在这个工作中很重要，哪家有重病病人，如果他不给报上，就会少了这笔补助。

村委副主任兼碧桂园"老村长"马发还在想着村里的未来。年轻人都出去打工了，年纪大的人越来越体弱，眼见着村里"老龄化"的问题越来越突出，他要有所作为。他的解决方案是在村里建一个养老公寓，把老人们接到一起居住，有人专职做饭、照顾老人；还有专门的大菜园，便于老人种菜；也有专门的娱乐室，打牌下棋大伙都不寂寞。

跟乐居财经访谈小组谈到这事时，马发一时兴奋，随手拿起一枝小树

任村委主任18年，马发带领村民打井、通水、换电……最骄傲的事还是修路。

枝在地上画起了他理想的"老年公寓"。他画了一遍又一遍。

**乐居财经与马发对话精选**

**乐居财经：** 请您介绍下当选村主任之前的工作？

**马发：** 我1974年初中毕业后去做了修铁路的工作，当时正好修沙通铁路，要打山洞，很艰苦。三年后，我去滦平棉织厂烧锅炉，两年后，村里缺人、缺劳动力，生产队就把我要回来了。回村里后，我的工作是赶大车，那时谁家修房盖屋，砖瓦石条都是我拉的。赶了六年大车，我们一个组58户就选我当组长。当上组长，我就有了一个更大的愿望！

**乐居财经：** 当上组长后，您最大的愿望是什么呢？

**马发：** 把小刘沟的梁打通，修通了沟梁，到滦平只要13里地。但要从大沟走，那就要走40来里地。我就跟大伙说，把梁修通，咱们自个儿方便，上滦平就近了。我们那阵就推着小车开始修沟梁。

**乐居财经：** 当时是怎么说服大家一块干的？

**马发：** 我记得当时跟大伙说，如果路修通了，你卖个豆角，都不用走大沟了。家里若有人生病，修通了沟梁，立马就能到医院，就能得到及时的治疗。道理讲通了，大家就开始干。我们一户一个人，都得参加义务工，家里没人的要找亲戚来代工。

**乐居财经**：修路过程中遇到过什么困难吗？

**马发**：大家提出了不少难题，我都想到了。有人说，小刘沟修梁占了人家的土地，要给土地补偿，从哪儿出钱？我说不怕，钱的事我来解决。后来，修梁涉及四户占地，我借钱支付了土地补偿金3600元。后来，靠村里年度的结余慢慢还了借款。

又有人说，我们修路时若发水，道路被冲了怎么办？我说，冬天雨水少，不怕！夏天下雨，咱们就把杂草铺上。因为大家都有活，修路必须在秋收之后，每年农历九月九就开始修，一直修到过年。

我当组长三年，就修了三年路。但这次修的路很窄，只有一米多宽，修完之后只能走小驴车和马车。等到我当上村委主任后，就继续修路。当时把铁丝笼子里装上石头，填在路基下面，路就不容易被水冲走了。然后再用搅拌机铺上水泥。当时滦平交通局看到我们修的路都说"质量一流"！

**乐居财经**：听说您自己养牛也帮助到贫困户？

**马发**：我年轻的时候就开始养牛，最多养过17头牛。我也号召大伙特别是贫困户也来养牛，养牛一年就能赚个一两万元。贫困户孙学臣家有俩

马发至今记得当年滦平县交通局领导有"路修得最好"的评价。

孩子上学，媳妇个头不高，没有劳动能力，他还要出去打工以维持生活。我就决定帮助他。我知道他没钱买牛，就让他帮我养牛。这头牛生的第一个犊子就免费送给他，第二个给我，第三个还给他。就这样，在我的帮扶下，他也开始养牛了，他最多时有五头牛，卖了两头，现在还有三头。

**乐居财经**：碧桂园到来之后，对村里有什么帮助？

**马发**：碧桂园帮了很多忙，贫困户的孩子上学免学费。最近碧桂园联合县里做了一个防止返贫的基金。村民有得癌症、得白血病的、家庭困难的，我就去申报防返贫基金病人家庭能再获得一定的扶贫支持。所以我的工作特别重要。

**时间**：2019年7月19日上午10:00
**地点**：滦平县火斗山乡孙营村

# 王斌：兴村三部曲

文/潘宇凌　图/刘西常

　　孙营村跟其他村不一样，进村只见公园不见庄稼。公园里乔灌花木翠红吐绿，时有村民在凉亭歇息。

　　进村左看，一个现代化有机采摘园映入眼帘，绿色有机蔬菜、水果集于一园，让人眼前一亮。再往里走，超大的广场、两层现代化村委办公楼、标准篮球场、标准垃圾处理站……最里面是望不到尽头的玉米地。玉米地那一头隐约可见红瓦白墙的漂亮建筑，那就是村居。

　　整洁，现代感，充满生机与活力，这个村很美。

　　退伍后担任村委书记的王斌，身材魁梧，刚接受完中央电视台农业频道的专访，就开始处理一位贫困户的住房问题。他想起碧桂园的防返贫基金，准备跟碧桂园联系一下。随后，他面对乐居财经访谈小组的镜头，开始讲述他十年来带领孙营村的发展之路。

　　这位承德市人大代表、河北省"千名好书记"，自2009年上任村支部书记，带领着孙营村发生了翻天覆地的变化。

　　1998年底退伍回乡，王斌的第一个印象就是村里的脏、乱、差，一条条村路被垃圾包围，"晴天一身土，雨天一身泥"，村民们还是"望天收"，种的玉米收成好时一亩一年三五百元，收成不好就亏本。王斌想办个厂子带领大家改变现状，但他没钱。他选择外出打工，搞运输，做买卖，十一年后，王斌有了积蓄，村委老书记也找到了他。他决定回村建设家乡。

2009年王斌当选村支书，决心从改变村容入手。然而，最大的难题是腾退私搭乱建的村民占地。王斌就从自家亲戚入手，一些村民们看在眼里，慢慢地，也就开始支持他的工作了。如今这些地方建成了四个花园、五六个广场。村民茶余饭后已经习惯于在广场和公园溜达，他们说，"逛村里的公园就像进城了一样"！

王斌一手整理村容，一手大力推动基础设施改造：硬化道路、架桥垒坝，特别是解决饮水问题。早前孙营村喝水依靠每天中午两个多小时的水泵通水，一遇到春夏放水浇地，村里高坡人家吃水就很困难。看到这种状况，王斌每天到滦平县抗旱服务中心站"蹲点"，终于说服了工作人员深入到村里了解实际困难，就这样，县抗旱服务中心投入100多万元实施农村饮水安全巩固提升项目，彻底改变了孙营村的饮水难。

产业能带动就业，就业就能带动脱贫。发展一方产业，带动一方经济，富裕一方百姓，这就是王斌的智慧。

出孙营村入村口右拐，进入另一条道，不久就看到"鹤鹿春养生谷"

自2009年上任村支部书记，孙营村发生了翻天覆地的变化。

鹿有很高的经济价值，一头鹿可卖数千元。

的招牌，王斌带我们进入谷中深处，里面养着一群美丽而机警的鹿。据说，鹿有很高的经济价值，一头鹿可卖数千元，鹿茸更是以克卖钱。谷中还种植着大片崖桑，也是效益很高的经济作物。这是孙营村村民邢士海的投资项目，总投资额高达1700万元。邢士海此前在北京发展，王斌说服他回村投资。仅此一项目带动周边34户就业，每户年增收8000多元。

"华卓农业"也被引进村里投资，建成了滦平最大的草莓基地，面积达到230亩，带动村民就业六七十人。此外，王斌介绍，村里还引入投资正在开发云岭谷休闲度假庄园，计划做成高级民宿。不过，村民更愿意津津乐道地称之为"强斌农牧专业合作社"。

这是王斌和村委干部深度思考的结果：孙营村要全面脱贫，村里就要加快调整农村产业结构，让村民们摆脱家家户户种粮的现状。通过合作社，可以集约土地进行农牧产业发展，实现增效，让村民获享股金分红。王斌在各地广泛考察之后，决定把合作社搞起来。

"村看村，户看户，社员看干部"。王斌和几位村委干部率先投资5万元入股启动项目，不到一年三个大暖棚就产出了有机蔬菜。群众参与合作社经营的积极性空前高涨，入社村民已经达到230户，两年分红已经达40万元。

如今孙营村很多村民的收入来自三部分——土地流转租金、入股合作

完成村容村貌和基础设施改造，王斌开始引进产业，并组织合作社让村民入股分红。

社分红股金、产业就业的薪金。

2018年被聘为碧桂园老村长之后，王斌获得了更多扶持贫困户、发展村经济的资源，他的工作也更加忙碌。他带着碧桂园扶贫小组入户走访，调研贫困户情况，发现一户村民房屋因为降雨过多倒塌，王斌及时和碧桂园沟通，希望能够申请碧桂园联合滦平县政府发起的防返贫基金。目前，这户房屋倒塌的村民资料已经上报，后续核实完情况就可以补贴至少一万元资金。此外，王斌引进的扶贫产业目前也在和碧桂园对接文创产品，后续如果可以合作，也能带动更多人脱贫增收。

十年，王斌的兴村三部曲改变了村容，改善了基础设施，引进了产业；十年，孙营村流转了2000亩土地，村里产业结构完全改变，村民收入结构也随之颠覆。2017—2018年，全村共248户脱贫，昔日半数贫困户的孙营村至今仅剩5户。

2019年5月，在滦平县委组织部特推出的党建典型推介视频中，村民们对王斌说："书记，我们大伙支持你！加油干！"

**乐居财经与王斌对话精选**

**乐居财经**：您为何要回乡当村支部书记？

**王斌：**主要还是我一直有改变村里面貌的想法。当年退伍回家，我看到村里比较脏乱差，当时村里百姓还是依靠单一种玉米"望天收"。好的年头，一年一亩地收入三五百块，赖的年头，收成连工钱、种子化肥钱都不够。后来，我在外面打拼了11年，有一天，老书记找到我，说自己岁数大了，没那么多精力，你们年轻人见多识广，能不能回来帮村里发展？当年我退伍前就想回村干点事，这会儿我有了积蓄，有了资本，我就想回家干一番事业。2009年，在老书记和咱们村民的大力支持下，我高票当选村支部书记。

**乐居财经：**回村后，您是怎么着手开展工作的？

**王斌：**我是从抓主街道环境卫生开始的。从建清洁站到清理私搭乱建，通过五年努力，做成了四个花园、五六个广场。刚开始，村里很多人不配合，我就反复做工作。我先从自家亲戚做工作，大家看在眼里，这才开始慢慢支持我。

**乐居财经：**听说村里引进了不少产业，目前是什么情况？

**王斌：**我找到村里在北京发展的能人，说服他回村投资，建了鹤鹿春养生谷项目，总占地有2000亩，总投资金额1700万元，现在已经完成了一期种植崖桑约300亩，带动周边34户人就业，每户年增收8000多元。我

当兵出身的王斌像一座大山守护着孙营村。

们村还引进了华卓农业发展有限公司，征地230亩做大棚，带动我们村民就业将近六七十人。目前，这里是全县最大的草莓基地。我们还在做一个云岭谷休闲度假庄园，2000多亩山，计划做成高级民宿，带动村里发展。这些年，全村土地流转近2000亩，村集体每年可收入50余万元。

**乐居财经**：听说您和村委干部成立了强斌合作社，这个合作社为村民带来了什么？

**王斌**：强斌农牧专业合作社是我们几个村委为了带动村民脱贫致富带头成立的，不到一年就建了三个大棚，种植有机蔬菜，紧接着搞果树种植和鸡、羊养殖。现在，合作社已经拉动我们村230户入股，每户拿8000元入股，每年可分红10%，就是800元。刚开始，老百姓积极性不高，不愿入股，等看到我们把地租下来，建成大棚、厂房，头一年218户入股分红，然后还有12户观望的入股了。现在合作社入股230户，两年分红已经达40万元。

时间：2019年7月19上午8:00
地点：滦平县涝洼乡涝洼村

# 刘强：守村人

文/黄凌燕　图/刘西常

前往涝洼村，要从河北滦平县翻过一座大山，在盘山路上行驶一个小时后，临近涝洼村，山路开始变得坑洼不平，从村中心的小桥经过，转个弯，刘强已经在自家小院门口等着我们了。他的右侧肩膀和小腿有大片结痂的伤口，一问才知道，前两周进村这条路上出现了一个大坑，村民跟刘强反映了这个情况，半夜11点他立即过去查看情况，没想到被摔进了大坑，幸好没大事，但还是把家人吓了一跳，因为刘强患有严重的心脏疾病。

刘强不是党员，他的政治面貌是群众，他在涝洼村属于村民代表，没有公职。涝洼一共14个组，三组有170多户，是个大组，他是组长。组里大大小小的事情他都得管，在采访的过程中，谁家的玉米地围墙应该是什么样子，哪家把厕所盖在了外边，这些事情他看到了就得管。

在20世纪80年代涝洼村村民大都在山上的煤矿里工作，90年代煤矿陆续关停之后，处在深山山沟里的涝洼村全村600多户，贫困户一度多达194户。"八分山一分水一分田"的山区地势决定了可供发展种植业的土地并不多，而且因为常年干旱，农作物也以玉米为主，收入很少，涝洼村的人大部分都外出打工以维系生活。

刘强也一样，十几岁就开始在外地打工，三十多岁时，他的心脏第一次犯病之后便失去了劳动能力，无法外出务工，自此开始了他的"守村"生活。

从刘强家的小院一直走经过一个十字路口，看到国旗的地方就是涝洼村村委办公室，刘强所在的理财小组每天在这里协助整理账目，刘强自己家也是建档立卡贫困户之一，家庭条件也不好，但这份工作他却无偿做了四年多。

被推荐为碧桂园"老村长"之前，刘强对碧桂园并不陌生，早些年碧桂园曾组织捐赠了涝洼乡寄宿小学一整套"冰箱+微波炉+净水系统"。涝洼的水质太硬，很多村民心血管方面的疾病跟这个都有关系，碧桂园这套净水设备的到来及时解决了涝洼孩子们的吃水问题。

成为碧桂园"老村长"之后，刘强跟着碧桂园去考察过产业扶贫的路，碧桂园的苗木基地需要大量的土地，涝洼村因为土地量少无法实现。之后，刘强花了大量的时间用于扶贫政策宣讲、碧桂园助学、家访、暖冬行动这些扶贫工作上。

涝洼村有五个孩子是碧桂园一对一帮扶对象，每年，帮扶资金会直接

刘强家也是贫困户之一，但村委的工作他却无偿做了四年多。

发放给孩子们，小学生1000元、初中生2000元、高中生3000元。刘强还会带着碧桂园的扶贫志愿者去做这些孩子的家访，挨家挨户地走访慰问，学业情况、身体健康刘强都很了解。希望村里的孩子们都能够好好学习，先走出去，也希望未来的涝洼村能够迎接他们回来。

谈到如何能够实现这个愿望，刘强和涝洼村的大多数村民一样，还是将更大的希望寄托在了旅游发展上。涝洼村位置处在燕山山脉的沟壑处，在天气晴朗的时候，站在山上可以看到金山岭长城和司马台，这样的旅游优势也给涝洼村带来了家门口就业致富的希望。

刘强说，这些年为了帮助涝洼村"旅游兴村"走出贫困，各级党委政府都给予了很大的帮助，农工委发起的"最美乡村"庭院改造，给十余户村民修建了卫生厕所，改造了三十多户村民的厨房和庭院围墙，极大地改善了村民的居住环境。接下来，村委想给村里那条已干涸的河流截流引水，打造涝洼村"旅游民宿"的基础，刘强希望能协助村书记把这些事情办好。

**乐居财经与刘强对话精选**

**乐居财经：** 涝洼村民主要以种植什么农作物为主？

刘强希望村里的孩子们都能够好好学习，先走出去，未来的涝洼村能够迎接他们回来。

村委接下来想打造涝洼村"旅游民宿",刘强希望能协助村书记。

**刘强**:涝洼这块土地干旱,大部分村民都是种玉米,玉米地挺费劳力的,一年到头,一亩地能有个1000块钱收入就算不错了。刨去别的成本,不算人头费用,能到手的钱大概也就500块钱。

**乐居财经**:那您手里有多少亩地?现在谁种着呢?

**刘强**:我家有6亩地,每户都差不多6至10亩地,我媳妇在河北滦平县城找了份工作,我和我父亲都有心脏病,所以,我家的地就给了邻居种着,我跟他说,别把地荒了就行,这地要是荒了,到时候靠我和我父亲两个人就开不出荒了。

**乐居财经**:咱涝洼村旁边就是金山岭长城和司马台,我们来的路上沿途也都有旅游的痕迹,村里也有农家乐小院,咱们村旅游方面开发得怎么样?

**刘强**:2018年,农工委组织了一个"最美庭院"活动,这也是我们为打造旅游民宿做的准备工作,你现在看到每家每户门口的围墙,都是一起做的。我们书记还想着今年能把这个桥给截流引水过来,我们村交通非常方便,到北京、承德、滦平,都有公路。几年前也有几个旅游项目开发选址落在了离村不远的地方,我们也在等这样的机会,这是我们最大的希望。到时候,村里弄好了,我希望我女儿也能回来。

# 崇礼篇

  张家口市崇礼区位于河北省西北部，总面积2334平方公里，辖2镇8乡211个行政村406个自然村，总人口12.6万人。崇礼境内80%为山地，森林覆盖率达到57.9%；为2022年冬奥会雪上项目主赛场。崇礼是河北中草药材主要产区之一，中草药材达240余种；食品类野生植物达30余种，主要有沙棘、蕨菜等。

# 守护草原天路

## 崇礼扶贫日志

文/王泽红　王敬宾

作为2022年冬奥会雪上项目主要的竞赛场地之一，张家口崇礼区为很多人所知。

与北京的炎热相反，崇礼区天气凉爽。一场暴雨过后，在草原天路上行走，还有点微冷。而这与崇礼区特殊的地理环境有关，崇礼区境内80%为山地，森林覆盖率达到52.38%，地貌属坝上坝下过渡型山区，可谓是"山连山，连绵不断，沟套沟，难以计数"。

就是这种山形地貌，也造就了崇礼区优美的自然风景和偏低的气温，夏季平均气温19℃，是休闲避暑的天然氧吧。然而，在连绵不断的山脉中的村庄，仍有部分贫困人口。中国扶贫攻坚战役，在这里正走向尾声。

7月25—26日，乐居财经"中国老村长"扶贫访谈小组来到河北省张家口市崇礼区，分别走进西狮子沟村、黄土窑村、海流图村和乌拉哈达村，见证奋斗在扶贫一线"老村长"的生活，倾听他们扶贫路上默默无闻付出的故事。

时间：2019年7月25日下午13:00
地点：崇礼区狮子沟乡西狮子沟村

# 孟祥银：炮兵"种菜"

文/王泽红　图/刘西常

公路两旁的田地里，放眼望去，全是灰绿色的圆白菜。在通往西狮子沟村的道路上，能看到不少拖拉机和三轮车，但是车厢里装着的，也是刚刚收割上来的圆白菜。西狮子沟村，仿佛被圆白菜包围了。"如今，全村1200亩左右的耕地，超过80%的都种了蔬菜。"孟祥银介绍道，种植的蔬菜主要有白菜、圆白菜和架豆，其中圆白菜居多。

但是，在20年前，西狮子沟村并没有种植蔬菜的传统，更别说产业化种植。彼时，西狮子沟村村民种植的都是普通的农作物，包括蚕豆、大豆、莜麦、胡麻等，种植蔬菜的寥寥无几。而这一切的变化，发生于1997年。彼时，孟祥银刚刚担任西狮子沟村村支书，已经种植蔬菜10年之久的他，开始带动全村种植蔬菜。

孟祥银是西狮子沟村第一个种植蔬菜的人。而在此前，他曾是一名军人。从1972年至1976年，孟祥银在某军区高炮团服役，兵种是炮兵。退役后，孟祥银回到张家口市崇礼县卫生局工作；1983年，孟祥银离开工作岗位，回到西狮子沟村参加两委工作，并担任计划生育专职主任。

至此，孟祥银开启了他的种菜人生。1987年，孟祥银开始种植蔬菜。

1997年,孟祥银刚刚担任西狮子沟村村支书,就开始带动全村种植蔬菜。

包菜、黄瓜、西红柿,这些是孟祥银担任村支书之前种植过的菜品。而这些蔬菜都被孟祥银用马车拉到邻村去卖。如果村民家里经济不宽裕,还可以以粮换菜。

"那会儿农村没有钱,生活比较困难,现金少,我只能拿圆白菜与他们交换粮食,三斤圆白菜换一斤莜麦;以往大家冬天没有菜吃,所以大家很乐意和我置换,置换以后,把菜储存在地窖里,够吃一整个冬天,"孟祥银回忆道。

渐渐地,孟祥银把运送蔬菜的马车换成了汽车。北京新发地市场成为孟祥银新的卖菜首选市场,他种植的蔬菜一车车地从西狮子沟开始进入北京。

"当时,村里的生活水平比较差,连孩子念书都困难。说实话,也就是比温饱强一点,不饿肚子就行了,"回想起西狮子沟村的生活水平,孟祥银仍然记忆犹新。

"我很想鼓励大家一起种菜,把生活过好一点。但是,很多人反对,并且还说'你种的蔬菜谁会要?到时候烂在家里,倒都倒不出去。'"对此,孟祥银也曾反驳过:"你们说错了,城市人没有地,他们也不会种菜,种了菜难道就不能往城市里拉吗?城市人不吃菜啊?"然而,这一切努力的效果甚微。"怎么也带动不起大家来,一方面是大伙没看到实实在在的好处;另一方面,我也不是书记,没有号召力。所以,只能自己一个人种。"

1997年,孟祥银担任村支书。看到孟祥银种植的蔬菜,一车车地运往北京,胆子大的村民开始尝试,但是,都是小面积的种植。"当时,一亩地能产400多斤蚕豆,按照每斤一块多的价格,一亩地能收入400多块钱。但是,如果种植蔬菜的话,一亩地能收入一千多块钱,例如,种植胡萝卜,三毛钱一斤,一亩地可以产七八千斤,能够收入1800块钱,比种植蚕豆收入好多了,"孟祥银对比道。

更为关键的是,政府对村民种植蔬菜特别支持,并给予政策鼓励,每种一亩蔬菜补助500元。在这样的激励之下,村民种菜的积极性越来越高,很快发展为全村种菜。如今,种植蔬菜已经成为西狮子沟村的主导性产业。

"刚开始,蔬菜还没有打开销路,所以种植的所有蔬菜都是我来收,然后一起销往北京。后来,随着种植规模的扩大,从外边来收菜的菜贩子也越来越多,每家每户也都有了自己的销售渠道,我就不再收购了,大伙

北京新发地市场成为孟祥银卖菜的首选市场,他种植的蔬菜一车车地从西狮子沟进入北京。

都自种自销了,"孟祥银高兴地说道。

但此时,另一个问题却出现了,菜地的灌溉是个大难题。"我们这个地方,种菜必须有水,而如何解决这个浇灌问题则成了最大的难题的。"孟祥银解释道。浇灌菜地引发了一系列的问题:首先要有水源,然后要铺设管道,最后,还要配套电路。

在当地政府的帮扶下,西狮子沟村开始一一解决这些难题,打井3处,架设水利电线1000多米,铺设水利管道1000多米。但是,这个过程并不顺利,收电费成了大问题。"每家每户种的亩数不同,也没有单独的电表来记录各家的用电情况,给收电费造成了很大的困难,"孟祥银介绍道。交不了电费,电管所就不给送电。没有电,就不能浇灌菜地。"眼看菜地里的禾苗快要干旱致死,村民就对我颇有微词,说我不干事,说了很多不好听的话。"因为电的问题,村民浇灌菜地屡屡受阻,孟祥银急在心里,一直在寻求解决之法。最后,他决定由村集体缴纳电费,最终解决了菜地浇灌的困难。

西狮子沟村有一条大河,如果遇到大雨天气,蔬菜很难从菜地运出来。为此,在当地财政局的资助下,孟祥银组织修建了两座桥,解决了蔬菜的运输问题。另外,为了不让河水将菜地淹没,在水利局的帮助下,孟

每种一亩蔬菜,政府补助500元,西狮子沟村全村都开始种植蔬菜。

祥银又组织翻修了拦河坝，避免了菜地遭受洪水之灾。

2012年，孟祥银退休，不再担任西狮子沟村村支书。但是，他却在西狮子沟村的脱贫攻坚过程中起到了重要作用。全村共有470户人口，在他刚刚退休不久后，国家就统计贫困人口，而西狮子沟建档立卡的贫困户高达430户，在蔬菜产业的发展带动下，贫困户数量如今锐减为110多户。

今年65岁的孟祥银，头发已经花白，但仍走在脱贫攻坚的第一线。2018年，碧桂园来到西狮子沟村扶贫，聘任孟祥银为"老村长"，负责碧桂园在西狮子沟村的具体扶贫工作，协助碧桂园扶贫干部走访贫困户，号召贫困户积极参与政府和碧桂园的就业招聘和技能培训，落实碧桂园捐赠"扶贫公益岗"的帮扶政策。

"我们村是贫困村，政府对我们的帮扶力度很大，有各项兜底和帮扶政策，并且还一直在积极地鼓励我们通过种菜来脱贫增收，正是因为有补贴，种菜才能成为全村的支柱性产业。"孟祥银介绍道。去年，碧桂园也来帮扶我们村，做了不少事情，比如，给贫困户捐赠冬棉衣，还提供了不少公益岗位。仅仅是通过公益岗位，贫困户每年就能增收3600元，是一笔不小的收入。

**乐居财经与孟祥银对话精选**

**乐居财经**：现在，全村种植蔬菜的人有多少？

**孟祥银**：现在全村的耕地有1200亩左右，百分之八九十的地都用来蔬菜了。凡是种菜的人家，都在一二十亩以上。现在百分之六七十的人都是承包种地，他自己家没有那么多的耕地，然后就承包别人家的地，一亩地租金每年200块钱。

**乐居财经**：在解决水和电过程中，哪件事让您印象比较深刻？

**孟祥银**：有一件事印象比较深，也是因浇灌菜地而发生的。村里有户人家叫杨富，刚刚种上圆白菜，急需浇水；但是，当时村里用电问题还没有解决，还不能供多家同时用电浇地，只能把各家的用电时间错开，各家轮流用电浇地。当时，正好有另外一家正在浇地，所以杨富家的地一时

"你看,这些菜我都吃不完,走的时候给你们带点儿,"孟祥银指着自家院子里的菜园子对我们说道。

浇不上水。这个人脾气比较暴躁,拿起一把铁锹边走边骂,说道"我浇不上,谁也别浇",打算用铁锹把水管刨断。我当时正好在旁边,立即就跑过去拉住他,说:"你先别刨,我给你想办法,我马上去找电管所,赶紧给你解决用电的问题"。结果,我还没走到电管所,半路上下起了雨,他的浇地问题也暂时解决了。

时间：2019年7月25日下午14:00
地点：崇礼县红旗营乡海流图村

## 李龙：我为大棚狂

文/王敬宾　图/莫少衡

　　7月底，正是"原味1号"采摘的季节。这也是"老村长"李龙今年最忙碌的开端。每年7月底到9月底，是"原味1号"西红柿的成熟期，同时也是销售期。"我每天都得来这里，不来这里时，我就得往别处跑，因为得想办法卖掉这些蔬果。"

　　这段时间，种植基地成了他的家，除了到村委会处理工作外，李龙吃住几乎都在这里。若在平时，在忙完一天的活儿后，他晚上会开车回到几十公里之外城里的家里。

　　李龙本来已在城里安了家，并且开了一间摄影工作室，收入虽然不是很高，但足够一家人过上安稳的小康生活。但是，他骨子里更喜欢跟土地打交道。他说，自己从小在农村长大，后来又跟随表哥多年从事大棚种植，已经和土地有了感情。土地，已经变成李龙的一种执念和难以割舍的情怀。所以，尽管家人不太赞同，他还是选择了回村承包土地，创办了种植合作社。他希望趁着自己还没老，"再折腾点儿事出来"。

　　不过，令李龙没有想到的是，返乡后他又顺利当选了村支书。李龙在老家海流图村的人品口碑很好，又是老党员，所以，他第一次参选村干部，就得了最高票，而且连续三届都是得票最高的。李龙就这样一直干了7年的村支书，直到现在。

虽然身为村干部的工作很忙，但李龙的心里一直割舍不下种植大棚的事。尤其是做了村干部后，他发现，产业扶贫是一条很好的扶贫路线，产业是授人以渔，能给村里的贫困户持续的工作和增收机会。这一想法驱使他很快将产业扶贫付诸行动。李龙从村里流转了100亩地，搞起了大棚蔬菜种植。

李龙成了海流图村的致富带头人。在榜样的带动下，村里不少原本观望的村民，也开始学习他种植大棚蔬菜，实现增收脱贫。当前，海流图村除了两户建档立卡户因病返贫外，其余的都已经实现脱贫。

李龙说，海流图村的扶贫压力不算大。一方面是村里有产业，另一方面，"这些年国家政策也好，对于建档立卡户，种植蔬菜乡里都给发补贴。"

碧桂园扶贫工作队来到崇礼后，给了贫困户多方面的扶持，包括搞扶志讲座、扶持公益岗位，在电商销售和周转资金上对合作社进行帮扶，等等。

谈及扶贫的经验，李龙说，扶贫先要扶志。只有人的思想变了，才能拔掉贫困的根子。

李龙说，海流图村除了两户建档立卡户因病返贫外，其余的都已经实现完全脱贫。

从海流图村建卡立档户方志亮身上，李龙看到了这种力量。以前，方志亮每天就是种自己家里的那二垄地里种点大葱，剩下的时间里，他宁可在家里坐着也不愿意出门去打工。李龙和其他村干部经常跟方志亮谈心，跟他深入探讨脱贫致富的办法。但是，人的思想转变是很难的一件事。

2018年5月，碧桂园启动8省13县的结对帮扶工作，张家口崇礼区是13个帮扶点之一。碧桂园扶贫队员到深度贫困户家中调研，收集贫困户资料，入户宣讲碧桂园的扶贫政策、举措及碧桂园的"4＋x"扶贫模式。此外，碧桂园崇礼扶贫小组还开展了"碧桂园精准扶贫农业种植技术培训"活动，同村委会一起组织海流图村民到合作社现场参观考察，邀请当地种植大户传授大棚种植技术，分享种植经验，还给他们详细讲解国家的扶贫政策、补贴政策。方志亮和一些贫困户们终于慢慢地转变了思想。

方志亮来到李龙的种植基地打工。李龙给他算了一笔账，他之前自己种地，一年的毛收入也就几百块钱，他出来到种植基地打工，一天120元，5天就600元，赶上他自己种地全年的收入了。一个种植季度干下来，收入几千元钱，土地流转可以拿到保底的流转费，还有分红。

李龙是一个善思考、爱钻研的"老村长"。他年轻时开摄影工作室，就是靠着一台电脑自学的摄影技术。他总结说，做扶志工作与搞种植合作社一样，扶志是先让贫困户了解为什么要这样做，思想转变了，他才会主动脱贫。搞大棚种植也是如此，必须采取随行就市的模式，如果不根据市场行情及时改变思路，调整种植品种，每年就那点儿产量，也就那点儿收入。

李龙也吃过亏。由于他的大棚种西红柿、豆角收入高，引发了很多种植大户跟风，结果因为供应量过大而导致价格暴跌，李龙赔了不少钱。所以，每年，李龙都会抽出时间去参加一些农展会，去外地考察一些新品种。

李龙的求知欲很强。在碧桂园组织的返乡扎根创业青年培训中，他与其他创业者交流创业经验；为了进行科学种植，他趁农业专家下乡的机会讨教、学习，还在网上搜集了大量的学习材料，利用业余时间自己研究。李龙还积极拥抱智能科技和物联网技术，在大棚内引入了环境自动监测设备，通过手机随时随地查看大棚内的温度、湿度等指标。

大棚种植的风险很高。对于李龙而言，除了遭遇过的市场行情起伏，崇礼的自然条件、地理气候，也是一个不小的挑战。崇礼北依内蒙古草原，海拔高、气候寒冷，年平均气温为0~20℃，生长期很短，春天大风天气多，由于地形等原因，容易爆发冰雹自然灾害。

2019年春季，李龙的大棚就接连遭受了两次自然灾害：一次冻灾，一次风灾。5月初，种植户们已经开始栽苗。谁料，5月3日左右，一股冷空气突袭，新栽的苗冻死了一大批。紧接着，5月8日和9日，又刮了一场七级左右的大风，轻微受灾的，是大棚的塑料布被刮烂了，严重的整个大棚都被刮倒了。一些大棚因为来不及抢修，又有一批新苗被冻死。为了多抢救一些苗，李龙和种植户们一整天都在冒着大风抢修大棚，一刻也不敢停下来，甚至吃饭都顾不上。提到当时的情景，他现在回想起来，仍面露痛惜之色。李龙明白，这些新栽的小苗不仅关乎合作社村民股东全年的收益、贫困户的就业，还关系到全村脱贫增收能否长期持续下去。

在李龙简陋的办公室里，我们看到一幅锦旗挂在墙上，上面写着"蔬菜大王"。这应该是对李龙坚持大棚种植的最好回报吧。今年，李龙又在

李龙在大棚内引入了环境自动监测设备，通过手机随时随地查看大棚内的温度、湿度等指标。

他的大棚里专门开辟出了一块试验田，试种了茄子和豆角等从外面引进的新品种，"只要长得好，明年我就大面积地种"。

**乐居财经与李龙对话精选**

**乐居财经**：您是从哪年开始搞大棚种植的？目前有多大规模？

**李龙**：13年开始，大棚是100亩。

**乐居财经**：大棚里种的是什么？主要销往哪里？

**李龙**：主要种"原味1号"西红柿。在引进这个新品种时，就已经跟两家公司签订了合同，一家是北京的凡谷归真，他们主要直供超市，还有一家是廊坊的兴芦集团，主要订购"原味1号"西红柿，就这两个订单，就订出80亩的产量。

**乐居财经**：为什么要种这个品种？它的优势在哪儿？

**李龙**：这一带海拔高达1250米，昼夜温差大，白天特别热，晚上又特别凉，晚上睡觉还得盖被，根本不需要开空调。昼夜温差大，形成的果实口味肯定不一样，西红柿的口感和品质上去了，比其他地方产的西红柿要好。我们这里病虫害也少，这是我们这一道沟种植的最大优势。

**乐居财经**：当村支书之前您在做什么工作？

**李龙**：刚一毕业，我就被选拔到天津大港油田公安处经警支队，做了6年经济警察，回来后陆陆续续打过一年工，几乎啥工作都干过，开饭店、搞摄影，给个体经商户当经理、当主管。

**乐居财经**：为什么想到回村里搞大棚种植？家里人赞成吗？

**李龙**：我从小在村里长大，一回来这么好的空气、这么好的蓝天，从心里就有点留恋，放不下。正好那年有点福利，建一个大棚国家给补钱，国家都挺支持咱们干农业，那就干脆回来发展吧。

搞大棚后回家少了，家里人肯定有意见。回到家，脑子里净想着大棚的事，和家里人交流太少。孩子说："爸，你也不回来跟我们玩几天，人家放假都出去玩，你也不回来。"每次放假，都正是栽苗的时候，没时间出去玩儿。

2012年开始,李龙给村里修公路、跑项目、打井。

**乐居财经**:做了村干部,您主要给村里做了哪些事?

**李龙**:我做的这些事是按我的思路一点点展开的。首先要稳定,然后就是根据村里的情况想办法脱贫。村里留下的大多数人毕竟是岁数大的人,建档立卡户家中缺劳力的占一多半,都是没劳动能力而致贫的。他家的地不能荒了,就必须流转,我就带头流转了100亩,今年开始又把几乎所有水浇地全部流转过来,然后再流转给客商。

还有村里发展这一块,我从2012年开始给村里修公路、跑项目,包括打井,因为如果耕地灌溉不上,浇不上水就流转不出去。

**乐居财经**:碧桂园是怎么找到您当"老村长"的?

**李龙**:那天我正在村委会工作,碧桂园扶贫小组来了,乡里也打电话说了碧桂园扶贫的事,当时我也不了解碧桂园是干什么的,反正只要是给老百姓干事就行,有什么不行的?后来,我正儿八经地接触了几次碧桂园扶贫小组的人,是在干工作就是认真,说句良心话,就是接地气,不是走马观花的那种,确确实实人家对当地经济进行扶持。

时间：2019年7月26日上午 9:00
地点：崇礼县四台咀乡黄土窑村

# 刘凤军：护航"美丽乡村"

文/王泽红　图/刘西常

一颗500多年的古树，让黄土窑村赢得了不少名气。它的学名叫"暴马丁香"，属于特级保护的名贵古树木，号称"华北第二香"。它屹立在村边的大路中间已经好几百年了，村民对它也特别珍爱，虽然挡道，但数次修路都没有伤它分毫，因为村民视它为村里的"神树"。而矗立在道路中央的它，也赚足了眼球，凡是路过的行人或者车辆，都会驻足观看。

离"暴马丁香"不足50米处，就是黄土窑村。4栋崭新的3层楼，在马路一旁很是打眼。土坯房、平房和危房，在如今的黄土窑村已经看不到了，两年前，它们都被拆除了，只有一些破碎的瓦砾，如今还残留在村庄的旧址上。"现在，村民已经全部搬进了新楼居住，"刘凤军介绍道。

拆除旧房屋，修建新楼房，刘凤军不仅是一位见证者，更是其中的深度参与者。他是黄土窑村的村主任，2012年当选。2016年，黄土窑村建设美丽乡村的申请获得批准，政府拨款4000万元，资助黄土窑村盖楼房、村委会办公楼和修建街道。当年，黄土窑村就开始了紧锣密鼓的基础设施建设工作，第一步就是将村民自住的土房子全部推倒，第二步是打地基、建楼房。但是，工程进度在第一步就卡住了——并不是所有的村民都愿意拆除自己的房屋。"新建住房的面积只有两种,75平方米和85平方米。每户都是按照人头来分配住房面积的大小,两口人以下是75平方米,三口人以上是85平方米。""部分村民认为这种分配机制不公平。"刘凤军解释道,每家每户原先的房屋情况都不相同,有的是刚刚修缮的新房,有的是常年没人居住的土坯房,有的面积很大,甚至还有危房……但是,无论哪种情况,最后都会分到新楼房。所以,这就会导致部分村民心理不平衡。

对于村民内心的想法,李凤军很了解也能够理解,但是,他更加明白,美丽乡村建设应该惠及每家每户。"这一点,大家都很清楚,只不过他们当时关注的重心跑偏了;他们更关注的是,相比于邻居或其他村民,自己损失是否更多,但却忽略了自己始终都是受益者这一点。"

为此,刘凤军挨家挨户走访,做村民的思想工作,但是,村里的李学新始终不同意。"由于他家的房屋刚刚修缮翻新过,还投资了不少钱,占地面积也挺大,是个很漂亮的小院。"刘凤军回忆道,"他就觉得,自己刚刚花了很多钱,还没有住几天就要拆除,他很不甘心,觉得自己亏得太厉害了。"诸如类似的情况还有不少。刘凤军就像一位知心人一样,持续地走访和做思想工作,一次不行就两次,一天不行就两天。"因为这是一件好事,值得我坚持,盖楼房不用大家花一分钱,还是精装修,买个床和锅

这是一颗特级保护的名贵古树木——暴马丁香,树龄500多年,号称"华北第二香"。虽然挡道,但数次修路都未伤它分毫。

就能睡觉和做饭，与拎包入住差不多。"功夫不负有心人。在刘凤军的努力下，全村96户人家全部同意拆除旧房屋。就这样，4栋新楼平地而起，望着即将入住的新房，村民们露出了开心的笑容。

但是，另一个问题出现了，那就是分房。为了照顾年长的村民，黄土窑村制定的分房机制是：60岁以上分一楼，40~60岁分二楼，40岁以下分三楼。然后，根据这个原则，再采取抓阄的方式，选取单元和楼号。但是，一部分年长村民也想住二楼；还有的村民原先就是邻居，分房后还想继续做邻居；也有先前有矛盾的村民正好分到了对门或者上下楼层的。面对这些问题，刘凤军想了一个办法，在住房面积相同的情况下，村民之间可以内部自由调换楼层、单元以及楼号。"这是我们再三思量的办法，让大家自己调换，比我们直接分配的满意度会更高。"

就这样，村民都分到了自己满意的房子。如今，黄土窑村的96户人家已经全部分到了新房，刘凤军也是其中之一。

2012年，刘凤军当选为黄土窑村村主任时，全村96户人家中有过半都是贫困户。如何带领村民摆脱贫困，是刘凤军最亟须解决的事情，村里并没有任何产业，刘凤军必须为黄土窑村找到一条脱贫之路。

几经琢磨和考量，刘凤军找到了一条可行之路。2016年，黄土窑村村委会和村民商议决定，成立黄土窑村农村合作社，将村里的土地全部流转给村集体，进行统一经营和管理。

"因为村里缺乏劳动力，年轻人很多都外出打工了，剩下的老人也没有能力再耕种了，所以很多土地都荒废了。通过土地流转，可以将耕地更好地利用起来。"刘凤军解释道。

"全村共318亩地，已经全部流转了，一亩地每年补贴150元。"刘凤军进一步表示，这些土地流转后，村集体主要是用来建大棚和种植蔬菜。2016年，我们新建大棚26个，2017年新建68个，大棚中种植的蔬菜主要有圆白菜、西红柿、架豆和青菜等，蔬菜销售后再把卖来的钱分给村民。"现在，我们还在扩大种植规模，正在进行土地复耕，共计划复耕土地150亩，今年已经复耕了70亩，明年还需要再复耕80亩。"

如今,除了担任黄土窑村村主任职务之外,刘凤军还担任着碧桂园"老村长"的职务。2018年,碧桂园来到黄土窑村扶贫,聘任刘凤军为"老村长",具体负责碧桂园在黄土窑村的扶贫工作,协助碧桂园扶贫干部走访贫困户,号召贫困户积极参与政府和碧桂园的就业招聘和技能培训。

"我们村脱贫,主要还是依靠合作社,2016年脱贫6户,2017年脱贫13户,2018年年底全部脱贫。"谈及黄土窑村主要的脱贫方法时,刘凤军透露:"主要还是通过销售蔬菜来增加收入,在这方面,碧桂园帮助我们不少。"

谈到目前的主要工作,刘凤军笑了笑说:"我从小到大就一直在村里,从来没有外出打过工。现在除了做好本职工作外,就是帮助碧桂园做好扶贫工作,协助他们开展'暖冬行动',为贫困户发放过冬棉衣以及送一些粮、油、米和面等生活物资。另外,碧桂园经常开展种植技术培训,我也会帮忙组织村民参加。"

对于村民现在的生活状态,刘凤军很满意。他幸福地说:"现在的政策真是好,像我们这样一个贫困村,居然也能住上楼房,以前想都不敢想。"

**乐居财经与刘凤军对话精选**

**乐居财经:**上任后,您做的第一件事是什么?

**刘凤军:**2012年,我刚刚上任时,村里饮水很困难。当时正好是夏天,

如今,黄土窑村的96户人家已经全部分到了新房,刘凤军也是其中之一。

特别干旱,水不够喝,村民需要走很远的路,去村边的水井挑水,很不方便。所以,我上任后的第一件事,就是找水源,解决全村的饮水问题。

**乐居财经**:种植蔬菜过程中,您遇到了哪些困难?

**刘凤军**:主要是蔬菜的销售问题。2018年,我们新增了蔬菜的种植种类,包括西红柿、架豆和青菜。西红柿和架豆都卖出去了,但是青菜一把都没有卖出去,而我们一共种植了12亩。最后,我们村和邻村的村民,只要哪家想吃青菜,就可以自己去地里免费摘。即便是这样,还剩下好多青菜坏在了地里,损失了不少钱。

**乐居财经**:在新建楼房时,您主要负责什么工作?

**刘凤军**:我主要是做后勤保障工作。例如,施工方需要用水、用电,还涉及临时占用土地,这些都是我来张罗的。另外,有些村民的旧房屋已经拆除了,但是新楼房还没有盖起来,他们没有地方住。我就负责安顿他们,给他们找临时的住所。

**乐居财经**:对于合作社的下一步发展,您有何打算?

**刘凤军**:为了增加合作社的收入,我们准备种植一些高级水果。目前,已经引进了一种夏季草莓品种,已经在两个大棚进行了试种,如果可行的话,我们会扩大种植规模。

他幸福地说:"现在的政策真是好,像我们这样一个贫困村,居然也能住上楼房,以前想都不敢想。"

时间：2019年7月26日上午9:30
地点：崇礼县高家营镇乌拉哈达村

## 武军：永不服输

文/王敬宾　图/莫少衡

他，是村里的连续"创业者"，带头种胡萝卜却遇市场行情大跌；他，多次赴外地考察，引进糯米新品种，再次成为镇上种植产业试验的先锋。

在河北张家口市崇礼区高家营镇乌拉哈达村村委会的办公室，我们见到了碧桂园"老村长"武军。这是一间很小的办公室，面积大概10来平方米，里面放了两张办公桌，一个沙发，还有一张很窄的单人床，墙上挂着一张定制的宣传栏，上面是乌拉哈达村概况和村委会组织架构图。

乌拉哈达村，原名乌兰哈达，蒙语是红色山崖的意思。相传元朝时这一带水草茂盛，牛羊肥壮，如今，这里是张家口受生态保护的水源地，依然以农业种植为主。

寒暄几句后，武军直接把我们引到玉米地里参观。玉米地在山沟里，站在山坡上望过去绿油油的一片，与绿色的山丘连成一体。这里是乌拉哈达村的种植"试验田"，田里种的是新引进品种糯玉米。

"老村长"武军刚到地头，就径直钻到半人多高的玉米地里，观察起玉米的长势。"现在咱们看到的只是一小部分，今年一共种了300亩。"武军一边观察长长的玉米叶子，一边介绍。这300亩糯玉米一直揪着武军的心,因为这里不仅承载着全村致富的希望,也是帮助村里增收、为脱贫攻坚工作助力的坚实保障。

武军不善言辞,也不苟言笑,看上去有点刚硬。他今年44岁,但却是一名有7年村委会工作经历的"老干部"。2012年,武军当选村主任,一干就是6年,直到2018年老支书退下来后,他又开始担任村支书。

武军是一个挺能折腾的人。他20岁就跑到张家口打工,有了一些积蓄后,便凑钱买了一辆大货车跑运输。虽然赚了些钱,可惜后来挂靠的车队解散了,"没活儿接",武军不得不把大货车卖掉,去揽工程。天不遂人愿,包工程遇到了"老赖",要了四五年的账,赔了不少钱。虽然屡遭挫折,但武军却是越挫越勇。他返乡创业,创办了张家口崇民农业开发有限公司,搞农业种植,成了村里的致富带头人。2012年,他当选村主任后,一方面加强村里的基础设施建设,修桥、铺路、打井、通污水管道等;另一方面,他反复思考和摸索适合全村的致富产业路线。

他本来想在村里带领大家发展大棚种植。武军算过一笔账,一个棚一年收益一万多元,而村民一亩地一年的收入也就是六七百元钱,种植大棚是一个脱贫致富的好路子。可惜乌拉哈达村是张家口市的水源地,大棚种植会造成一定的土壤污染,与水源地的生态保护形成冲突,只好作罢。

虽然回乡创业屡遭挫折,但武军却是越挫越勇。

2017年,他去山东考察时发现,当地种植的胡萝卜效益很好。经过一番市场调研,他决定试一试。于是,他回到乌拉哈达村流转了400亩地,带头种植胡萝卜。不幸的是,第二年胡萝卜市场行情下跌,这个项目赔了不少钱。不过,流转的土地都是村民的,有的还是贫困户,武军心想,土地流转费无论如何不能拖欠。于是,他到银行贷了款,如期给村民们结清了土地流转费。虽然武军的种植项目赔了钱,但他的诚信获得了村民信任。所以,后来他在流转土地时,从来没有遇到过阻碍。

胡萝卜种植项目的失败,并没有击垮武军。他骨子里有一股不服输的劲头,收拾行装,从头再来。"种这个不行种那个,总有一样适合咱这儿的。"这是"老村长"武军朴素而又坚定的信念。一个偶然的机会,崇礼区的一位领导来乌拉哈达村实地考察,提出了种植糯玉米的建议。一开始,武军心里也打鼓:"糯玉米种出来后还需要加工,还得拓展销路,这条路走得通吗?"经过到糯玉米种植地两次实地考察学习后,武军的心里有了底。测算后,收益至少是现在的三倍。说干就干。在高营镇很多村委会还在观望时,武军又一次冲在前面,成了试种先锋。更让武军感到高兴的是,这时,恰好碧桂园扶贫小组也加入了进来,可以提供帮扶。碧桂园可以预借本钱买种子和肥料,种植户产出收益后再还本。此外,碧桂园还帮扶了11个公益岗,帮贫困户就业增收,协助村里的扶贫工作。

令武军欣慰的是,今年的糯玉米长势相当不错。而且,后期加工的厂房和蒸熟、消毒、真空包装等这一整套设备也已经到位了。根据和村委会的约定,崇民农业开发有限公司会从收益中拿出一定比例,专项用作乌拉哈达村扶贫资金。对于捉襟见肘的村财政而言,这是一笔可观的收入。所以,武军现在就盼着今年的糯玉米种植能多收入一些,因为增收后就可以拿出更多钱用于扶贫和乡村建设。

**乐居财经与武军对话精选**

**乐居财经:**在成为村干部之前您是做什么的?

**武军:**我20岁左右就在张家口市打工,打过体力工,做过电焊工。后来贩过几趟煤，当时我父母给我拿了5000块钱，回来之后赔得剩下还不到1000块钱。1998年我买了货车，自己跑运输，搞过建筑，包点小工程。

**乐居财经**：当选村干部后，您为村里做了哪些事？

**武军**：打井、污水巷道、硬化路面都干了。村里有一条小河，多少年人们都是蹚水过河，2012年我刚上任时村里没钱，我就自己掏了两万块钱，垫资架了一座桥。老百姓都挺高兴，现在终于可以不用蹚水过河了。有一年天旱，河里没水，老百姓地里种的玉米叶子都卷了，旱得不行。我到水利局打了申请报告，给村里打了几口井。2015年，省里帮扶单位到咱们村整治村容村貌，一下整洁干净了，还铺了几千米的污水管道，村里污水不再乱排放，直接进入张家口污水处理厂。

**乐居财经**：您在村里还做过什么产业？

**武军**：我是那里的致富带头人协会的会员，2016年，我们去山东的香龙镇参观考察，人家那全都是种胡萝卜的，从山东回来，我就回来带动人们种胡萝卜，老百姓不敢种，我就把土地都流转过来，种了将近400亩，分三个基地。最后，当年的行情不行，没带动起大家，把自己赔进去了，我通过贷款、借钱，把土地流转费都还给了大家。

**乐居财经**：这个糯玉米是怎么引进的？

令武军欣慰的是，今年的糯玉米长势相当不错；测算后，收益至少是之前的三倍。

**武军**：水源地不能发展大棚，涉及农药残留物，怕渗透到土壤里。我和镇里领导、县里领导说过好几次这个事，我说找一种什么模式，提高人们的种植收益。正好有一次，一位县领导过来实地考察，建议我们种糯玉米，向万全学习。我觉得这个建议挺好，但是想到糯玉米还得加工，也挺费劲，最后镇领导带领致富带头人一起到万全参观学习两回，觉得这个糯玉米项目可行，可以让村民增加三倍的收益，以前六七百元，这个一下能提高人们收入将近2000元。

碧桂园扶贫小组一直在跟我们联系，我说起种这个糯玉米的事，他们也参与进来了，就是他们提供本钱，种植户买籽种、化肥，农户种植，种完以后卖了产生效益再还本，走这个模式。

**乐居财经**：村里现在还有多少贫困户？

**武军**：我当上村干部之前，建档立卡户是127户，通过政府帮扶和碧桂园的帮扶，村里积极帮扶他们对接公司、实现就业，种玉米用工也是贫困户优先。现在未脱贫的还剩5户。碧桂园还在咱们村帮扶了11个公益岗，我经常带他们入户走访贫困户。

# 平江篇

　　平江县位于湖南省东北部,与湘、鄂、赣三省交界,毗邻长沙市,隶属湖南省岳阳市。现辖24个乡镇、总面积4125平方公里,总人口113.5万。平江县处汨水、罗水上游,汨罗江自东向西贯穿全境,拥有丰富的野生湿地植物资源和水产资源。平江是著名桂花蜜源之乡、黄金产地及林业重点县之一,特产有:茶叶、茶油、五香酱干、山桂花蜜、火焙鱼和金桔等。

# 汨罗江边的守望

## 平江扶贫日志

文/房　慧　刘渝渝

汨罗江横贯平江县东西，湘东北第一高峰连云山虎踞龙盘。这里是湘、鄂、赣三省交接的地方，也正因地缘偏僻、高山阻挡，平江一度有超过14万的贫困人口。

好山好水赋予的资源，让这里的农作物呈现出别具特色的风味，也让这里具有发展旅游业的天然优势。如今，在各方力量的帮助之下，碧桂园"老村长"正在带领乡亲走出一条致富路。

2019年8月1日，乐居财经《中国老村长》访谈小组来到湖南省岳阳市平江县，分别走进加义镇泊头村、浯口镇三联村、加义镇小岩村和加义镇丽江村，见证奋斗在扶贫一线"老村长"的生活，倾听他们扶贫路上默默无闻付出的故事。

时间：2019年8月1日上午9:00
地点：平江县加义镇泊头村

# 曾相军：利他主义者

文/房　慧　图/刘西常

在大暑的节气里，早晨6点多的太阳已经有些毒辣了。在烈日的炙烤下，人稍稍多走动几步就会满头大汗。

上午近9点，平江县加义镇泊头村。碧桂园"老村长"曾相军迎面走来。已是66岁的他，身形瘦削却步履矫健，上身深蓝色暗格衬衫，下身同色系的长裤，干净整洁。

跟着曾相军的步伐，穿过了村里的苗木种植基地，这是碧桂园与泊头村合作社签订合作协议，采取"公司+合作社+农户"模式落地的扶贫产业。在小路的尽头，坡道上有一户农家，这是曾相军的家，门前的绿树成荫。

自1986年入党后，曾相军就开始在村委会工作，历任会计秘书、村主任、支部书记等，已为村里服务了三十多年。2016年退休后，他被村里返聘为扶贫理事会会长，负责村里的公益扶贫事情。在2018年10月份，他又被聘为碧桂园公益扶贫"老村长"，专门负责泊头村苗木产业链接贫困户的工作。

理事会的工作主要是做村民的思想工作，并协调扶贫资源的调配。这个工作看似简单,实则非一般人所能担当。除了要求对村里每家每户的情况了如指掌外,能否取到村民的信任和尊重也很重要。

2018年碧桂园苗木基地设立在泊头村,很多村民存在顾虑,担心的问题多种多样,曾相军便挨家挨户上门讲解沟通。就这样,在碧桂园"老村长"的协调下,村民们陆续跟碧桂园签订了租地合同。

为了照顾有一定劳动能力但不方便离家务工的贫困户,苗木基地建成后,曾相军又协调了几十位贫困户村民在里面务工。对于村里的深度贫困户叶树仁家,碧桂园免费把苗木送到他们家,在他们的房前种植,定期上门进行技术指导,并且帮忙寻找销售渠道。如今,叶树仁家的苗木已然郁郁葱葱一片。据了解,这批苗木预计可增收一万多元。

考虑到他们家的情况,曾相军还动员他家可以再种点西瓜,这样又可以增加一笔收入。起初,他们担心种出来的西瓜卖不出去,曾相军又帮助他家找到了销路。如今,叶树仁家的生活有了明显改善,并已于去年11月成功摘了"贫困户"的帽子。

悉心为村民考虑的曾相军,其实自家的家庭状况并不好。在提及这个问题之初,曾相军并不愿意详述,他的顾虑是:哪有自己说自己困难的?

实际上,这位老人40岁那年丧妻,独自一人将三个儿子拉扯大。原本想着孩子大了,日子会好过一点,但天有不测风云,大儿媳与二儿媳因患

病相继离世，她们身后是几个还未成人的孩子。因此，大儿子和二儿子都被纳入了"建档立卡户"。在村里工作的曾相军，只要将自己户口落在这其中任何一位家中，便可以多一份好处，这原本是轻而易举的事，但曾相军不愿意。在他看来，"这会被其他村民闲话的，会说我自私，我不能占用这个名额……"如今，为了偿还巨债，三个儿子都在广东打工，已经外出8年。年近古稀的曾相军便担负起了孙子、孙女的抚养工作。带孩子的"苦"，曾相军是笑着说的，因为孙子、孙女都很懂事，主动帮助爷爷分担家务，支持他的工作，在村里也从来不与人争执。

看着孩子们渐渐长大，债务也在陆续还清，曾相军相信自己的家庭会越来越好。对于泊头村的未来，曾相军觉得还可以更好，比如再种植一些销路好的经济作物，如小番薯、水果等。

访谈接近尾声，守在边上的村民纷纷走过来夸奖曾相军："他是真的好干部，特别难得。"

## 乐居财经与曾相军对话精选

**乐居财经**：请您介绍一下担任碧桂园公益扶贫"老村长"主要负责的工作。

**曾相军**：主要做村民的思想工作。比如，苗木基地刚刚规划的时候，要把土地集中起来，很多人村民担心这个、担心那个，政策、要害我要跟老百姓宣传讲解，让这个苗木基地能做起来。后来基地建好后，还要安排村民就业。

**乐居财经**：请您介绍一下"苗木基地"。

**曾相军**："苗木基地"是碧桂园选中了我们这里，采用"公司+合作社+农户"的模式做的扶贫产业。碧桂园出资金、出苗木、出技术，还负责销售。现在这个基地有106亩，苗木种类有三十几种，村民们租地后可以拿租金，还可以在里面出劳力挣工资。

**乐居财经**：村里有多少人在苗木基地就业？主要是什么样的人？

**曾相军**：高峰期有50~60人在这里做事。主要是60岁以下的贫困户，

主要是考虑一部分家里有实际困难的贫困户，可以让他们一边照顾家里，一边打工挣钱。

**乐居财经**：您这个高龄，还打算再干多久？

**曾相军**：没想过，我现在身体还挺好的，干不动了就不干了。其实，现在看到村里的变化，我心里还是很开心的，干得也有劲。

**乐居财经**：村里这几年变化大吗？

**曾相军**：大得不得了，现在变化真的好大嘞。跟20世纪80年代、90年代相比，可以说面目一新，老百姓家里生活条件都好了，家家都盖了新房。最近5年的变化比之前30年都大，如同翻天覆地。

时间：2019年8月1日上午9:30
地点：平江县浯口镇三联村

# 童艳辉：雁过留声

文/刘渝渝　图/史　策

没有想到，前往三联村的道路这么顺利。去之前，有当地人提醒，这算是平江县一个很偏远的地方，山路得多。而当我们抵达三联村的时候才发现，村里的水泥路已经修到了每家每户的门口。

今年55岁的童艳辉，在三联村土生土长。"村里的族谱还在，就是我们已经看不懂了"。他个头不高，看上去十分精干，话也不多，但一说到村里的情况却头头是道。2017年，童艳辉才从村干部的位置上退下来，整整11年村干部的经历让他对村里的一草一木了如指掌。

三联村是多年的贫困村，人均年收入大约在4000元上下，去年实现脱贫。村里有1400多村民，400多户，人均耕地不到5分，村民主要的收入来源是外出务工，外出务工有五六百人，留在村里的大约还有七八百人，大多是老人儿童和要照顾家的妇女。

因为青壮年很多都外出打工，5分地的产出除了自给自足之外略有余粮。但是村民们只靠务农收入太低，所以，让大家多增加一些收入，日子过得更好一点，一直是童艳辉心心念念的事情。也正是这样一份责任感，让童艳辉得到了村民们的信任和支持。

2015年，村里引进了一个种植食用菌扶贫项目。村民出资购买菌种，然后统一收购售卖。每家出资额少的有二三百元，多的有5000元，这对当时的很多家庭来说都不是个小数目。"我们愿意相信你。"童艳辉回忆道。当时村民们情绪都十分激动，他承诺一定会把钱还给大家。最后，童艳辉四处奔走，争取到了一笔扶贫资金，把村民们的钱都还了回去。

这件事情之后，童艳辉体会到了村民们对他的信任和支持，也更加尽心尽力地想为大家多做事情。"村民家里有什么事都是我去帮忙，有的两口子闹意见了，我一去就没啥事了。"大到村里的建设，小到家庭矛盾，童艳辉把村里的事情全都事无巨细地记挂在心。

童艳辉当了9年村主任、2年村书记，电网改造、村级公路工程硬化、农田灌溉工程等等一些生产基础设施的建设都是在他任期内陆续完成。2017年，童艳辉主动从村支书的位置上卸任，因为他想要做一点自己想做的事。2018年，他被碧桂园聘为"老村长"。

"我的想法有很多，但实现的不多。"无论是担任村支部书记和村主任期间，还是现在已经是一名普通的农民，他总是想给村里引进点什么产业，好让大家能够多增加一点收入。这一次，他引进的产业是给义乌的小商品市场做来料加工，为此，他特意跑去义乌学习培训了三天。"我们都拿到了经纪人资格证，有了这个证件，就可以在义乌的小商品市场承接来

料加工的任务。"

童艳辉回忆道，一个偶然的机会，一位在义乌打工的老乡提供了一个信息，说义乌有很多来料加工的机会。听到这个消息，童艳辉立刻向县里汇报，最后县里一共组织了150个人一起去了义乌，最终获得了在义乌小商品市场承接来料加工业务的资格。随后，童艳辉个人出资把来料加工的事情做了起来。

这条道路并非一帆风顺，最开始联系的是做蝴蝶结配件，"利润太低，没法做了。"2019年7月，童艳辉引进了耳机主线来料加工业务。目前，这个小小的加工车间刚刚运行了20多天。

"目前投入了3万多元，以后还想上一台大型的设备，到时候就可以把规模做得更大一些。"童艳辉给工人们开的月工资是1500元，加上还要包一顿中饭以及其他费用，他要承担的用工成本每人每月要将近2000元。加工厂生产一条耳机要20多个工序，目前一天可以生产的耳机1000多条，"现在的产出来算，只能算勉强持平。"

童艳辉相信未来收入会越来越高，"现在接比较简单的任务，等到工人熟练之后慢慢可以做到更好，我们看过别的厂，工人最高的可以拿到3000元左右。"眼下最大的困难就是工人难招。"天气热，工资也不算太多，好多人宁愿在家闲着也不愿意来上班。"

童艳辉认为这是一个好项目，也是一个有前景、有利润的事情，"目前才刚开始，我现在只能是下个月发上个月的工资，如果我能够当月发工资的话，肯定会有更多的人来。"童艳辉现在的想法很简单，"不管怎么样，也要把这个项目办起来，到这一步已经没有办法回头了。"对于他个人来说，钱只要够花就行，但是，"雁过留声，人过留名，总要做点有意义的事情。"

**乐居财经与童艳辉对话精选**

**乐居财经**：三联村贫困的主要原因是什么？

**童艳辉**："靠田靠不住，靠山也靠不住"，村里的自然条件并不算好，人均田地太少，没什么收入；养殖业风险太大；种植业对土壤和环境有要求，村子地处偏远山区，雾气多，阳光少，秋天霜冻也早，也很难找到合适的水果种植。只能想别的办法，但是资金和技术眼下又都是问题。

**乐居财经**：村里的贫困户主要困难是什么？

**童艳辉**：就是劳动力的问题吧，家庭之间的收入不平衡，差异很大，家里劳动力多的收入就高一些，劳动力少的收入就很少。但是这几年，国家给贫困户的补助和扶持都基本落实了，医保啊什么的都有，基本生活都有保障。

**乐居财经**：近两年的扶贫和以前相比有什么变化吗？

**童艳辉**：前年和去年的扶持扶贫力度特别大，2017年以来，每年都有几百万元的扶贫资金注入，也落实了一些很好的项目。比如说，光伏发电的项目就是特别好的一个产业。光伏公司全部投资，又比较清洁健康，维护的成本也不高，每年还可以为村里带来4万元的村级收入。以前我们的村级收入基本没有，现在有4万元的收入，可以用来做基础设施的建设以及环境卫生的整治。

其他还有水泥路面硬化工程、亮化工程、饮水工程，等等，这都是这两年在做的事。村里装上了200多盏路灯，路灯亮了之后，不仅是方便了村民们晚上的出行，村里的治安也好多了。还有引水工程让村民们用上了

自来水，比以前方便多了。

**乐居财经**：您觉得村里目前最需要的是什么？

**童艳辉**：最需要的是技术和产业经济上的支持。我想过很多产业的引进，比如，三联村处在一个四面环山的小山村里，很适合做苗木基地，但是水泥路面虽然已经修到了村门口，却远远没有达到能够承载大型货车的条件。比如发展种植业，村里的自然条件适合种什么水果、什么中药才有经济价值？现在都靠自己摸索，成本太高。

**乐居财经**：碧桂园做了哪些精准扶贫工作？

**童艳辉**：碧桂园去年来了以后，给村里学校的孩子们捐书、送文具，还给村里的老人的组织了健康体检的项目，等等。同时，碧桂园还给村民提供就业培训，厨师、水电工，等等，而且还提供工作岗位，这都很实在。我们的苗木产业、种植业碧桂园提供了很多的建议，也想了很多办法。

时间：2019年8月1日下午14:00
地点：平江县加义镇小岩村

## 钟南生：学习的力量

文/房 慧 图/刘西常

  大暑，是一年中最热的节气；下午两点，是一天中气温最高的时刻。这个时候路上行人稀少，知了鸣叫急促，老狗们伸着舌头趴在门口。在小岩村的一条乡村公路上，借着树冠下的一片阴凉，我们与碧桂园"老村长"钟南生进行了一个多小时的对话。

  起初，夏日的暑气让年轻的采访者满脸赤红、汗流不止，而对面的钟南生却气定神闲，语速始终不疾不徐。

  现年68岁的钟南生，曾在献冲乡公社的纸厂上了7年班，20世纪80年代初回到村支部服务，一直到2017年退休。对村里情况了如指掌的他，退休后被碧桂园返聘做村里的扶贫工作。

  小岩村目前总人口1868人，从人口数量来看，算中等以上规模的村庄了。因为在山区，村民的居住地都很分散，用钟南生的话说，"一天是走不完全村"。但村里的大小事情、每家每户的现状他最清楚。

  据钟南生介绍，不同于有新产业的邻村，因为位置更偏僻，小岩村的主要农作物还是水稻，很多年轻人外出打工后，都将田地承包给大户了。钟南生自己家便是如此，只留下一部分口粮地。农闲时候，他鼓励村民找一些新路子,春天上山采笋晒干、种植果树、酿酒等。

钟南生明白,水稻的经济效益并不高,如果要改善村里面貌,还是要种经济效益更好的农作物,比如百合、芝麻、小番薯等。他很希望外部能有人指导,带领小岩村走上振兴道路。

但脱贫工作不能等,要"抓重点,破难点,夺取脱贫攻坚全面胜利"。对于有务工能力的人,小岩村的村干部上门动员外出务工;对于家中有困难而无法外出的,村里尽量给足政策扶持,发展副业。比如,村里的黄河清一家,他家四口人,原本生活还过得去。2012年黄河清突发脑梗,幸福之家一下子陷入困境。考虑到他们家的情况,村里给了相应的医疗救助,给了孩子教育扶持。慢慢恢复的黄河清,不仅种植水稻,还自建了家庭酿酒小作坊,随着债务逐步还清,黄河清一家也脱掉了贫困户的帽子。

在有策略、有重点的关注下,小岩村的脱贫工作成果突出。据钟南生介绍,两年多时间,村里的贫困户已从54户172人锐减到8户。此外,小岩村的教育扶贫工作也是一大亮点。虽地处山区,条件简陋,但去年村里还是出了7个大学生,今年又考上了2个,这其中就有钟南生的孙女。

和村里多数家庭一样,钟南生的儿子、儿媳都在外地打工,老两口带着孙子孙女一起生活。在问及对孩子教育上做了哪些时,钟南生坚称,是孩子们自己的努力。尤其是考上湖南大学的孙女,平时功课并不用老人操

心,吃完饭就上楼看书学习。这就是耳濡目染的力量。

平时,钟南生除了忙农活外,不打牌,不打麻将,唯一的爱好就是看书读报,偶尔看电视,最喜欢的节目是新闻。虽然没有受过高等教育,但钟南生从年轻时就不断自学。他的脱贫办公室简陋却很整洁,文件夹按年份、种类码放得齐齐整整。在他看来,人要不断学习。平时他会这么跟孩子们说,一定要明白学习的目的,读书才能有文化,观念、格局都会不同,有文化后才能成为更有用的人。

村里有一个兜底户,户主患过脑梗死,叫林大安,他老婆智力有问题,还有两个女儿。在特殊困难面前,林大安家也动过让大女儿辍学在家的念头。对此,钟南生多次上门做思想工作,还发动组织大家为他家捐款,并联系学校尽量减免孩子的各项杂费。

目前村里有140多名学生,享受教育扶持的学生是39名。据钟南生介绍,每当有家庭遇到特别困难时,他们都会第一时间了解并想方设法解决,近年来,小岩村再没有出现过孩子中途辍学的情况,这让他感到很欣慰。

村委会对面,就是小岩村的村小学,借着暑假的空档,校园里正在搞整修,9月开学,小岩村的孩子们就能有一个崭新的教学环境了。

**乐居财经与钟南生对话精选**

**乐居财经**：村里现在脱贫工作进展怎么样？

**钟南生**：两年前村里贫困户有54户172人，目前还有8户还没脱贫。村里对建档立卡户的帮扶已经责任到人，每个村干部和党员各结对帮扶一户建档立卡户，落实"一超过两不愁三保障"这三个指标。建档立卡户评选是通过村民小组申报，村民代表大会评审通过的。

政府对建档立卡户医疗保障报销90%，小孩读书有教育助学金；对于住房困难的，政府会发放住房资金让他们改建新房或者享受异地搬迁住房；村子周边的欢乐果世界和九狮寨茶业，他们会给村里建档立卡户发放产业分红资金。

**乐居财经**：您觉得小岩村这几年变化怎么样？

**钟南生**：现在基本上家家户户都通了水泥路和路灯，只有一小部分偏远人家水泥路没通到门口，但自来水都通了，以前吃水都是要自己每天去山里挑水。村里那些茅草屋都拆了，只有一小部分比较好的老房子被保留了下来，改成了养牛棚。

**乐居财经**：今年扶贫工作的重点是什么？

**钟南生**：今年的重点帮扶是未脱贫户和低收入家庭，采取政策扶贫、产业分红的形式，因为有医疗保障，应该不会再返贫了。如果缺乏政府扶贫支持的话，未脱贫户脱贫是有困难的。

**乐居财经**：您觉得小岩村适合做什么样的产业发展？

**钟南生**：如果村里要发展产业，还是要把田地的地形进行规整，将水稻改种其他作物，比如百合、水果、药材等。现在村里还没有什么人种这些东西，主要是观念陈旧，没有改变现状的意识。村里有几个在外面赚了钱的青年回来，租了地发展养殖业，如果把这个搞起来了，也会带动一部分人脱贫。还有，我们这个山里开发旅游还是可以搞一搞的，但一直都没找到合适的投资商。

时间：2019年8月1日下午14:30
地点：平江县加义镇丽江村

# 管师：竹筏漂流众筹记

文/刘渝渝　图/史　策

"老村长"管师今年45岁，正是年富力强的年纪。他说，自己当上村委副主任完全是个意外。"2017年，我被群众推选为村副主任，当时听到这个结果我都吃惊了，之前我完全没有想到自己会有当上村干部的一天。"

2013年，在外务工多年的管师返回家乡。此前，他们兄弟三人一直在广州打工并共同开办了一个家具厂，但是家中70岁的老父亲需要人照顾，他毅然回了家。当年回到村里的时候他并没有太多的想法，甚至还有些不适应，"当时村里还是土路，显得有些乱七八糟的。"但接下来的时间，管师开始重新融入家乡，也见证了村里的变化。

丽江村有524户2080人，人均年收入超过6000元，这几年，通过村里的各项建设，村民的生活条件也有了极大的提升。首先是村里水泥路面的硬化。这两年，国家对农村扶贫的力度很大，对新农村建设提出了很多要求，当然也给予了很多资金上的扶持，水泥路面硬化就是通过这种方式解决的。在丽江村，水泥路修到了每家每户的门口，路旁甚至还栽种了树苗和花卉作美化，既整洁又干净。

"6年前我刚回来的时候，村民的生活垃圾都是随便处理的，有的垃圾甚至是在树底下随便烧一下就算了。"而现在,村里已经实施了垃圾分类,每家每户的院子里都有两个垃圾桶,垃圾分类之后才能扔进去。村里聘请了专人负责垃圾的清扫,每个月向村民收取每人5毛钱作为卫生清理费。

在管师眼中,丽江村就是一块宝地,"我们这里自然条件很好,禀赋很高。"丽江村四周青山环绕,村旁有一条静静流过的小河就叫作丽江,村子也因此而得名。这条美丽的小河也给管师带来了回乡创业的灵感。2017年管师发起了一个"静漂"的旅游项目,取名叫作"丽江泛游"。

这个想法源自管师的一次旅行。"我带孩子到桂林去玩的时候,看到那边有一个漂流项目,我当时就想我们村里也可以做一个,回来之后,我就开始着手来办这件事情。"

谈起这个创意,管师滔滔不绝:"静漂有一个好处,就是可以全家老小都能玩。很多地方的漂流水流太急,但我们推出的是静漂,安全系数很高,即便是老人和孩子也可以玩。"丽江泛游使用的是竹筏,都是人工撑筏,不但可以减少对自然环境的污染,还能提供不少就业岗位。

管师算了一笔账:丽江泛舟项目给村里提供了31个就业岗位。"在这里工作的村民,每个月的保底收入都有2700元,大部分都有3000元以上。"项目运行一个月来,每天游客量可以达300人次。

这是一个特别的竹筏漂流项目。"是以村民众筹形式运行的。"管师介

绍。丽江泛舟是由湖南云起时农业开发公司统一运营的，云起时公司正是由村里和村民们集资入股成立的，"按照现代化的公司制度成立，根据分配机制，参与集资的村民都可以有'股东'的分红，没有参与集资的村民也可以在全村的利润分配中获得分红。"

"未来我们将会购置100条竹筏，还需要更多的员工，而且这个项目还可以拉动很多的附加产业，比如在前往漂流码头的路上，就已经有村民开始做起了卖水枪、卖雨衣的小生意。未来我们还计划发展农家乐、民宿……"在管师的头脑中，对村里的未来，有一个更大的规划，而实现的时间节点是三年后。

从丽江村的村口开车上山不到10分钟的地方，就是北罗霄国家森林公园，该公园经启动了申请4A级景区的升级改造，碧桂园和丽江村签约的田园综合体项目也已经正式落地，一个集农业观光休闲度假为一体复合型旅游产业的蓝图在管师心中越来越清晰。

白天到森林公园游玩，在丽江泛舟静漂，在溪流里游泳戏水；晚上在村里的民宿住一住，吃吃农家菜；周末和节假日也可以碧桂园的田园综合体度假两天，到森里公园爬爬山，或者到村里的果园摘果子，到种植基地体验农耕乐趣……一个完整的旅游产业链已经初步成型。

在访谈结束后，管师执意要我们体验一小段丽江泛舟的感受。在码头登船的时候,他和船工们一起打起了水仗,一群大男人在水边玩得其乐融融。在村里这6年,管师已经深深融入了家乡。管师亲自撑筏,送我们漂流了一小段,从码头一直到村民服务中心,我们约好三年之后有机会再回来看看丽江村,看一看管师,那时候,丽江村旅游产业链的设想到底会如何呈现呢?

**乐居财经与管师对话精选**

**乐居财经:** 您目前最想做的事情是什么?

**管师:** 把村里的旅游产业做起来,让大家都可以多增加点收入。

**乐居财经:** 村里近两年和以前相比有什么变化吗?

**管师:** 这两年村里对接了很多资源,村里方方面面都发生了很大的变化,水泥路修到了每家每户的门口;亮化工程给全村装了三四百盏路灯;美丽乡村建设,村里增加了很多的绿化;自来水也全村覆盖了……养殖业种植业药材基地都慢慢做起来了,村民们的收入大幅提高。

**乐居财经:** 您最想为村里做的是什么?

**管师:** 把丽江漂流的项目做起来。其实,我们村还有很多资源可以整合,有一些红色旅游的基础,每年都带来固定的人流量,在这个基础上,我们想把旅游项目做得更丰富,让游客留在丽江村的时间更长些,让旅游可以成为村里的一个支柱产业。

**乐居财经:** 碧桂园的精准扶贫工作对村里有什么帮助吗?

**管师:** 碧桂园引进的田园综合体项目给村里的旅游发展提供一个非常好的助力,把整个产业规划的水平和档次都提高了,打开了更大的发展空间。

# 英德篇

　　英德县位于南岭山脉东南部,全市土地面积5671平方公里,城区面积23平方公里,是广东省面积最大的县级行政区。英德是国家茶叶、优质米、甘蔗生产基地,享有"广东水泥之乡""广东石灰岩溶洞之乡""中国英石之乡""中国红茶绿茶之乡""中国麻竹笋之乡"等诸多美誉。

# 建设美丽新农村

## 英德扶贫日志

文/吴诗如　王若君　方斯嘉

三伏天未过，即便前夜下了一场大雨，广东英德市却丝毫没有降温的痕迹。

这座享有"广东水泥之乡""中国英石之乡""中国红茶之乡"等美誉的县级市地处粤北山区，古老的地质运动、长期的风雨侵蚀以及石灰岩的溶解，在英德构造出奇特的喀斯特地貌。然而，囿于山多路少、交通不便，英德辖区内仍有着78个相对贫困村以及4万余名贫困村民。

但贫困的现状正在得到改变，这78个贫困村正在朝着宜居新农村的方向转变。这其中有政府和企业的合力，也离不开一群力量微薄却以一己之力带动周边人为脱贫努力的"老村长"们的奔走。

8月9日，乐居财经"中国老村长"扶贫访谈小组来到广东英德市，分别走进连樟村、河头村、鱼咀村、恒昌村以及龙华村，见证奋斗在扶贫一线"老村长"的生活，倾听他们在扶贫路上的酸甜苦辣。

时间：2019年8月9日上午8:50
地点：英德县黎溪镇恒昌村

# 吴祖西：守护乡村生态

文 /吴诗如　图/莫少衡

　　夏日蝉鸣，不知谁家养的鸡正在引吭高歌。入村的水泥路蜿蜒，路旁农田整齐，小道上铺着鹅卵石。农家乐附近的村民自建房外立面设计统一，不远处还立有指示牌。这是英德市恒昌村委的松岗围村，65岁的"老村长"吴祖西表示，现在村里正依托清末抗倭名将吴光亮故居，计划将松岗围村打造成旅游观光的生态村。

　　吴祖西曾是松岗围村光亮小学的老师，从教41年，他有35年是在光亮小学度过的。2015年退休之后，他曾有大半年不习惯。"一下子闲下来了，也不知道要做什么。"而碧桂园进驻松岗围村开展美丽乡村的建设让他找到了些许寄托。

　　由于对村里的事务比较上心，他会主动跟碧桂园的工作人员沟通交流，也是因为这一来二去的接触，他去年当上了碧桂园的"老村长"。在吴祖西看来，无论是以前当老师还是现在当"老村长"，他都只是"给村里做些应该做的事情。"

　　吴祖西所在的松岗围村是恒昌村下辖的一条自然村，只有40来户300来人。据吴祖西介绍，以前村民以种砂糖橘为主，但遭受病害后砂糖橘没法再种植下去，如今主要的经济作物为黑皮冬瓜，留守的村民中有八成人都在种。由于村子小，没有太多的产业发展空间，年轻人都已经外出务工，留守在家的基本上是年纪在50岁以上的村民。

说起这几年村里的变化，吴祖西深有感慨："前几年的松岗围村环境脏乱差，村民乱搭乱建、牲畜的粪便随处可见，一下雨，路上就泥泞不堪。还有那条水沟，非常臭。如今，村里在碧桂园的帮扶下完成了雨污分流，铺了水泥路，装了路灯，还有了比较完善的规划，村容村貌改善了很多。"

松岗围村的改变始于2017年。当年10月，松岗围村根据镇党委、镇政府的安排，开始新农村建设，由碧桂园集团帮扶并对整村进行规划设计，在保留村内古老围屋的前提下"三清三拆三整治"，并推进基础设施建设。截至2018年10月底，松岗围村已完成村道、巷道、路灯、农家乐、绿化项目、后山观光道路及凉亭、生态停车场、雨污分流工程、高标准农田、遗址公园、木屋民宿、深水井、自来水工程、学校广场及舞台、党建活动室、外立面、排洪沟、生态污水处理池、观田广场、基础健身设施、吴光亮历史纪念馆等建设。在政府、企业和村民的合力下，2018年松岗围村通过了英德市"美丽乡村"的验收。

在改变松岗围村村民人居环境的同时，碧桂园美丽乡村建设研究院深入了解吴光亮故居的历史背景及文化后，针对松岗围村提出了科学系统的

改造计划,将该村定位为集教育基地、旅游、民宿于一体的生态村。2018年9月,在省政府拨款500万元的支持下,吴光亮故居修缮工程正式开工,2019年5月完工。"现在村里保留较完好的围屋还有六座,吴光亮的故居是主围屋。"吴祖西带乐居财经参观已经完成修缮的吴光亮故居时表示。"这些梁柱、地板,都是以前的老物件。"

就在前些年,吴光亮后裔仍居住在这些围屋之中,直到建了新房才搬出去。在吴祖西看来,这些围屋之所以还能保存得相对完好,在于它独特的结构。"围屋是座座相通、户户相连的,如果其中一户要拆,那就必须把别人的屋子也给拆了。"

除了吴光亮故居修缮外,碧桂园还在松岗围村打造爱国主义基地,在村中的光亮小学建设纪念馆,展示吴光亮的事迹。2019年3月吴光亮历史纪念馆开始布展,虽未正式对外开放,但已有游客慕名而来。

为了帮扶松岗围村发展生态旅游,碧桂园还引入了农家乐和民宿。目前,农家乐和三间木制民宿已经建好,农家乐全部采用竹子搭设,可供200人同时用餐;而木制民宿则规划有庭院和菜园,可供游客体验田园生活。

谈及目前只有三间民宿,吴祖西表示,要一步一步来,不能急。"现在游客还不是很多,以后游客多了,民宿供不应求了,我们还可以再筹建。"吴祖西介绍,这三间民宿是拆了四、五十间泥坯房改造而来的,碧桂园免费进行改造,民宿归村集体所有。在拆除之前,村委就组织安排度量村民原来的房子的大小以及所占的位置,以后等村里的生态旅游运营起来,有收入后再进行分成。

在生态旅游带来的增收之外,吴祖西也在帮助村民寻找更多的务工机会。"碧桂园在松岗围村的建设也需要人手,所以我就组织村里的剩余劳动力过来帮工。对他们而言,一方面离家近,另一方面也帮他们增加收入,每人每天的工钱都有100多块钱。"

对于碧桂园的帮扶,吴祖西心存感激。"碧桂园在村里进行的这些改造都是不计较报酬的,松岗围村有了今天的村容村貌,村民的日子有了新的盼头,要感谢政府的政策和碧桂园这些企业的帮助。"他说。

**乐居财经与吴祖西对话精选**

**乐居财经**：留在村子里的村民，他们的主要收入来源是什么？

**吴祖西**：我们现在主要的经济作物是黑皮冬瓜，留在村子的村民里有八成人都在种。以前是种砂糖橘，收入还可以，一年户均多的有十来万元，少的也有几万元。因为患上病害，砂糖橘种不下去了，于是我们又改种黑皮冬瓜，现在冬瓜的市价是8毛钱一斤，重的一个有五六十斤，小的也有二三十斤。

**乐居财经**：您在这里教了35年书？

**吴祖西**：读完书就在这里教书，中间曾被调到外村，在一个村委呆了3年，在另一个村委也干了3年，在光亮小学教书加起来有35年。1975年高中毕业后，我就回了光亮小学教书，当时带的是三年级一个班，有38名学生，现在很多学生都已经当爷爷、奶奶了。

**乐居财经**：您对生态旅游有没有自己的想法？

**吴祖西**：同村民进行沟通，与大家一起商量怎么去搞生态旅游。比如，现在这个农田能不能外包？剩下的劳动力帮承包商打工要求什么工资条件？还有，游客来了可以怎样劳作体验？我们希望，这个生态旅游能够切实改善村民的生活。

时间：2019年8月9日上午9:30
地点：英德县连江口镇连樟村

# 陆志坚：十年一剑

文/方斯嘉　图/刘西常

　　立秋至，广东的天气却依然炎热，早晨8点，已是烈日当空。这会儿，乐居财经一行人驱车前往英德连樟村。沿着盘山公路前行，道路两旁是郁郁葱葱的树林密布，天空依稀有群鸟倏忽飞过，周边不时见到农户在田间地头忙碌着。沿村的公路一路平坦，多为水泥沥青公路。车程约1个小时后，我们到达了连樟村。

　　据史料记载，古时连樟山林密布、瘴气弥漫、人烟稀少，故在明代初期被称为"大瘴之地"。在明代崇祯年间，有陆、邓等姓氏的人口相继迁入。此后，连樟便进入了发展时期。但由于山多地少，农业经济匮乏，连樟村长期处于贫困状态。在2016年，连樟村还被列入"软弱溃散"基层党组织名单，同时被列入省贫困村的名单。

　　但是，当乐居财经来到连樟村时，目光所及之处全是施工中的工地，建设情况热火朝天。四处可见沙泥堆、挖掘机等，连樟村现代农业科技示范园项目、连樟村乡村振兴学院不久后都将如雨后春笋般拔地而起。

　　"天气热，先过来喝杯茶。"一来到连樟村村委会，村长陆志坚已经泡好英德红茶，正等候着我们的到来。陆志坚穿着一件白色的短袖衬衫，衬衫胸口处还佩戴着党徽。下身穿有黑色西裤,腰间系着皮带。由于长期出入工地农田,他脚上穿着一双简易的凉拖鞋。

陆志坚长期负责村里的大小事务,担任连樟村甜塘村民小组村长长达近10年的他,在2018年,又担任了碧桂园"老村长"一职。由于他年纪大、经验丰富,对村里每一户的信息了如指掌,村民们也亲切地喊他为"坚叔"。

在交谈中,我们得知,陆志坚今年56岁,是土生土长的连樟村人,他在这里出生、上学、工作、娶妻、生子。可以说,连樟村见证了他的成长,同时,他也见证了连樟村的发展。

"我们从小生活的环境就是这样的,以黄泥土筑房,谈不上舒服、宽敞,只要不漏雨就好。"陆志坚指着村内的一处黄泥瓦房对乐居财经说道。

2016年,清远市委办公室、市政府办公室、市编办、市德晟集团公司等单位来到连樟村开展新农村建设。2017年10月碧桂园派出驻村扶贫团队,与连江口镇委政府、清远驻连樟村精准扶贫工作队等组织一起,协同开展连樟村的各项事务。

自碧桂园驻村之后,开始搞小河经济、高标农田、危房改造。之前,连樟村大多以泥路为主,路面坑洼,车辆出行不便,没有一条像样的道路。于是,时任村长的陆志坚,开始与村民协调沟通,让村民另迁地址,

以让出土地用于修建道路。

"当时,没人愿意搬走。我就先把我家里15间房拆掉,还把我家的一些田地也让了出来。"由于涉及村民的土地问题,许多村民不愿意配合修建工作。于是,时任村长和身为党员的陆志坚以身作则,带头拆除自家房屋,成为当时的"拆屋第一人"。

"我也不记得一共让出了多少亩地,先拆一部分房后,我家放东西的位置都不够了。"对于拆除祖屋,陆志坚的家人一开始也持反对意见,妻子也曾劝阻过他,然而陆志坚却"一根筋"地说:"你不让拆,我不让拆,危房怎么改造?"

在陆志坚的带动下,村民们陆续同意拆除房屋,另迁住址。但由于拆迁后仅为村民提供另外的住房,并没有额外补贴,一些村民不愿意拆除房屋,甚至有村民提出要拆迁补偿金。"他跟我们要补偿款,各个都要补偿款,我们村哪里有这么多钱?"于是,陆志坚只好挨家挨户上门走访,了解村民的需求,与村民沟通。陆志坚曾长达1个月连续5次前往一位村民的家中,与他交谈,最终说服他同意搬迁。

还有一些贫困村民由于房屋较少,拆除后面临无房可住的情况。于是,陆志坚与相关部门协调后,特别提出为该贫困户优先建设住房,等房屋建设后再进行拆迁。

如今,陆志坚担任村长等相关职务,已接近十年的时间。十年间,陆志坚不仅收获了满头白发,也收获了村民的信任。然而,在2017年,碧桂园来到连樟村后,陆志坚肩上的担子,变得更"重"了。

为促进新农村精神文明建设,碧桂园初入驻连樟村后,为村内绘制了墙画,上面要写上"社会主义核心价值观"的字样及24字的社会主义核心价值观文字,辅以太阳、竹子、红旗等彩绘图案。

此外,碧桂园先后参与建设了大棚蔬菜基地、生态农田、党校基地、科技产业园等项目。在众多建设项目的背后,都少不了陆志坚的协调。在建设项目施工过程中,工程队不免要占用村民门前的地段。陆志坚回忆,有一次,村里的建设工程队正在施工,有位村民突然拦下工地工人的出行。原来，按照农村风水，宅地门口是不能有建筑拦着的，村民一时气愤，便阻止了施工队的工作。可是，施工项目位置又无法移动。听到这件事之后，陆志坚赶紧赶到工地，与村民沟通。在解释了施工项目的难度和时长之后，村民终于同意，让工程继续施工。碧桂园驻村队员称："坚叔是村里德高望重的长辈，很多扶贫建设项目都需要他的协助。"

但是，长期早出晚归的繁忙工作，也让陆志坚产生了自我怀疑："事情这么多，我白天要去处理，晚上还要去村民家做思想工作。有时候真的觉得'太辛苦'了。"然而，看着村庄一步步蜕变，一天天面貌焕新。在连樟村土生土长的他，打心眼儿里觉得高兴。

一路上，陆志坚为乐居财经展示了5G基站、垃圾分类中心、三线下地工程，所有设施配套皆与一线城市对标配置。此外，在农业上，除了玉米、红薯等传统作物之外，连樟村还实验种植了茶叶、灵芝、百香果、火龙果等农产品。

"只有发展核心产业，才能维持村里的收益和发展。"陆志坚总结道。目前，连樟村协同综合发展旅游业、农业、制造业等多元化业态，但多业态发展方向的背后，是步入高速发展阶段的连樟村对特色化核心产业的持续探索。

**乐居财经与陆志坚的对话精选**

**乐居财经**：当了这么久的村长，您有什么感受？家人是怎么看待您这份工作的？

**陆志坚**：当村长那么多年，村民那么多，很多事情都要我去处理，有时候我也会觉得太辛苦了。白天去处理，晚上还要去做思想工作。家人有时候理解，有时候不理解，说我整天在外面不回来。

**乐居财经**：当时为什么会第一个拆掉自家15间祖屋？

**陆志坚**：因为我是党员，也是村里的队长，要以身作则。我拆了自家十多间屋子，不拆肯定是不行的。这不是政府项目，搞好了是自己的，一切都为了自己、为了村庄。

**乐居财经**：目前，连樟村以发展什么产业为主？

**陆志坚**：各种商业模式都在试验中，我们认为，要维持村里的发展，就要探索一个主要的产业。现在种了稻子、番薯、茶叶、蔬菜、麻竹笋。麻竹笋是村里的特色产品，卖得不错，不愁没有销路。另外，我们还在搞旅游业，把在建的商业古街打造为网红打卡地。

时间：2019年8月9日上午10:30
地点：英德县九龙镇河头村

## 许志辉：重生村落

文/王若君　图/史　策

　　山如碧玉簪，江作青罗带。素为旅游业界人士推崇的英西峰林片区，因其喀斯特地貌显著、自然景观似桂林，有着"小桂林"的美誉，其中，绝美的部分就在九龙镇，洞天仙境、九龙小镇、千军峰林等生态旅游度假区均位于此。

　　然而，毗邻景区的河头村并未享受到景区带来的红利，一度如同与世隔绝之地。村民们看似守着"金山银山"，过的却是苦日子。时间追溯到20世纪90年代，河头村民种植砂糖桔，因此获益不少。然而，近年受病害影响，收成锐减，许多村民外出打工谋生，耕地基本丢荒。

　　2016年，广东省委办公厅来到这里进行对口帮扶。2017年，碧桂园整县帮扶英德78条村，河头村也在其列。昔日"危破旧"的空心村，如今已蜕变为"美绿亮"的英德十大最美乡村，越来越多的年轻人回来了。

　　早在1998年，许志辉便被推选为河头村下辖皮坑村小组的小组长。那时，他也是砂糖橘种植大军中的一员。2013年席卷而来的砂糖橘"黄龙病"，导致河头村砂糖橘产业凋敝，青壮年劳动力纷纷外出务工。

　　2016年，广东省委办公厅入驻河头村进行对口帮扶。为引导村民稳

定脱贫、持续增收，河头村委重点打造了桑芽菜产业作为"一村一品"的特色产业，形成了由英德市万仔蚕桑专业合作社统一运营的桑芽菜产业基地。该基地于2018年6月份开始投产，由碧桂园集团出资70万元帮助修建厂房，合作社出资近100万元购置冷库设备和生产加工设备。

合作社通过"公司＋合作社＋农户"的形式与各自然村经济社合作，提供种植技术指导，并由各村经济社进行土地整合，统一规划整理土地，统一种植，然后再发包给农户。合作社与村经济社签订购销合同，保证农户的销路，解决农户的后顾之忧。

许志辉回忆，2017年年底，皮坑村小组发展了80亩桑芽菜，他第一时间奔走相告，发动村民承包桑芽菜田，贫困户可优先承包。初期，由于各种原因，仅3户村民参与进来，总计承包了约一半的桑芽菜田，于是他率先士卒承包了本村剩下的约30亩桑芽菜田。

"目前参与种植桑芽菜的3户都是贫困户，其他村民也许还在观望，个别在外务工的村民暂时联系不上，可能还没听到这个消息，所以，我就自己承包过来，起个示范作用。"许志辉表示，如果有其他人愿意参与承包桑芽菜，他愿意把自己的这部分转让给有需要的村民。

"整个河头村种植了约1000亩桑芽菜，每隔三四天便可收获一茬，每年约有9个月的采摘期。以4元/斤的收购价格卖给合作社，多劳多得，村民有了稳定的收入保障,"许志辉介绍道。

此外,黄金百香果也是碧桂园在当地发展的产业之一,这种引自台湾的水果,号称"维C、维E双王",市场价比台农、紫香等品种高出近一倍甚至更多。"在用工方面,比如日常的除草、采摘等都会优先聘用贫困户,带动村民就业,"许志辉说。

河头村坐拥独特的喀斯特地貌,山峰林立、天蓝水清,有着发展乡村旅游的天然优势,却一度是"捧着金饭碗吃糠"。"很多人出门务工,家里的农田基本都荒废了。留守的村民就种点粮食自给自足,偶尔打打零工,"许志辉介绍道。碧桂园集团入驻后,将河头村辖下的大围、吴屋、皮坑、下围4个自然村作为美丽乡村建设示范点进行集中连片打造,并与国业旅游公司达成共同开发运营的战略合作协议,今后这一连片区域将与九龙小镇同频共振,实现带动全村全域旅游的目标。

2019年年初,碧乡客栈正式投入运营,目前有17间客房,周末时经常满房。碧乡客栈的落成还吸引了河头村年轻一代返乡。"90后"梁小美就是其中的代表,此前她在广州、佛山的工厂做工,去年回到村里,顺利受聘为碧乡客栈的前台工作人员。"去年5月,这里还是几十间破屋,没想到短短的时间里变化这般大。现在家乡就业机会又多又好,还能常伴家人左右。"辗转外地,最后在家门口找到一份稳定且体面的工作,梁小美很

满足。

随着民宿开门迎客，原本"空心化"严重、缺乏产业支撑的传统村落，为本地村民和归乡游子创造了不少的就业机会，迎来了络绎不绝的游客和归乡的游子。

**乐居财经与许志辉的对话精选**

**乐居财经**：您在皮坑村担任小组长多久了？

**许志辉**：1998年起到现在，有20多年时间了。我家里姊妹很多，我是最小的，父母又有病，于是我结婚后，就在家里种沙糖橘。可能我当时是村里比较年轻的，而且，大家也都很信任我，就推荐我做小组长。

**乐居财经**：后来为什么没有种植砂糖橘了？

**许志辉**：我原来种了有2000多棵，大概20亩砂糖橘。三四年前，砂糖橘受"黄龙病"影响，全部坏掉了，几乎颗粒无收。从那时起，很多青壮年劳动力都选择外出打工谋生，到后来，村里剩下的就基本上都是老人了。

**乐居财经**：在工作中，您有没有接触过的印象比较深刻的贫困户？他是如何实现脱贫增收的？

**许志辉**：许小江差不多40岁才结婚，有两个小孩，还有个80多岁的

老母亲。在我们村集体种了差不多 80 亩桑芽菜的时候，他承包了 14 亩，他每天凌晨 4:30 打着手电筒，就到田里采摘，他基本是村里摘得最多的，别人一个早上只能摘五六十斤，他能摘 100 多斤。

**乐居财经**：担任碧桂园"老村长"，您的主要工作是什么？

**许志辉**：主要做的是沟通协调工作。现在咱们村已经整体脱贫了，但是村里还是会有一些相对贫困的人家。我会不定期去探访，了解最新情况。比如，家里有待业青年的，如果想学厨师，我会把名单统计一下，跟碧桂园扶贫小组沟通，看看能不能报名去碧桂园就业扶贫的粤菜师傅培训，参加专业的厨师培训，以就业帮助脱贫。

时间：2019年8月9日 下午14:00
地点：英德县连江口镇连樟村

# 陆奕标：扶贫就是创业

文/方斯嘉　图/刘西常

"我刚从工地赶回来，村民说没水了，我就赶紧去看看发生了什么。"陆奕标满头大汗。他皮肤黝黑，说话语气节奏稍快。

在连樟村，许多人都喊他为"标哥"。标哥性格直爽，是村里有名的"急性子"，也是个"热心肠"。虽然他年纪不大，但村里大小红白喜事，村民都会找他处理。标哥少时读书成绩不好，读过初中之后，便离开连樟村外出打工，在广州、深圳等珠三角地区城市闯荡几年后，考虑到父母年迈，便在2000年回到了村里干起了农活。2017年，由于标哥做事认真靠谱，就被推选为连樟村马下村主任，2018年又成了碧桂园聘为连樟村委的扶贫"老村长"。

在村民眼中，陆奕标一直都是一个敢做敢言的"行动派"。碧桂园于2017年到连樟村，开展对连樟村内的破旧房屋改造工作，当时，许多村民十分谨慎，不愿尝试改造，而陆奕标则是那个"吃螃蟹的人"。陆奕标说："当时碧桂园来扶贫帮我们承担了90%的费用，你说为什么不做？"最后，在陆奕标的号召下，连樟村20间毛坯房经过约4个月的改造后，完成了"蜕变"。

担任村主任的职位，也给陆奕标带来了不少压力。他直言："我当了村长之后，脾气都磨没了。"由于连樟村处在全面建设阶段，修桥、修路、通水渠、整合农田……每一步，都需要村民的配合。陆奕标天天早出晚归，偶尔也会遭受家人的抱怨，但他却始终对家人说："我自己承诺过的事情，就一定要做到最好。"

当年，英德连樟村曾是砂糖橘的主要生产地之一，也是连樟村村民的主要经济来源之一，但在2010年，被称为砂糖橘"癌症"的"黄龙病"席卷至连樟村，连樟村6000多亩砂糖橘几乎被损毁殆尽，彻底绝收。这场灾难触及了连樟村的经济命脉，造成村民们巨大的损失。

吃了单一产业发展的大亏之后，连樟村决心走上多元化的发展道路上。目前，连樟村大力发展探索农业、旅游业、制造业、科技产业等项目。

作为连樟村这片土地土生土长的庄稼汉，陆奕标发扬了青年人"胆子大""点子多"的特点，先后带领村民种植麻竹笋、红薯、玉米等作物。凭借着年轻时闯荡一线城市的经验，陆奕标深信，只有发展特色经济作物，才有销路。于是，他在连樟村的特色作物——麻竹笋上，看到了一线商机。由于连樟村山林密布、竹林繁多，在秋季前后，连樟村漫山遍野都是麻竹笋。据陆奕标回忆，在他童年时期，麻竹笋数量虽多，但却没有好

的销售渠道。村民摘了笋，只能通过烦琐的工艺，制作成笋干自食。

如今，麻竹笋也逐渐成为代表连樟村的一张"名片"。通过陆奕标及其村民团队的带头发展，连樟村实现了麻竹笋统一收购流程。村民上山摘笋，将笋衣剥除后，将麻竹笋统一带到连樟村麻竹笋收购处，完成收购。这些麻竹笋会被加工成鲜笋或笋干，通过网上平台，可销至全国各地。在旺季时，村民每天采摘麻竹笋的最高收入可达800元。

除了大力发展麻竹笋种植业外，在碧桂园提供了产业扶贫的启动资金之后，陆奕标和另一位老村长陆志坚在2018年承包下了连樟村70亩的高标整合农田。对此，陆奕标带领村民在农田首先种植了玉米，在第二个季节又种植了红薯。

在种植作物的过程中，虽然陆奕标与同伴们都是庄稼汉，但由于对新型的玉米、红薯品种特性不熟悉，且没有技术人员的指导，只能自己"摸着石头过河"。结果，首次种植的玉米亏损，但红薯种植则有少量利润。在与团队总结了经验过后，陆奕标坚信，在明年的种植中，将会有更好的收成。

而高标农田的实验不仅为连樟村带来了农业生产的经验，同时还为村民提供了就业岗位，提升了增收脱贫能力。陆奕标称，原本在村内无事可做的妇女在高标农田内工作，每天可以得到130元的收入。

陆奕标还向乐居财经展示了他带领的农业小组种植的火龙果田、百香果田、桑树田。在火龙果田中，火龙果植株被分为雌、雄两部分种植，通过人工授粉，火龙果花将变为一颗颗饱满多汁的火龙果实。在近两年的火龙果种植实践中，陆奕标对火龙果农田的生长规律已经了如指掌。他为乐居财经翻出了火龙果花夜间绽放的影像图片，感慨说道："火龙果花只在夜间开花，真是太美了。"

2019年，陆奕标还引进了百香果和桑叶种植业，经过精挑细选，陆奕标选定了一种甜度较高的百香果种类，并为其搭建了近20亩的生长支架，陆奕标称："一年后，这里将爬满百香果树的藤。"在百香果田的一旁，是近20亩的桑树田。目前，桑树仅有1米高左右，结满了翠绿的桑叶。陆奕标在网上看到农家乐的农业发展模式之后，便打算待两排桑树长至一人高时，将它们搭建成一个拱形的植株门，便于游客观赏和采摘。"这个点子，是我刷抖音看出来的。"陆奕标坦言。

从"扶贫"到"创业扶贫"，连樟村的扶贫工作不仅是种植特色经济作物的传统模式，更是拓宽思路、积极探索的"创业模式"。在互联网上接触到新鲜的点子之后，便立刻实施，这是以陆奕标为代表的新一代"老村长"们的新兴扶贫方式。

**乐居财经与陆奕标对话精选**

**乐居财经**：连樟村这几年有哪些变化？

**陆奕标**：以前我们这里的路都是泥土，下雨的时候一定要穿雨鞋。而且以前污水横流，现在做了污水分流，地面上都很整洁干净。以前我们每个外墙都没有专门粉刷，现在都改造了。

**乐居财经**：您这么忙，家人是怎么想的？

**陆奕标**：村里大小事都找我，有时候老婆不理解，会跟我吵架。但是看着村里的发展，我觉得，这个扶贫任务交给我，我就要一定做到最好。

**乐居财经**：如果给您自己这些年的扶贫工作打分的话，会打多少分呢？

**陆奕标**：如果满分是10分，应该有8分、9分吧，我觉得自己不是完美的。

时间：2019年8月9日下午14:00
地点：英德县浛洸镇鱼咀村

# 廖志其："瓜王"返乡

文/王若君　图/史　策

据历史记载，鱼咀村是一个拥有汉县建制800多年历史的古老村落，因村头小北江边上的一块石头形似鲤鱼跃出水面猎取食物，故名为鱼咀村。北江从鱼咀村的一侧流过，历史上，这里曾是盛极一时的商贸中转站。然而，受地形影响，1982年、2013年村子两度被洪水冲垮，村民赖以生存的农作物无一避免地被淹没，以至于近乎颗粒无收，村民们多数选择外出打工谋生。

2018年3月，碧桂园和广物集团帮扶鱼咀村项目正式启动。自此，保留鱼咀特色的鹅卵石墙民宿、简约精致的书吧、芳香四溢的咖啡吧等拔地而起，与周围的环境相得益彰；一度荒废的田地，也迎来了香瓜的丰收；清远鸡、鱼咀香猪、龙虾也开始由村民合作社成规模地养殖……曾经日渐凋敝的"空心村"，如今，正在焕发新的生机。

走南闯北多年的"冬瓜大王"廖志其，最后选择了回到自己的老家清远英德鱼咀村。1991年，25岁的廖志其离开家乡，踏上了务工路。"一开始是搬搬抬抬，帮人家做搬运，后来买了一台手扶拖拉机收稻谷，中途也尝试过做其他的生意，做得最长的时间还是冬瓜生意"，做冬瓜收购生意

19年，廖志其难掩对这门生意的不舍。

"我从海南一直沿线收（冬瓜），最后一站是河南焦作，到了8月份左右就转头又回到村里家里来，家附近的冬瓜收完就到年底了。一过完年，就又回到海南，要待3个月，就这样来来回回"，从海南到河南，廖志其工作的日常就是在乡下收购冬瓜。

"看到人家村子确实很漂亮，自己的村子却比较落后"，各地农村面貌的变化，廖志其一点一滴记在心里，并一直有着"为家乡人做点什么"的执念。2017年，碧桂园集团来到鱼咀村开展精准扶贫与乡村振兴工作，规划在鱼咀打造乡村文旅项目等推进产业扶贫。廖志其听说后，果断将自家的冬瓜生意档口出租。回村后，他被村民选为村民理事会理事长，此外，还被招录为碧桂园"老村长"。

作为老村长，廖志其需要协调扶贫干部、村民等各方关系，尤其是村民一开始不理解整体规划设计的思路，不愿意把自家宅基地拿出来参与项目，廖志其不得不逐一进行反复的沟通。

"我刚回来的时候，村里只有几十个老人在家里，开展工作难度很大，我就跟他们讲现在碧桂园来帮扶，村里不用出一分钱帮我们做房子，做好以后分红，"廖志其回忆道。

浛洸镇鱼咀村，连江边的"花海梯田"已经基本建成，根据规划，未来还将在这里开发水上游乐项目。

"没那么大的馅饼,现在哪有这种好事?不用出钱还有钱分?"面对村里老人们的质疑,廖志其只得用行动说话,先把自家状况尚好的老屋拆掉,打消大家的疑虑。"'老村长'不好当,但这个项目做成以后,鱼咀村一定会很好,做生意可能什么时候都可以去做,但是这种机遇却是千年难遇",廖志其说。

克服重重困难,鱼咀古城文旅项目于2018年3月16日正式启动。碧桂园集团和广物控股集团签订共建帮扶鱼咀战略合作协议,发展并引入第三方运营公司运营管理民宿等业态。

廖志其介绍,鱼咀村文旅项目采用"4321"分配模式,40%分给村民,30%分给运营方,20%给村委,10%是政府,通过协议的方式约定"四方共享"。"500元入股,一户一股,"廖志其说,目前,共有112户村民入股合作社。初步的设想是,合作社分红的时候,首先拿出一定比例分给贫困户,然后再将剩下的部分按比例分配。"10年后,流转期到了,旅游运营公司退出,我们的村民依然可以运营已有的项目",在廖志其看来,这是一个有后路、有方向的规划。

产业的兴起正在为村里带来越来越多的就业岗位。"去年6月,有23人到碧桂园职业学校酒店管理专业去学习,经过封闭式学习和实习检验,再回来分批上岗就业。"

现年52岁的温炳光便是其中一员。因儿时不幸罹患小儿麻痹症,他的右脚落下残疾。此前,他靠为村里人理发,以微薄的收入维持生计。如今,他每月有3000元左右的工资收入。

"现在他说起话来也更有底气了,整个人都更加自信了",廖志其笑着说。

"就业岗位都是优先考虑贫困户,"据廖志其不完全统计,现在上岗的已有20人多,如今二期工程已经进入扫尾阶段,即将释放一批新的就业岗位。"鱼咀更美了,不仅是表面上看到的村貌变化,而是从内向外都散发出来的生机活力",廖志其忍不住感叹,昔日凋敝的"空心村"正在渐渐热闹起来。

**乐居财经与廖志其对话精选**

**乐居财经**：放弃经营19年的冬瓜生意回老家，家里人支持吗？

**廖志其**：家里人一开始确实也有点不理解，后来也是经过跟他们认真聊了几次后，大家一致通过。后来，我把儿子也拉回来了，他现在负责一家村里的农家乐。我还是希望我们村里的年轻人多点回来，因为我们需要年轻人，以后还是他们来当家作主，他们在知识等各方面也比我们老一辈更超前。

**乐居财经**：您担任"老村长"后，遇到过什么困难吗？

**廖志其**：确实遇到了很多小困难。比如，在租用村民的房子的问题上，有些村民盖了房子，有些村民做了绿化，这就有问题了，盖了房子的村民肯定很开心，做了绿化的村民觉得不公平，这是需要去跟村民反复耐心沟通的。

**乐居财经**：您对商贸街有什么规划？

**廖志其**：以前，我们爷爷那一辈都是在商贸街做生意的，都是五湖四海来到这里做生意扎根，打铁的、做水车的、榨油的、榨糖的都有，所以我们鱼咀的语言多达数十种。根据规划，我们计划将商贸街改造为江景别墅，当然有保留价值的肯定会保留，年久失修的房子可能要考虑拆除，我们正在申请政府的文物保护。

**乐居财经**：民宿目前客流量如何？

**廖志其**：周末入住率达八成，甚至满房，平时大概是三到四成。今年5月开始有盈利了，整体经营还是很不错的。

**乐居财经**：盈利后如何分红？

**廖志其**：采用"4321分红模式"，40%分给村民，30%分给运营方，20%给村委，10%是政府，所以我们是"四方共享"。

时间：2019年8月9日下午15:30
地点：英德县横石塘镇龙华村

# 李亚灶：农家乐扶贫

文/吴诗如　图/莫少衡

　　午后，英德市横石塘镇龙华村，地表温度不断升高，当乐居财经一行到达挂有"老支书农家乐"牌匾的平房时，"老村长"李亚灶正在屋子里等待。沿着小路在往里走，农家乐在田边设有露天的围桌，田里那满眼的绿在高温天气下带来了一丝沁凉。

　　1973年，李亚灶从部队退役之后回到龙华大队，当时在民兵突击连当辅导员，后续也在不同的岗位上任职过。"除了妇女主任没当过，其他工作我都干过。"他笑着介绍。1988年，龙华大队改制成为龙华村，李亚灶成为龙华村的村支书，直至2002年因病从村支书的岗位上退下来。

　　前后30年，用李亚灶的话来说，他对龙华村的一草一木都十分了解。即便是现在已经不再担任村支书，他也时时留意着村里的脱贫情况。"到去年底，龙华村还有57户贫困户共151人，他们的年人均可支配收入有1.4万左右，全部达到了脱贫标准。"

　　从村支书岗位上退下来的那一年，李亚灶51岁。之后，他辗转当过镇上林业站的站长，在镇政府的推荐下帮助企业进行征地工作，也在仙湖温泉旅游度假区工作了一段时间。2009年，他结束了在温泉旅游度假区的工作，开启含饴弄孙的休闲生活。但没多久，命运却给他们家开了个天大的玩笑。2013年，他的小儿子得了肝癌，光是治疗费就花掉了十几万元，但最终还是没能抢救过来。因为小儿子的这场病，李亚灶一家从小康之家变为贫困户，至今还欠着几万元的外债。

"两个孙子还很小，我和老伴已经60多岁了。但是没办法，生活还是要继续。"耳顺之年家中遭遇不测，李亚灶咬牙撑起一个家。村里把他们家评为贫困户，享有政府的扶持政策。李亚灶用省委组织部出资的5万元，开起"老支书农家乐"。此外，李亚灶在儿媳的建议下，将自家产的番薯、鸡蛋等农产品放到上网售卖，以此补贴家用。村里的合作社也会定期来收贫困户的农作物再售卖，"我种的番薯是改良过的品种，质量很好，去年合作社过来收了差不多1000、2000斤，我的番薯就卖了1万多块钱。"

2018年7月，李亚灶"老支书农家乐"开业后，他把全部精力放在经营上面，其弟媳则负责掌厨。对农家乐的原材料供应，李亚灶很是自信。他表示，原材料都是纯天然的，蔬菜是自家种的，鸡也是自家养的，保证养了8个月以上才会卖给客人。开办农家乐所获的收益，李亚灶用于帮扶贫困户。去年，他给他所负责带动的贫困户每家800块钱的分红。

在老党员李亚灶看来，带动村民共同脱贫是他义不容辞的责任。在农家乐接待处的醒目位置，就挂有省委组织部驻龙华村扶贫工作队以及龙华

英德篇

村党总支部委员会赠送的一块牌匾,上面写着"发挥党员示范带头作用,推动精准扶贫精准脱贫"。

龙华村是革命老区,2018年被省委定为"红色村"。然而,在省委组织部定点帮扶前,该村村道坑坑洼洼、危房遍布,连日常用电都难以保障,年轻人纷纷外出务工。2016年,龙华村成为省定贫困村,同年,省委组织部驻村工作队进行全面摸底调查,率先要解决的是用电问题。到2016年底,龙华村的电网线路改造已基本完成,频繁停电的问题得以解决。而由于龙华村部分村庄、农田长期受水患侵害,扶贫工作队决定将解决水患问题作为脱贫攻坚的突破口。如今,龙华村顺利完成了水利治理工程,2018年汛期,村庄、农田没有遭遇水淹。

此外,2017年底,省委组织部驻村工作队还推动龙华村创办英德市兴农种植专业合作社,采取"合作社+种植大户+贫困户"的模式,联合贫困户和周边农民,通过互联网推广和销售红茶等农副产品,目前累计销售已超百万元。

2018年,李亚灶受聘成为碧桂园"老村长",凭着在龙华村多年积累的基层工作经验和村民对他的信任,他协助碧桂园扶贫队伍在村内开展帮扶工作。"我对村里每家每户都很熟悉,帮碧桂园的工作人员入村做调研,为碧桂园和村民搭起沟通的桥梁;碧桂园在村里推广教育、就业扶贫,我也会协助他们。"同年,碧桂园还在龙华村委、竹桥村、围子村、老萧屋、新萧屋5个自然村开展美丽乡村建设,投入约2000万元。

"政府在'三清三拆'过程中把危房拆了,现在碧桂园在建新农村。"李亚灶说,碧桂园在龙华村做的不仅是环境上的改善,还会帮村民创收。他介绍,碧桂园在龙华村开辟了20亩黄金百香果园,碧桂园提供技术,贫困户除了租金收入外还有分红。

此外,碧桂园正在龙华村开展多项技能培训,如月嫂培训、电工培训、酒店服务员培训等。培训不设门槛,全部村民均可参加,完成培训后,学员可获得相关从业资质,开"农家乐"的李亚灶一家都参与了粤菜厨师的培训。

被问及龙华村如今最大的变化时,李亚灶毫不犹豫地说,"是人的精神面貌。"龙华村的村容村貌好了,村民的收入也在提高,很多村民的日子过得更加有滋有味,现在每天晚上村委的红色文化广场上,都有村民在跳广场舞。

**乐居财经与李亚灶对话精选**

**乐居财经**:您在龙华村任村干部多久了?

**李亚灶**:我1973年从部队退役回来,当时不叫龙华村,是龙华大队,

我一回来就在民兵突击连担任辅导员，后来在很多岗位上都待过，可以说，除了妇女主任没当过之外，其他的村委工作我都做过了。1988年，龙华大队变成龙华村，我就成了村支书。前前后后一共30年，我对龙华村的一草一木都很熟悉。

**乐居财经**：龙华村村民主要的收入来源是什么？

**李亚灶**：年轻人都外出打工，留在家里的基本就是耕田。龙华村以前的经济作物是水稻，现在还有麻竹笋和茶叶，还有黑皮冬瓜和番薯。我也种过番薯，村里的合作社会收贫困户种的农产品再拿出去卖，我也是贫困户，去年冬天我的番薯就卖了1万多块钱。

**乐居财经**：村里的产业扶贫项目有哪些？

**李亚灶**：合作社发动村民整合闲置摆荒土地，建立红茶、红薯、早脆梨等专业种植基地300多亩，以扶贫报低价收购并统一销售，其中，早脆梨就有60亩。碧桂园驻村以后，在龙华村种了20亩的百香果。种植百香果方面，他们提供技术，把农户的土地租过来，农户还有一定的分红。还有培训，他们的培训很多，有月嫂培训、电工培训，还有酒店服务员培训，最近的粤菜师傅培训，我也去参加了。

**乐居财经**：您认为龙华村最大的变化是什么？

**李亚灶**：人的精神面貌。以前龙华村脏乱差，帮扶力量进来之后，村容村貌好了，村民的收入也在增加，人也活得比较轻松，村委那边的广场，每天晚上都有很多人在跳广场舞。

# 东乡篇

　　东乡族自治县位于甘肃省中部西南面,临夏回族自治州东面。历史上,东乡没有县的建制,隶属河州管辖,1949年8月22日东乡解放。1950年10月,根据民族区域自治政策,成立了相当于县一级的东乡自治区。1955年,根据《中华人民共和国宪法》规定,正式定名为东乡族自治县。2018年,东乡族自治县辖16个乡、8个镇、229个行政村。东乡的特产有锅塌、米面窝窝、手抓羊肉等。

# 黄土坡点燃绿色希望

## 东乡扶贫日志

文/林振兴

中国扶贫看甘肃，甘肃扶贫看东乡。阔别一年，再次走进甘肃东乡族自治县，不再是"黄土连天"的景象。极目远望，山丘起伏，梯田绵延如带，光秃秃的黄土坡换了新颜。

2018年11月21日，乐居财经曾派出一支9人组成的小分队，抵达中国房企精准扶贫样本碧桂园扶贫点甘肃东乡族自治县，走访优尔塔农牧业合作社、唐汪花卉苗木基地、刺绣工坊土本土等企业。

一年的时间，东乡在这一群"最可爱的人"的共同建设下，变得更加有生机和活力。黄土坡上点新绿，山河叠翠倍还人。临夏州不断兴起的产业，构筑起黄河沿线生态安全屏障，也点燃了当地摆脱贫困的新希望。

当然，不变的却是东乡人对于美好生活的憧憬向往，对外来客人的热情周到以及对于2020年全面脱贫的必胜信心。

始于东乡，终于东乡，乐居财经又回到了这片熟悉的黄土坡，将"老村长"访谈组收官之站选在了这里，意义非凡。9月10—12日，访谈小组分别走进下林家村、祁杨村、坡根村，见证奋斗在扶贫一线"老村长"的日常，倾听他们扶贫背后的心路历程，以及这一年来东乡的变化。

时间：2019年9月11日上午9:00
地点：东乡族自治县河滩镇祁杨村

## 祁光祖：祁杨村的"新椒农"

文/林振兴　图/史　策

又是一年椒香时，又到一个采摘季，祁杨村千亩花椒"红了脸"，椒田里热闹非凡不一般，祁光祖和椒农们提篮乘梯于密密匝匝的花椒树间，黝黑的脸上露出了灿烂笑容。

在祁光祖眼里，祁杨村是当地一个普通村庄，一代代农民想在土地上"苦出"名堂，往往事与愿违，一年的埋头苦干，能养家糊口便是"丰收年"。而与种植玉米等传统作物相比，花椒则是名副其实的"致富果"。

花椒树变"摇钱树"并不是一夜之间的事，和村里多年来发展花椒产业有密切关系，也离不开祁光祖本人的推动。祁杨村地处东乡县西部，临近风光迷人的刘家峡水库，独特的地理条件和丰富的光热资源，是种植花椒的绝佳地。2000年，国家"退耕还林"政策实施。花椒一般要三年才有收益，村民担心饿肚子，无人敢尝试，作为村主任的祁光祖是全村第一个带头响应的。此后，他积极动员全村承包种花椒，1000亩地按三年分三期，一亩地补贴160元，全村12个生产队，共计400户、2400多人参与。

花椒树苗"落地"的同时，为解决灌溉问题，祁光祖充分调动人力、物力在基础建设上全面跟进，修建水利设施。一时间，刺椒、八月椒、棉椒等各类品种涌入村庄，但由于村民们缺乏规模种植经验，花椒树时有死亡。祁光祖便联系甘肃农业大学教授到田间地头"把脉问诊"，指导花椒栽植技术。同时，还将"刺椒"的枝条嫁接到"八月椒"树干上，培育出根部耐水、品质佳的新品种。

在大家的共同努力下，花椒基地在第三年的时候基本成型，并实现了初次挂果，良好的长势、坠在枝头的果实增添了当地村民发展花椒产业的底气和信心。祁杨村也逐渐成为河滩镇首屈一指的花椒"大户"，成为东乡县花椒种植示范点。

据悉，目前祁杨村花椒栽植面积达到1669亩，年产花椒36万斤，收入达1600万元。就花椒这一项，人均收入达3100元，占祁杨村人均纯收入的56%。花椒成为"致富果"，帮贫困户摘掉了"帽子"，也成了祁杨村群众脱贫致富奔小康的支柱产业。同时，种植花椒使昔日的荒滩变成了绿洲，实现了生态效益和经济效益的双赢。

看着村里百姓靠种植花椒摘掉了贫困户"帽子"，2007年，祁光祖也正式从村支书的岗位上退休，但他却依旧没有忘记自己肩上自始至终的使命——为广大村民服务，让全村富起来。

随着祁杨村三千多村民的全部耕地面积已转化为花椒栽种支柱产业，需要一个符合当地实际情况的平台来群策群力。2017年，祁光祖牵头联合

70多户留守空巢老人家庭，成立"东乡县河滩镇祁杨村老年协会"，与省老龄办主导组织实施的"银龄行动"相契合。

祁光祖对接老专家、老教授，通过病虫害防治、苗木嫁接等一系列实用技术的示范推广，使农户学到了花椒科学种植的技术，树立了科学种植的新理念，扭转了粗放生产经营的传统习惯，全村花椒生产开始步入依靠科技进步和提高劳动者素质的轨道。

在科技示范中，培养出近百名农民技术员，他们现在已成为当地永远不走的"土专家""田秀才"、花椒支柱产业的主力军。

在科技示范前，祁光祖家每年花椒收入仅七八千元，而参与科技示范后，每年以"万"元递增。2017年花椒收入达10万元，家里盖了楼房，买了汽车。近两年花椒连续丰收，老人们感激地逢人就讲："科学种花椒就是好，科技指引我们把致富、养老的门路都找到了。"

看见祁杨村在"银龄行动"助推精准扶贫上的突出贡献，甘肃农业大学党委书记钟福国特意赠予一本《花椒栽培与管理技术》给祁光祖，并在书中为他题词——"老有所为银龄行动显身手，心系三农精准扶贫彰成就"。

如今，除了为农户普及花椒种植技术，祁光祖又有了一个新的身份，2018年10月，他被聘为碧桂园"老村长"，开始重点帮扶贫困户，在他眼中，"企业帮扶是有固定模式的，可以更好地深入当地群众，用多种方式帮助百姓脱贫。"

50岁的祁会来农闲时外出务工，农忙时回家务农，是村里有名的勤快人，曾因父亲患病在床、两个孩子上学等原因成为典型贫困户。2018年，在祁光祖的对接下，碧桂园帮扶祁会来长子祁先磊助学金3000元，并全额出资为他购买2只东乡羊投放至养殖共建基地代养，后期借助消费扶贫项目回购该批东乡羊，产生的利润全部发放给他。如今，祁会来一家告别了土坯房，搬进了双层玻璃、白色地板的砖瓦房，开启了"幸福门"。

**乐居财经与祁光祖对话精选**

**乐居财经**：担任村干部之前，您是做什么工作的？

**祁光祖**：1973—1978年，我在青海格尔木851部队服役基本建设工程兵。退伍后，我就在家务农种植花椒树。1988年，我当选上祁杨村的村主任。

**乐居财经**：当村主任后，您做的第一件事是什么？

**祁光祖**：当初，老百姓用水困难，靠其他村子供水，庄稼经常会旱死。上任之后，我带动群众跟上游村子交涉，把水引过来，让400多户用上了浇地的水。1997—1998年，为了防止洪水，我们向政府申请为当地修建了两个大坝，保护下游地势低的群众和庄稼。

**乐居财经**：祁杨村大概是什么时候开始鼓励村民种花椒的？

**祁光祖**：2000年，国家"退耕还林"政策实施，政府派了1000亩地，我要动员村上百姓承包种花椒的地，国家一亩地补160元。在我的带动和号召下，全村12个生产队、2400多人、400多户都种花椒。

**乐居财经**：为什么要成立"东乡县河滩镇祁杨村老年协会"，如今有多少户加入了协会？

**祁光祖**：长期以来，由于没有实行科学种植，加工整枝修剪不及时、灌水施肥不合理、病虫为害严重等因素的影响，导致村里的花椒树大量死

亡，且花椒产量低、质量差，严重地挫伤了群众种植花椒的积极性，亟须科技支撑。老年协会在不断壮大，成立时候的70多户如今已经发展到了100来户。

**乐居财经**：老专家每年来祁杨村讲课的频率和内容是什么？

**祁光祖**：一般是开春4月以及7月和9月，通过整枝修剪、病虫害防治、苗木嫁接、叶面追肥等一系列实用技术的示范推广，使众多农户学到了花椒科学种植的基本技术。

时间：2019年9月11日下午13:00
地点：东乡族自治县东源乡林家村

# 林庆华：林家遗址的守望者

文/林振兴　图/史　策

"每天在这一百多亩地走一小时，巡视有没有人乱采乱挖"，70岁高龄的林庆华身体硬朗，一双老布鞋和一顶圆顶草帽是他的标配。他口中所说的"巡视"，是指林家遗址的勘查工作。

大山深处的林家村，原本并不起眼，却因为林家遗址的考古挖掘而一举成名。这里出土过的一件铜刀，具有划时代的意义，是我国目前发现最早的青铜器，距今约五千年，现藏中国国家博物馆。

1978年，甘肃省博物馆文物工作队、临夏州文化局、东乡县文化馆共同对林家遗址进行了发掘，而退伍归来的林庆华也有幸参与见证了"中华第一刀"的重见天日。据他回忆，在距其5里的罗家尕塬遗址中还出土了一个铜镯。

但自从被发现以来，林家遗址却遭受各种各样的人为破坏和自然破坏，加之没有设置专职保护管理机构，保存现状十分堪忧。时任林家村支书的林庆华，主动扛起了守护林家遗址的重责，不仅加派村里文物巡查队伍人数，自己也每天下班后从家步行15分钟到山上勘查。

2003年冬日，林庆华按照往日惯例来到遗址附近进行巡视，却碰巧撞上前来窃的偷盗者。三五成群的壮汉拿着铁铲,凶神恶煞地威胁他:"你敢来管闲事,就拿刀把你剁了。"林庆华却毫不退缩,转身就拿起电话呼叫当地派出所,成功制止了对方的偷窃行为。于他而言,林家遗址的任何一件文物都是命根,"当文物遭到偷窃,甚至面临损毁时,我就会痛心。因为文物不可再生,被盗一处少一处,作为村领导,我深感肩上的担子重、责任大。"不久后,甘肃省文物局给林庆华颁发了文物保护员证,正式聘请他为"遗址保护员",这本巴掌大的小红册子,也是他最珍视的功勋,他把证书放在家中抽屉里锁着,不轻易给外人看。

而今,数十载岁月过去,林家遗址发掘之后又被填埋。大地沉寂无言,隐藏了一切,但又留下了许多历史痕迹,上面长满了庄稼和杂草,而林庆华却坚持数十年如一日,守护在这里。

他不仅看守林家遗址的一草一木,还花了大半辈子守护着林家村这片土地。作为一村之"长",林庆华于1982年至2010年担任林家村副书记、书记,并牵头修路、架电线、建水泵站,为全村脱贫奠定了基础。

虽然现在已退休,但脱贫攻坚到了冲刺的关键时刻,林庆华丝毫不敢有半点松懈。2018年10月,他被委任为碧桂园"老村长",又开始为百姓谋福利,结合国家级文物遗址"林家遗址"以及马家窑彩陶,助力林家村全面打造乡村旅游,带动更多贫困群众脱贫致富,同时,也让文物焕发出

新的生机。

此外，林庆华还把大把精力放在乡村教育扶贫方面。在他看来，"只有娃娃教育抓得好，村里才会有出路。"为了进一步摸清辍学学生基数，精准聚焦短板弱项，林庆华虽然患有气管炎，仍坚持走村串户进行调查，并把贫困家庭在入学方面的担忧及时反馈给碧桂园。

村里女大学生祁永楠，因父亲患有多重肢体残疾及智力残疾、无劳动能力，家里还有90岁高龄的奶奶，在是否继续读研深造时，面临重重困难。林庆华将她家的情况转述给碧桂园，使得祁永楠一年获得3000元的教育资助，从而顺利继续学业。

今年，碧桂园将教育资助范围扩大，继续帮扶义务教育阶段、高等教育阶段的在读贫困学生。林庆华希望在这样的好政策下，真正实现林家村的每一个娃娃都有学可上。

**乐居财经与林庆华对话精选**

**乐居财经**：在担任林家村村干部之前，您是做什么工作的？

**林庆华**：1969年，我参军入伍，在青海待了5个月、在新疆待了4年半，看护国家重要设施和看守犯人。1970年，我在部队正式入党，那时候我才20岁。

**乐居财经**：可以介绍下村委之前的办公场所吗？

**林庆华**：在2006年之前，村里还没有设置村干部办公的固定场所，我家就成了办公场所，每天接待一批又一批的来访群众，从白天忙到晚上，听群众心声，解百姓之忧。村组召开重要会议的时候，生产队和其他村干部也会自带小板凳，来我家进行商讨。久而久之，村民都说："书记家就是办公场所。"

**乐居财经**：林家村的经济作物是什么？

**林庆华**：我们有玉米、花椒等农作物。1987年，村里把花椒苗子发给村民，鼓励种植花椒，我也是带头人之一，并且带动村民修建水利设施，解决种植花椒所需要的水源问题。

**乐居财经**：作为林家遗址的文物保护员，您有哪些职责？

**林庆华**：2001年，甘肃省文物局给我颁发了文物保护员证，我每天要到遗址附近巡查，花一小时把一百多亩地走一遍。早些年间，有偷盗者来挖这些古代宝贝，用铁锹威胁我，劝我不要乱管闲事，但我还是报警阻止了他们。

**乐居财经**：林家村怎样结合林家遗址的宝贵资源进一步发展？

**林庆华**：林家遗址不仅有"天下第一刀"，还出土了石、骨器2000余件，还有先进的农耕文化、文明的居落、精美的彩陶，在国家级文物保护单位榜上有名。之后，我们村可能会修建彩陶博物馆、文化保护站等，打造乡村旅游。

**乐居财经**：林家村的教育情况如何？

**林庆华**：我们是有名的民族团结村，汉族、回族和东乡族都有，之前少数民族不重视教育，很多女孩13、14岁就辍学了，在我和村委领导的劝说下，现在很多村民的思想都转变了，知道"书不练好，就没有出路。"我们村孩子的入学率也比周围几个村子高。

**乐居财经**：林家村目前建档立卡的情况如何？

**林庆华**：截至2019年4月21日，林家村建档立卡户100户，"一户一策"已制定67户，完成率67%；户籍资料已完成67户，完成率67%。

**乐居财经**：可以介绍下村里的"网红打卡点"吗？

**林庆华**：林家村8、9、10、11四个社，合起来叫林家河滩自然村。西面是大夏河，地势平坦、土地肥沃，50年树龄的梨树、冬果树和杏树遍地都是，自然风光秀丽。这四个社是由库区移民聚集而成，随处可见乱搭乱建的房屋以及多年堆积的陈旧垃圾。在我们村委的治理下，这里旧貌换新颜，成为村里名副其实的"网红打卡点"。今年，刚建成的一条通社路把这四个社和临夏市滨河路连成一体。这条路不仅穿行在田野里，成了一条美丽的风光线路，而且缩短了与临夏回族自治州之间3公里的距离。

时间：2019年9月12日上午10:00
地点：东乡族自治县考勒乡坡根村

## 马进良：坡根村的"阳光存折"

文/林振兴　图/史　策

　　走进考勒乡坡根村，林立在田野间的光伏电板与初秋骄阳交相辉映，闪闪发亮。可谁曾想，这之前是一片百亩的玉米地。此外，从山梁上到村里，新修的光伏路灯也整齐沿着通村水泥路摆放着。

　　"这就是咱们的电力存折，只要晒着太阳，钱袋子就能鼓起来。"担任了近24年村主任的马进良骄傲地说道。他也是光伏扶贫的受益者之一。

　　几年前，这里还全然是另一种景象：光秃秃的山坡，满目黄褐色。入村的道路崎岖，尘土飞扬，村里吃水困难，甚至很多村民家里一日三餐都是苞谷面，整个村庄凋敝不堪，人心思迁。

　　在马进良的带领下，村里开始修电线杆、铺硬化路、改危房、建水渠……坡根村的基础设施有了明显的提升。但又面临着另一道问题：该选择怎样的产业路径呢？

　　考勒乡临近刘家峡水库，人均耕地类型单一，贫困人口增收不稳定，致使贫困人口脱贫措施单一，增收渠道少。这是摆在面前的大难题，要脱贫关键要发展产业。

　　阳光，或许是这里最不缺少的自然资源，考勒乡地处黄土高原，四季分明，光照充足。近些年来，马进良和东乡县政府都在调动各种力量进行产业精准扶贫探索。作为新时期精准扶贫国家扶持的重点项目，光伏发电产业扶贫项目具有低碳环保、收益稳定的特点，自然也成为考勒乡的首选产业。

2018年，东乡县"十三五"第二批光伏扶贫项目的建设地点选在了坡根村，分2个地块建电站，拟建光伏扶贫电站装机容量为19.87兆瓦，投资1.8亿元。

扶贫之路，困难重重。光伏扶贫项目的推进并非一帆风顺，起初马进良也到处碰壁。由于村民对光伏项目不理解，有诸多顾虑。加之部分群众思想意识较低，担心影响风水等，在落实扶贫项目建设用地的时候，村委遇到很大阻力。甚至周围很多人劝马进良："土地是村民的命，要用来建设光伏电站，这是不可能的，还是放弃了吧。"

听到大家的劝说，马进良感到很无助，他不理解这么好的事情，群众怎么就是不同意呢？这个项目是经过深思熟虑确立的，且能有效帮助贫困户脱贫增收，难道真的要放弃吗？

他感到很不甘心，坚信办法总比困难多。2018年冬天，他花了一个多月时间，上门入户深入沟通交流，召开村民知情大会，为村民答疑解惑，了解他们的困难和需求，给他们宣传讲解光伏扶贫政策，引导群众转变思

想观念。

在马进良看来,"光伏发电一次性投资,建设周期短、见效快,可为贫困群众提供长达20年的稳定收入来源,让无劳动能力的建档立卡贫困户坐享'阳光收入',后期甚至可以领到光伏发电效益的分红资金。同时,有利于让农村土地流转出去,带动村里剩余劳动力去外面就业,增加家庭收入。"

在他与村民进行多次沟通后,最终得到广大群众的理解支持,开始逐步落实了光伏扶贫项目建设用地。而今,光伏产业被当地村民形象地称为"种太阳",将太阳能转化为电能,让电能成为贫困群众脱贫攻坚的不竭源泉。全村已经建成并使用了一半的光伏扶贫电站,前期项目建设进度的加快,也将推动后续建设工作的如期完成和并网发电。

2018年8月,马进良又多了一个新身份——碧桂园"老村长"。在坡根村扶贫开发过程中,东乡县的定点帮扶企业——碧桂园发挥了重要作用。马进良将配合碧桂园,在考勒乡着力打造特色项目,发展以马铃薯种植为主导的农业产业化,更好地增加贫困户收入。

据他透露,2019年碧桂园在考勒乡预计给218户建档立卡的贫困户发放洋芋种子,共计63847公斤,资金高达166072.4万元。"有了光伏电站,和洋芋产业,我相信坡根村一定能越来越好。"对于未来,马进良充满了信心。

**乐居财经与马进良对话精选**

**乐居财经**：以前坡根村是什么样子？

**马进良**：之前全村都是土路，路窄坡陡，晴天浮土没过脚面，雨天泥泞寸步难行。全村多数村民居住的房屋都是多年前修建的土坯房，不避风雨。此外，还有吃水难、住房难、就医难、上学难等实际困难。

**乐居财经**：您如何看待产业扶贫？

**马进良**：给钱、给物只能管一时，终非治本之策。用好产业富民的"金钥匙"，赋予贫困人口自我发展能力，才是坡根村实现平稳长远发展的关键举措。

**乐居财经**：您对光伏电站有何评价？

**马进良**：光伏电站不但有良好的经济效益、生态效益和社会效益，而且能让贫困户受益，尤其适合帮扶因病因残丧失或部分丧失劳动能力的贫困人口以及年龄较大、无法劳动的留守老人增收，是"造血式"扶贫。

**乐居财经**：村里是否鼓励村民外出打工？

**马进良**：我们鼓励有劳动能力的年轻人去外地打工挣钱，增加家庭的收入。比如我们村18~30岁的年轻人去厦门进行免费的电工培训，还有一部分年轻人去东乡甚至青海、新疆打工。

**乐居财经**：坡根村危房改造的进度如何？

**马进良**：以前，我们这边危房是以土墙为主，下雨就会开裂，甚至会整体塌掉，这也是我们村委最头疼的事情。2014—2019年，我们对大批危房进行改造，数量大概在200户左右。

时间：2019年9月12日下午13:00
地点：东乡族自治县坪庄乡坪庄村

## 马虎良：坪庄头羊

文/林振兴　图/史　策

    清晨6点，天微微亮。59岁的马虎良像往常一样，揣上手电筒去羊圈喂草料。还有大半个月，碧桂园就要来合作社收购羊。这段时间，他格外关注羊的健康状况，甚至每天夜里12点，都要去羊圈巡视一遍。

    在坪庄乡坪庄村，马虎良是十里八乡公认的养羊高手，从7岁从祖辈手中接过赶羊鞭，他恪守着祖祖辈辈流传下的侍弄羊的规矩。29岁时，他一脚跨出大山，到新疆做肉羊生意。而今，他兜兜转转又回到家乡，成为合兴源养殖农民专业合作社的厂长，管理着400只羊。

    在成为合作社厂长之前，马虎良曾是坪庄村的村主任。据他回忆描述，20世纪80年代的坪庄村，靠天吃饭，家家户户领着救济粮，村里的娃娃赤脚没鞋穿。

    这里的贫穷与当地的自然条件分不开，坪庄村地属干旱山区，山大沟深，层峦叠嶂挡住了工业化生产的脚步，被称为"大山开会的地方"。

    在这片贫瘠的土地上，人们长期靠土豆、玉米维持生活。与众不同的地理环境不适合机械化生产，却为养殖提供了便利。这里拥有得天独厚没有污染的土地，丰美的牧草养育出了口感品质俱佳的"东乡羊"。因而，养羊成了当地的主要收入来源之一,也成为马虎良的寄托。

2016年7月,致富带头人马国龙在村里成立合兴源养殖农民专业合作社,便找来马虎良代管合作社。起初,厂子里只有马虎良夫妻两人,如今壮大到养殖场常驻的工人有7名,均为建档立卡贫困户,平均一个人能在这里挣3000元的月收入。

此外,2018年以来,合兴源合作社吸纳本村20名建档立卡贫困户每户以500元为一股的方式入股合作社,并在合作社忙碌时投工投劳。2018年年底,第一批入股的16户贫困户每户获得分红1600元,使合作社的辐射带动能力进一步增强,让入股群众获得更多的红利。

羊给了贫困户生存,给了马虎良生活,给了坪庄村无限可能,碧桂园敏锐地看到了这一切。去年10月,碧桂园扶贫团队进驻坪庄村,调研了当地特色资源之后,将养羊确定为选择帮扶的产业。根据计划,碧桂园准备依托旗下自有的碧优选、碧乡等平台资源,将羊销往广东乃至全国各地。同时,马虎良也被聘任为碧桂园"老村长",他深谙当地人的禀性,善于跟贫困户打交道,避免了收购羊时沟通偏差。

2018年,碧桂园帮助合兴源合作社售出917只羊,共计982631.2元。放眼整个东乡县,碧桂园在去年帮养殖户售出10000只东乡羊,直接链接大约3000户贫困户,养殖小户户均增收600~900元;养殖大户户均增收

3000~5000元。

"以前销量时好时坏，现在不怕了。"马虎良现在特别有干劲，他预计今年大概能出栏2000只羊。而马虎良未来最大的心愿就是，把东乡羊打造成一个能走进千家万户的品牌。

**乐居财经与马虎良对话精选**

**乐居财经**：担任合兴源合作社厂长之前，您是从事什么工作的？

**马虎良**：1984—1987年，我担任坪庄村的村秘书，当时22岁。紧接着，1987—1988年我担任了村主任。之后因为生计问题，我去了新疆打工，买了一张从兰州到乌鲁木齐28元的火车票，曾在果园帮忙压葡萄，也曾做过放羊和收羊毛的工作。

**乐居财经**：可以介绍下合兴源养殖农民专业合作社的具体情况吗？

**马虎良**：合作社注册资金300.9万元，实际投入47万元，占地面积10亩，修建标准化双列式钢架结构暖棚圈舍6栋、4000平方米，建设饲草料加工、储备房和办公用房1000平方米。目前，合作社存栏牛5头，存栏羊400只，今年已出栏羊1批、150只，盈利3万元。

**乐居财经**：您现在每天工作的内容是什么？

**马虎良**：每天主要是赶羊、喂饲料、割草、清理粪便等。清晨6点，

我去羊圈检查草料是否充足、干净；8点吃完早饭，我拿一个凳子，坐着看看羊吃食；中午12点，再次到羊圈清理草，把羊吃剩下的东西清理干净；晚上6点再去喂草、喂水。

**乐居财经**：之前村民把羊卖到哪里？

**马虎良**：尽管羊的品质有保证，但销路窄、销量不稳定。此前，村民只能去集市上卖羊或者卖给羊贩子，如今，碧桂园扶贫团队帮助养羊人将羊销往广东乃至全国各地。

**乐居财经**：碧桂园对合兴源合作社有什么帮助？

**马虎良**：今年3月份理事长马国龙参加了碧桂园集团在清华大学举办的返乡扎根创业青年研修班，增长了见识，为合作社的规模化发展奠定了基础。